VISTAS

Voces del mundo hispánico

SECOND EDITION

Constance M. Montross
Clark University

Esther L. Levine
College of the Holy Cross

Prentice Hall, Inc.
Englewood Cliffs, NJ 07632

Editor-in-Chief: Steve Debow
Director of Development: Marian Wassner
Assistant Editor: María F. García
Editorial Assistant: Brian Wheel

Managing Editor: Deborah Brennan
Manufacturing Buyer: Tricia Kenny
Cover Design and Art: Jerry McDaniel

A Simon & Schuster Company
Englewood Cliffs, New Jersey 07632

Printed in the United States of America

10 9 8 7 6 5 4 3 2 1

ISBN 0-13-181686-1

Prentice Hall International (UK) Limited, *London*
Prentice Hall of Australia Pty. Limited, *Sydney*
Prentice Hall Canada, Inc., *Toronto*
Prentice Hall Hispanoamericana, S.A., *México*
Prentice Hall of India Private Limited, *New Delhi*
Prentice Hall of Japan, Inc., *Tokyo*
Simon & Schuster Asia Pte. Ltd., *Singapore*
Editora Prentice Hall do Brasil, Ltda., *Rio de Janeiro*

Índice

Unidad III

Los derechos humanos ¿Valentía o seguridad? 73

Unidad IV

Lo inexplicable ¿Realidad o imaginación? 109

Unidad V

Los hombres y las mujeres ¿Armonía o conflicto? 151

Preface

Vistas: Voces del mundo hispánico introduces intermediate and post-intermediate college students to contemporary Hispanic literature. This literature serves as a springboard for the development of language skills and increases awareness and knowledge of a culture.

The second edition differs in literary content from the first edition, *Vistas del mundo hispánico: A Literary Reader,* in a number of ways. For example, selections are by Latin American authors and focus on contemporary works by such well-known figures as Isabel Allende, Mario Bencastro, Rosario Ferré, and Sergio Vodanovic. Secondly, chapters progress from the easier to the more difficult. Finally, all selections are complete; there are no excerpts.

Each unit begins with an introductory paragraph on an important theme and its effects on an individual's life. It then asks the student to give at least two perspectives on that theme. This is done in hope that students will examine the authors' perspectives and their own on the following themes: the immigrant experience, the nature of love, human rights, the reaction to the inexplicable, and the relations between men and women.

Apart from these changes, the second edition retains two features popular in the previous edition: the juxtaposition of selections by male and female authors on similar themes, and an autobiographical sketch in which each author reflects upon his/her work and craft.

Organization of Vistas

The first unit, *La experiencia inmigrante: ¿Asimilación o aislamiento?,* examines the internal conflicts and external difficulties faced by immigrants. How does one overcome obstacles and adapt to a new culture, while remaining loyal to family? To what degree does one forge a new identity by breaking with the past? For example, in "Entró y se sentó", the narrator compares the personal costs of his assimilation and success with the risks of allying himself with protesting Chicano students. Meanwhile, the young boy in Francisco Jimenez's "Cajas de cartón" recounts the hardships of his life with farmworkers, the difficulties in bridging two cultures, and his short-lived happiness made possible by the kindness and attention of a teacher.

In the second unit, *El amor: ¿Sentimiento personal o universal?,* the poets Rosario Castellanos and Pablo Neruda reflect on unique aspects of love; whether it's for another person, all people, or for life itself. What do we hope for in love? Where do we find it? What does love require of us? In "Kinsey Report Nº 2" and "Kinsey Report Nº 6", the narrators find no love in childish myths and brief sexual encounters. "Se habla de Gabriel" explores the paradoxical losses and gains of the experiences of pregnancy and childbirth. "Memorial de Tlatelolco", "Explico algunas cosas", and "Margarita Naranjo" bear witness to the injustice and cruelty of mankind and the obligation to speak out for others. "Poema XX" examines how the brevity and loss of love make love even more valuable and intense. In "Oda a la vida", hope and an openness to the beauty of each moment of life embody a love for life.

In unit three, *Los derechos humanos: ¿Valentía o seguridad?*, students explore two short stories that underscore the courage and costs borne by those who defend human rights. Are we obliged to defend the rights of all or of only ourselves? What rights should all human beings enjoy? What price would we pay to defend them? are addressed. For the lovers in Allende's "Lo más olvidado del olvido", the torture suffered at the hands of their oppressors has left indelible scars on their bodies and spirits. Ironically, their common suffering offers consolation and hope. In Mario Bencastro's "El fotógrafo de la muerte", the photographer selflessly offers dignity to the dead and consolation to the living despite the certainty of reprisal.

The characters in the stories in unit four, *Lo inexplicable: ¿Realidad o imaginación?*, react in different ways when confronted with strange and extraordinary events, behaviors, or creatures. In "La casa de azúcar" by Silvina Ocampo, the seemingly perfect life of two newlyweds is changed irrevocably by a set of bizarre events and intruders, while in "Un señor muy viejo con unas alas enormes" by Gabriel García Márquez, the extraordinary is dealt with in surprisingly ordinary and circumscribed ways by people with limited vision. How are our lives and beliefs changed by the unexpected and inexplicable? Must we be open to the possibility of the unknown?

Vistas concludes with a fifth unit, *Los hombres y las mujeres: ¿Armonía o conflicto?*, in which conflicts among the protagonists in each story are due to selfishness, cruelty and greed. The aunt in the short story "La muñeca menor", by Rosario Ferré, exacts vengeance on a doctor and his son who have robbed her of her money and the possiblity of life beyond that of a cripple. A festering wound and a grotesque creature implanted in her leg are metaphors for the stereotypes and oppression that disable women and deny them full lives and dignity. In the drama "La gente como nosotros", by Sergio Vodanovic, the conflict between the sexes is one of the evils in a hypocritical, unjust, and immoral society. Only the honesty of the characters seems to offer hope for future reconciliation and understanding. Both of these stories ask the following: How do our beliefs about the roles of men and women affect our behavior and our relationships with others in positive or negative ways?

Pedagogy

Vistas offers an array of activities and exercises that reflect several principles of language learning and teaching:

- Classroom communication reflects real life communication; it is initiated not only by teachers but also by students. It also occurs among all members of a class in various formats such as pairs, groups, and individual presentations.
- Students enjoy active and creative participation.
- Comprehension and analysis go hand-in-hand.
- Classroom learning is related to the reality outside the classroom as often as possible.
- Activities, such as final written or oral presentations, give students a sense of accomplishment and require them to analyze, integrate, and apply what they have learned to creative tasks.

Given the current emphasis on oral and written proficiency, exercises have been designed with students as active participants in the learning process. The exercises in **Vistas** reflect proficiency levels from intermediate to advanced. They also relate the unit themes to students and their decisions.

Each unit includes a biographical sketch of the author, an autobiographical selection by the author, pre-reading oral and written activities designed to stimulate student interest in the topic, and post-reading questions that offer extensive analysis opportunities. Numerous vocabulary exercises for individuals and pairs offer students the opportunity to practice the vocabulary necessary to analyze the texts and to relate them to the broader unit themes. Several types of oral and written activities challenge students to work with each other or individually to debate issues, create fiction, write longer literary analyses, or investigate related topics outside of the classroom. Activities progress from simple to complex and guide students from easy expresssions and reactions to complicated paragraphs and organized speech. New to the second edition are groups of problematic words in Spanish which are often confused by speakers of English.

We thank Prentice Hall for giving us the opportunity to write a second edition, and in particular, are grateful to Steve Debow, Brian Wheel, and Debbie Brennan for their encouragement and assistance in the preparation of this manuscript. At Hispanex, we would like to recognize Pedro Urbina-Martin and Ángela María Montoya for their editorial and production expertise.

We dedicate this book to our husbands, David and Steven.

C.M.M
E.L.L.

Unidad I

La experiencia inmigrante

¿Asimilación o aislamiento?

Razones políticas, económicas, personales, étnicas o religiosas fuerzan a un individuo a inmigrar a otro país. Con la inmigración, sin embargo, no viene la felicidad instantánea ni la inmediata solución a los problemas anteriores. Al inmigrar, el individuo necesita sobrepasar obstáculos como la pobreza, la discriminación o el conocimiento de la nueva lengua. Además de estos impedimentos, debe enfrentarse al conflicto entre sus valores y tradiciones nativas y los del país adoptivo. ¿Qué debe hacer el individuo para ser feliz? ¿Abandonar su cultura y adaptarse a la nueva sociedad o retenerla y entonces mantenerse aparte y aislarse de la nueva sociedad?

Aunque no todos somos inmigrantes, a veces tenemos que enfrentarnos a nuevas situaciones o nuevos mundos, sea por circunstancias fuera de nuestro control o por decisiones personales. Al enfrentarnos a algo nuevo, experimentamos los mismos problemas y los mismos conflictos que los de un inmigrante. Durante el proceso de conflicto y resolución, nos enfrentamos a pensar en nuestra propia identidad y nuestros propios valores. ¿Qué debemos hacer, entonces, para ser felices? ¿Adaptarnos constantemente a los cambios o luchar por mantener nuestra identidad sin aislarnos?

Capítulo 1

Rosaura Sánchez

Rosaura Sánchez was born of a humble and poor Mexican family, in San Angelo, Texas, in 1941. While in high school, she enjoyed writing literary essays and thought of becoming a journalist. She began writing short stories, however, while at the University of Texas at Austin. There she received her Ph.D. in Romance Linguistics in 1974.

Sánchez has published numerous articles on Chicano bilingualism in *New Scholar*, *El Grito*, and *Journal of the National Association of Bilingual Educators*. One of these, "Spanish Codes in the Southwest," in *Modern Chicano Writers*, points out that "often a desire for social mobility will lead to language change and language shifts, for survival may call for appropriating the language of the majority in the area." This behavior change can help explain the professor's Americanization in "Entró y se sentó".

Many of her short stories have appeared in the *Bilingual Review*, *Maize*, *Caracol*, and the *Revista Chicano-Riqueña*. Sánchez has also collaborated with other Chicano women on an anthology of articles dealing with the Chicano woman.

At the present time, Sánchez is an Associate Professor in the Department of Literature and Third World Studies at the University of California, San Diego.

"Entró y se sentó" explores the dilemma of the Mexican-American caught between his Chicano and North American selves.

Antes de leer

A. Encuestas

Divídanse en grupos de dos, tres o cuatro estudiantes. Háganse las preguntas que figuran a continuación. Después de 5 ó 10 minutos, cada estudiante informará a la clase sobre la familia, las raíces y los amigos de otro estudiante de su grupo. Otros estudiantes de la clase deben interrumpir, hacer preguntas o añadir algo de su propia historia. Después de la presentación oral, cada uno puede resumir las ideas principales de su presentación en un párrafo escrito.

1. **La familia y las raíces**

a. ¿De dónde vienen tus antepasados o los de un amigo? ¿Por qué inmigraron a los Estados Unidos? ¿Qué problemas u obstáculos tuvieron al llegar a los Estados Unidos?

b. ¿Hay algunas tradiciones o costumbres que perduran en tu familia?

c. ¿Pertenecen algunos parientes a algunas organizaciones cuya base sea étnica?

d. ¿Participan algunos parientes en actividades que ayuden a otros inmigrantes?

e. ¿Ha visitado algún pariente el país de sus antepasados? ¿Por qué sí o por qué no?

2. **Tú, tu familia y tus amigos**

a. Compara y contrasta la opinión que tienen tus padres, tus abuelos, tus amigos y tú sobre las siguientes cuestiones:

1. la religión
2. la música
3. la moralidad
4. los valores
5. el dinero
6. las aspiraciones profesionales y educacionales
7. el estilo de vivir

b. ¿Has tenido algún conflicto con ellos sobre la diferencia de opinión? ¿Te consideras conformista o rebelde? ¿Has tenido que escoger entre asimilarte a la sociedad de tu generación y olvidar a tu familia o aislarte de tu generación para mantener un vínculo fuerte con tu familia?

B. Actuaciones: Un día en la vida de un inmigrante

Divídanse en grupos de tres, cuatro o cinco estudiantes. Cada grupo debe escoger una de las siguientes situaciones y adoptar uno de los papeles. Después de 10 minutos, cada grupo actuará la situación delante de la clase. Después de la actuación, cada estudiante puede escribir un monólogo de un párrafo donde explique sus sentimientos.

1. Una familia inmigrante tiene más problemas financieros de los que esperaba. La familia necesita decidir entre volver a su patria o pedir ayuda a una agencia social o a unos parientes. La familia tiene mucho orgullo y no sabe qué hacer.
2. Esta familia inmigró a los Estados Unidos hace quince años. Ha podido ahorrar bastante dinero para comprar una casa. Una semana antes de firmar los papeles para comprar la casa, esta familia recibe una llamada telefónica donde unos parientes le piden dinero para poder inmigrar a los Estados Unidos. La familia necesita decidir entre comprar la casa o ayudar a los parientes.
3. En su patria, un niño había sido buen estudiante, muy hablador y extrovertido. Después de llegar a los Estados Unidos, el niño se ha vuelto silencioso, taciturno y ha perdido todo interés en sus estudios. Los padres y la directora de su escuela tienen que decidir qué hacer.
4. Esta familia inmigró hace diez años. Los hijos se niegan a hablar la lengua nativa; a veces, fingen ser norteamericanos nativos y hasta se burlan de unos nuevos inmigrantes en el barrio. Los padres y los hijos tienen una discusión sobre la importancia de la cultura nativa.
5. Después de muchos años, una inmigrante ha llegado a ser jefa de su departamento en una compañía grande. Ella se ha dado cuenta de que necesita emplear a más personas pertenecientes a grupos minoritarios. Su padre le aconseja que lo haga mientras que su madre teme que ella pierda su puesto si lo hace. El año pasado, su hermano perdió su trabajo en otra compañía por haber hecho lo mismo. La inmigrante habla con estas tres personas de su familia para decidir qué hacer.

Selección autobiográfica

*Respuestas de Rosaura Sánchez**

C.M. MONTROSS/E.L. LEVINE: ¿Cuándo empezó Ud. a escribir? 1

R. SÁNCHEZ: Realmente siempre me gustó escribir. En la secundaria me gustaba escribir los trabajos de la clase de literatura, ensayos breves. En ese tiempo por influencia de mi hermano, quien trabajaba para el periodiquito estudiantil en la secundaria, pensaba que quería ser periodista. Pero no fue sino hasta que estaba en la universidad que por mi propia cuenta comencé a escribir cuadros de la gente de mi barrio. 5

C.M.M./E.L.L.: ¿Por qué escribe Ud.? ¿Prefiere un género u otro?

R.S. Escribo porque me gusta escribir pero también porque creo que es mi obligación decir lo que hay que decir. Si nosotros no decimos las cosas en cuanto a nuestra comunidad y a nuestro tiempo histórico, ¿quién lo va a decir? Prefiero escribir prosa. Me gustaría algún día escribir algo más extenso pero por ahora sólo escribo cuentos. 10 15

C.M.M./E.L.L.: ¿Hay temas recurrentes en sus cuentos?

R.S. Sí. La mayoría de mis cuentos tienen que ver con la opresión económica y política de la comunidad mexicana-chicana°.

C.M.M./E.L.L.: ¿Puede decirnos algo sobre el cuento «Entró y se sentó»? ¿Está basado en una experiencia personal? ¿Cuándo lo escribió y por qué? 20

R.S.: El cuento «Entró y se sentó» está basado en varias experiencias, algunas personales y otras experiencias de amistades o conocidos. El personaje, aunque en ese momento era una parodia de alguien de quien yo sabía, es realmente síntesis de muchas personas, porque casi todos los chicanos que somos académicos o profesionales hoy día venimos de familias humildes y pobres. Y a veces la persona que alcanza cierto puesto° o rango° asume una postura individualista y se adapta a la ideología dominante, olvidando lo que dejó atrás y olvidando los problemas de la clase obrera°. 25 30

C.M.M./E.L.L.: ¿Utiliza Ud. sus cuentos en sus clases?

R.S. Yo no utilizo mis propios cuentos. Prefiero que otros lo hagan.

C.M.M./E.L.L.: ¿Tiene Ud. algún consejo para los escritores jóvenes? ¿Para los escritores chicanos? 35

R.S.: Para los escritores jóvenes. Hay que leer mucho. Hay que leer no sólo mucha literatura de escritores latinoamericanos,

mexicana-chicana: Mexican-American
puesto: job, position
rango: rank, status
clase obrera: working class

---

*Rosaura Sánchez contestó estas preguntas especialmente para esta antología.

europeos y norteamericanos, sino mucha historia y sociología. Hay que leer los periódicos. Y luego hay que escribir mucho y constantemente. 40

C.M.M./E.L.L.: ¿Qué papel cree Ud. que tiene el escritor / la escritora en nuestra sociedad? ¿Es diferente este papel para una escritora chicana?

R.S.: El papel del escritor o la escritora es siempre ideológico. El escritor analiza y refleja no sólo su propia perspectiva sino también la de su época. A veces los escritores sencillamente apoyan y refuerzan la ideología dominante pero es posible asumir una actitud crítica y analítica en la literatura para señalar las contradicciones de la sociedad y las fallas° del sistema económico y político. La tarea del escritor es por lo tanto la de concientizar° al lector, pero sólo podrá hacerlo si el texto está bien escrito y bien logrado, lingüística y estructuralmente. 45 50

fallas: faults, defects
concientizar: arouse reader's conscience

El papel de una escritora chicana es también ideológico. El escritor, sea hombre o mujer, debe ser un escritor comprometido° a la lucha de clases, aquí en Estados Unidos, como en América Latina o en el resto del mundo. 55

comprometido: involved, dedicated

Lectura

Entró y se sentó

Entró y se sentó frente al enorme escritorio que le esperaba lleno de papeles y cartas. Estaba furioso. Los estudiantes se habían portado° como unos ingratos. 1

—Bola° de infelices, venir a gritarme a mí en mis narices que soy un «Poverty Pimp». Bola de desgraciados. Como si no lo hiciera uno todo por ellos, por la raza, pues. 5

portado: behaved
Bola: bunch, noisy group

Llamó a Mary Lou, la secretaria, y le pidió que le trajera café y un pan dulce de canela.

—Y luego tienen el descaro° de insultarme porque no me casé con una mejicana. Son bien cerrados°, unos racistas de primera. Lo que pasa es que no se dan cuenta que yo acepté este puesto para ayudarlos, para animarlos a que continuaran su educación. 10

descaro: nerve
cerrados: narrow-minded

En ese momento sonó el teléfono. Era el Sr. White, el director universitario del departamento de educación. No, no habría más problemas. Él mismo hablaría con el principal Jones para resolver el problema. Era cosa de un mal entendido° que pronto se resolvería. 15

mal entendido: misunderstanding

Mary Lou llegó con el café cuando terminó de hablar. Después de un sorbo° de café, se puso a hacer el informe de gastos° para

sorbo / gastos: sip / expenses

el mes. Gasolina. Gastos de comida con visitantes importantes. 20
Vuelo° a Los Ángeles para la reunión de educadores en pro de la
educación bilingüe. Motel.

—Para ellos yo sólo estoy aquí porque el sueldo° es bueno. Si
bien es verdad que pagan bien ya que las oportunidades son
muchas, también es verdad que los dolores de cabeza son dia- 25
rios. Yo podría haberme dedicado a mi trabajo universitario y no
haberme acordado de mi gente.

Se le permitían 22 dólares de gastos diarios y como había estado cinco días podía pedir $110. A eso se agregaban los gastos de
taxi. Ahora querían que los apoyara en su huelga° estudiantil. 30
Pero eso ya era demasiado. Lo estaban comprometiendo°.

—Si supieran esos muchachos lo que he tenido que sudar° yo
para llegar aquí. Con esa gritería° de que hay que cambiar el sistema no llegamos a ninguna parte. No se dan cuenta que lo que
hay que hacer es estudiar para que el día de mañana puedan ser 35
útiles a la sociedad.

De repente se apagaron° las luces. Afuera comenzaba a tronar°
y la lluvia caía en torrentes. Volteó en su silla rodante y se acercó
a la ventana. Primero vio los edificios grises universitarios que se
asemejaban° a los recintos° de una prisión. Se oscureció más 40
hasta que vio la troca° perdida en la lluvia.

—Con este aguacero° tendremos que parar un rato, hijo. Lle-
gando a la orilla del surco° nos metemos debajo de la troca hasta
que escampe° un poco.

Pesó° el algodón° pero no vació el costal° arriba porque con la 45
lluvia le estaba dando frío.

—Mira hijo, si te vas a la escuela no sé cómo le vamos a hacer.
Con lo que ganas de «busboy» y lo que hacemos los sábados piz-
cando°, nos ayudamos bastante. Ya sabes que en mi trabajo no me
pagan gran cosa. Sabía lo que era trabajar duro, de sol a sol, sudan- 50
do la gorda°. Entonces que no me vengan a mí con cuentos, señores. ¿Qué se han creído esos babosos°? Después de tanto trabajo,
tener que lidiar° con estos huevones°. Porque lo que pasa es que no
quieren ponerse a trabajar, a estudiar como los meros hombres.

—Mire, apá°, le mandaré parte de mi préstamo° federal cada 55
mes. Verá que no me he de desobligar° y ya estando en Austin,
buscaré allá otro trabajito para poder ayudarles.

Éramos pocos los que estudiábamos entonces. Éstos que tienen la chiche° del gobierno no saben lo que es canela°. Sólo sirven para quejarse de que no les den más. 60

—Yo ya estoy muy viejo, hijo. Cuida a tu mami y a tus
hermanos.

Seguía lloviendo y la electricidad no volvía. Afuera
relampagueó°.

El carro se les había parado en la esquina. El semáforo° ya se 65
había puesto verde pero el carro no arrancaba°. Su papá salió,

a flight
salary
strike
putting (him) in an awkward position / sweat / shouting
went out / thunder
resembled / walled enclosures / truck / downpour / burrow / it stops raining
he weighed / cotton / sack
picking
tremendously
slobs
fight / lazy bums
papá / loan
forget my obligation
sponge off / what it's like to have it rough
lightning struck
traffic light
started

levantó el capacete° y quitó el filtro. Mientras su papá ponía y quitaba la mano del carburador, él pisaba el acelerador. Atrás los autos pitaban° y pitaban. Por la izquierda y la derecha se deslizaban° los Cadillacs y los Oldsmobiles de los rancheros airados° con el estorbo° en plena calle Chadbourne. Su papá estaba empapado° por la lluvia cuando por fin arrancó el carro. Ese día los había maldecido° a todos, a todos los gringos° de la tierra que los hacían arrastrar° los costales de algodón por los surcos mientras los zapatos se les hundían° en la tierra arada°, a los gringos que les pagaban tan poco que sólo podían comprar aquellas garraletas° que nunca arrancaban. Años después se había casado con una gringa. Y ahora, después de tanto afán°, querían que se rifara el pellejo°. Qu'esque° por la causa. Como si fuera tan fácil cambiar el sistema. No señores, que no contaran con él. Volvió la electricidad y se puso a ver la correspondencia.

—Gracias a Dios que tengo mi oficina aquí en la Universidad, en el sexto piso de esta monstruosidad donde no tengo que ver a nadie. No más le digo a la secretaria que diga que no estoy y así puedo dedicarme al papeleo° que siempre hay que atender. Estos estudiantes del Cuerpo de Maestros° van a tener que sujetarse a las reglas o si no, pa fuera. Tiene uno que ponerse duro, porque si no, se lo lleva la chingada°. Alguna vez les contaré mi vida a esta gente... A ver... Bueno, mañana no será. Tengo que ir a Washington a la reunión nacional de programas federales de educación para las minorías y luego... a ver... tengo que ir a San Antonio como consultante del programa bilingüe. Vale más llamar a Mary Lou para ver si me consiguió ya el pasaje° de avión para mañana. Mary Lou... ah, si mmmhhhmmm, en el Hilton, del 8 al 10 de noviembre. Muy bien. Y ¿qué sabes del vuelo?... ¿Por «Continental» o «American»?. . .

Miró por la ventana y vio a su papá empapado de agua y lleno de grasa.

hood
honked
slid by / angry
nuisance
soaked
bad-mouthed / derogatory term for a North American / drag / sank / plowed / jalopies / hard work / gamble his hide / (es que) supposedly
paperwork
Teacher Corps
one can lose, fail
ticket

Análisis

1. ¿Qué aspectos de la experiencia inmigrante nos presenta Sánchez? ¿Se ha asimilado el profesor a la vida norteamericana? ¿Ha ganado o perdido algo en el proceso?
2. ¿Qué importancia tiene el título? ¿Dónde se encuentra el profesor durante todo el cuento? ¿Qué connotaciones sugiere la primera línea del cuento (la cual es la misma que el título)?
3. ¿Por qué está escrito el cuento en forma de diálogo? ¿Quién participa en este diálogo? ¿Qué punto de vista se presenta aquí?
4. ¿Qué papel tiene la secretaria en el cuento? ¿Cómo la percibe el profesor?
5. ¿Qué importancia tienen los nombres de los directores de la universidad que se mencionan en el cuento? ¿Qué contraste hacen con el profesor, a quien no se le da nombre? ¿Por qué no se menciona el nombre del profesor?
6. ¿Por qué prefiere el profesor ocuparse de su papeleo?
7. ¿Qué connotación sugiere la descripción de los edificios de la universidad según la perspectiva del profesor?
8. ¿Qué elementos técnicos usa la escritora para presentar la escena retrospectiva *(flashback)*? ¿Qué función tiene esta escena? ¿Por qué la incluye Sánchez?
9. El padre del profesor había maldecido «a todos los gringos de la tierra». Más tarde el profesor se había casado con una gringa. ¿Por qué menciona la escritora estos datos en el mismo párrafo?
10. «Como si fuera tan fácil cambiar el sistema», exclama el profesor. ¿De qué sistema habla él? ¿Es verdad lo que dice el profesor?
11. ¿Por qué cree Ud. que la escritora menciona los viajes del profesor inmediatamente después que él piensa que «un día les contará su vida»?
12. ¿Por qué al final del cuento ve el profesor a su papá «empapado de agua y lleno de grasa»?
13. Relacione el cuento con las palabras de Sánchez en la «Selección autobiográfica»: «...y a veces la persona que alcanza cierto puesto o rango asume una postura individualista y se adapta a la ideología dominante olvidando lo que dejó atrás y olvidando los problemas de la clase obrera».
14. En la «Selección autobiográfica», Sánchez nos dice: «...es posible asumir una actitud crítica y analítica en la literatura para señalar las contradicciones de la sociedad y las fallas del sistema económico y político». ¿Qué «contradicciones» y «fallas» sugiere ella en su cuento "Entró y se sentó"?

Vocabulario

VERBOS

maldecir — *swear, bad-mouth*
«Ese día los había **maldecido** a todos...».

pesar — *to weigh*
«**Pesó** el algodón pero no vació el costal...».

pizcar — *pick (harvest)*
«Con lo que ganas de 'busboy' y lo que hacemos los sábados **pizcando,** nos ayudamos bastante».

portarse — *behave*
«Los estudiantes se habían **portado** como unos ingratos».

sudar — *sweat, perspire*
«Si supieran esos muchachos lo que he tenido que **sudar** yo para llegar aquí».

SUSTANTIVOS

el algodón — *cotton*
«Pesó el **algodón** pero no vació el costal arriba...».

el chicano — *Mexican-American, born in U.S. of Mexican parents*
«...porque casi todos los **chicanos** que somos académicos o profesionales hoy día venimos de familias muy humildes y pobres».

el estorbo — *hindrance, nuisance*
«...se deslizaban los Cadillacs y los Oldsmobiles de los rancheros airados con el **estorbo** en plena calle...».

el gringo — *derogatory term for a North American (especially of the U.S.)*
«Ese día los había maldecido a todos, a todos los **gringos** de la tierra...».

la huelga — *strike*
«Ahora querían que los apoyara en su **huelga** estudiantil».

el salario — *salary*
Me gustaría trabajar en esa compañía, pero el **salario** que pagan es muy bajo.

el sueldo — *salary*
«Para ellos yo sólo estoy aquí porque el **sueldo** es bueno».

ADJETIVOS

airado *angry*
«...se deslizaban los Cadillacs... de los rancheros **airados** con el estorbo en plena calle...».

cerrado *closed; narrow-minded*
«Son bien **cerrados,** unos racistas de primera».

empapado *soaked, saturated*
«Su papá estaba **empapado** por la lluvia cuando por fin arrancó el carro».

PALABRAS PROBLEMÁTICAS

sentar *to seat someone*
La azafata **sentó** al profesor en el asiento cerca de la ventana.

sentarse *to sit down*
«Entró y **se sentó** frente al enorme escritorio...».

sentirse *to feel (with an adjective)*
El profesor **se sintió** triste al pensar en su niñez.

sentir *to feel (with a noun), to regret, to feel sorry (preceded by* lo)
El profesor **sintió** tristeza al pensar en su niñez.

comprometer *involve, embarrass, put in an awkward position*
«Pero eso ya era demasiado. Lo estaban **comprometiendo**».

comprometerse *to become engaged, to commit yourself*
La secretaria y el profesor **se comprometieron** ayer. Van a casarse en junio.

el compromiso *obligation, commitment, awkward position*
No puede hablar con los estudiantes esta noche porque tiene un **compromiso** con la administración.

el acuerdo *agreement*
El profesor y los estudiantes han llegado a un **acuerdo** después de hablar por muchas horas.

el convenio *compromise, agreement*
Para no tener una huelga, los estudiantes y la administración han hecho un **convenio.**

la posición *physical or social position*
El viejo está sentado en una **posición** confortable.

el puesto *position (job)*
«...no se dan cuenta que yo acepté este **puesto** para ayudarlos».

Ejercicios de vocabulario

A. Complete cada frase con el sustantivo, el verbo o el adjetivo que corresponda a la palabra en cursiva.

1. No me gusta *estorbar* cuando Uds. hablan de negocios. No quiero ser ________.
2. Es una *maldición* ser extranjero en este país. Todos siempre quieren ________ al que es diferente.
3. ¡Ay, en qué *compromiso* me ha metido ahora mi jefe! Siempre trata de ________ a todos los que él odia.
4. Si sales con esta lluvia te vas a *empapar*. Y acuérdate que no puedes llegar ________ a la oficina.
5. El *peso* de este mueble es monstruoso. María no va a creer que pueda ________ tanto.

B. Indique si las siguientes palabras tienen sentido semejante u opuesto. Si son diferentes, explique el significado de cada palabra.

1. el gringo / el norteamericano
2. airado / contento
3. pizcar / recoger
4. el chicano / el mexicano
5. el sueldo / el salario

C. Traduzca al español las palabras entre paréntesis. Use una palabra del vocabulario.

Pepe y Pancho son dos *(Mexican-Americans)* ________ que trabajan en los campos de California. Ellos hablan después de *(weigh)* ________ la cosecha.

PEPE: ¡Espero que mi vida cambie pronto! ¡Ahora, todo es trabajar! Todos los días empiezo *(picking cotton)* ________ y termino *(sweating)* ________ mucho de tanto calor y esfuerzo. Estoy cansado de este *(job)* ________ tan aburrido y este *(salary)* ________ de diez dólares al día. ¡No sé qué puedo hacer!

PANCHO: [Contesta muy *(angry)* ________] ¡Yo sí sé lo que voy a hacer! *(I swear)* ________ a estos *(narrow-minded North Americans)* ________ todos los días porque nos mantienen en *(a position)* ________ muy baja. Nos necesitan en los campos: sin embargo, nos tratan como *(a hindrance)* ________ cuando nos encuentran en la calle y nosotros *(behave)* ________ muy pasivamente. ¡Sí, señor, yo sí sé lo que voy a hacer! ¡Ahora mismo entro en *(the strike)* ________!

D. Escriba en español la palabra que mejor traduzca la palabra que aparece en cursiva. Escriba sólo el infinitivo de los verbos o la forma singular masculina de los sustantivos.

1. The North American Free Trade *Agreement* involves Canada, the United States, and Mexico.
2. I can't see you this afternoon. I have another *commitment.*
3. Supporting both the students and the administration *puts me in an awkward position.*
4. The *position* of the chair allowed him to see the administration building and the students on strike.
5. If the union and the administration do not come to an *agreement,* we may all be looking for new *positions* next year.
6. Two of his students *became engaged* during Christmas vacation.

E. Preguntas personales. Conteste Ud. las siguientes preguntas y después, hágaselas a otra persona de la clase.

1. ¿Qué *posición* te gusta más para estudiar? ¿Y para mirar la televisión?
2. ¿Es necesario que los novios firmen un *convenio* o *acuerdo* legal antes de casarse? ¿Por qué lo hacen algunas parejas? ¿Piensas hacerlo antes de casarte?
3. ¿Tus padres y tú tenían un *acuerdo* familiar u oficial con respecto a los quehaceres domésticos o las obligaciones?
4. ¿Qué *compromisos* tienes para esta semana? ¿Son muchos, pocos o demasiados?
5. ¿Conoces a alguien que *se haya comprometido*? ¿Cuántos años tenían tus padres cuando *se comprometieron*? ¿Cuánto tiempo duró el noviazgo?

Después de leer

A. Situaciones

Divídanse en grupos de dos, tres o cuatro estudiantes según la situación. Cada estudiante debe adoptar uno de los papeles. Después de diez minutos, cada grupo actuará su situación delante de la clase.

1. Al sentirse deprimido constantemente, el profesor visita a un psicólogo a quien le cuenta sobre su vida y sus conflictos. El psicólogo confiere con varios colegas después de la visita del profesor y decide el tratamiento para el profesor.

2. En un café, el profesor se encuentra con uno de los maestros que lo ayudó a superarse en los Estados Unidos. Después de conversar por unos minutos, el maestro le presenta a su hijo. Sorprendentemente, el profesor descubre que el hijo es uno de los estudiantes de la huelga.
3. La organización nacional de chicanos se reúne cada año para otorgar premios a los chicanos que más han ayudado a sus compatriotas y al orgullo chicano. Primero, la directiva de la organización describe a la persona ideal que merezca este premio. Después, decide si este profesor debe recibir el premio.
4. Después de mucho conflicto interno, el profesor decide apoyar a los estudiantes totalmente y participar en la huelga con ellos. Mientras marcha en la protesta, se encuentra con miembros de la administración.
5. Al fin llega el día cuando el profesor se reúne con los estudiantes chicanos y les cuenta su vida.
6. Un comité de representantes de los Estados Unidos intenta crear legislación con respecto a los inmigrantes y a los refugiados. Para recoger los datos necesarios, necesita entrevistar a Rosaura Sánchez, a un dueño de una finca de uvas, a un inmigrante de México, a un guardia que trabaja en la frontera entre México y los Estados Unidos, a dos senadores de California y Texas, y a un refugiado político.

B. Debates y discusión

Divídase la clase en dos grupos con opiniones opuestas para debatir las siguientes declaraciones:

1. El profesor es un defensor de la causa chicana.
2. En su asimilación total a la cultura norteamericana, el profesor ha olvidado sus raíces.
3. Para triunfar en la universidad, el profesor necesitaba ignorar a los estudiantes chicanos.
4. Los estudiantes no tienen una justificación para estar en huelga.
5. El profesor es un hombre muy feliz.

C. Momentos decisivos

Examine la decisión del profesor: ayudar a los estudiantes y arriesgar su puesto en la universidad o ignorarlos y así ignorar sus raíces. ¿Se puede encontrar un convenio entre las dos reacciones opuestas? ¿Cómo actuaría Ud. en la misma situación?

Reacción y revisión. Escribir es un proceso que requiere mucha revisión. Los comentarios de sus compañeros y los de su profesor lo ayudarán a revisar, adaptar y clarificar su composición. Con las actividades escritas que siguen, se recomienda que Ud. siga los siguientes pasos:

—Trate de usar por lo menos 5 de las palabras del vocabulario nuevo.
—Intercambie su trabajo escrito con el de sus compañeros.
—Indique:

- lo que le gusta más del trabajo
- lo que no entiende bien
- lo que necesita más desarrollo
- lo que se debe eliminar

—Después de recoger su trabajo, trate de incorporar los comentarios de su compañero.
—Escriba una segunda versión y entréguesela a su profesor.
—Escriba la versión final después de incorporar las correcciones estructurales y gramaticales sugeridas por su profesor.

D. Correspondencia

1. El profesor les escribe a sus estudiantes y al fin les cuenta sobre su vida.
2. Los estudiantes chicanos le escriben al profesor donde lo acusan de haber olvidado su raza.
3. El profesor le escribe a «Dear Abby» donde le cuenta sobre su vida y su frustración y depresión.
4. «Abby» le contesta al profesor y le da consejos para curarse de su frustración y depresión.
5. Al no recibir ayuda del profesor, los estudiantes le escriben a la administración para pedir apoyo a la causa chicana.

E. Creación

Escriba un final diferente para este cuento. El título del cuento nuevo es «Entró y se sentó y después se paró».

F. Análisis literario

Escriba un ensayo de exposición donde analice lo siguiente:

1. ¿Qué consecuencias de la experiencia inmigrante nos presenta Sánchez al titular su cuento «Entró y se sentó»? ¿Son éstas positivas o negativas?
2. Examine la técnica narrativa de la escena retrospectiva. ¿Qué función tiene? ¿Qué efecto tiene? ¿Qué relación hay entre la intención de la autora al usarla y el tema de la experiencia inmigrante?

3. En la «Selección autobiográfica», Sánchez nos dice: «Y a veces la persona que alcanza cierto puesto o rango asume una postura individualista y se adapta a la ideología dominante, olvidando los problemas de la clase obrera». ¿Es necesario olvidar para triunfar? Explique este dilema.
4. Entre lo chicano y lo norteamericano del profesor, ¿a cuál de los dos grupos pertenece más?
5. La experiencia inmigrante del profesor: ¿Asimilación o aislamiento?

G. Investigación

Con algunos compañeros, escoja uno de los siguientes temas y prepare una presentación breve para la clase.

1. Lea un artículo de un periódico o revista sobre la situación de los inmigrantes o refugiados. En forma de preguntas y respuestas, escriba un resumen del artículo y presénteselo a la clase. Examine la identidad de los inmigrantes, su origen, las razones de su inmigración y las experiencias en los Estados Unidos.
2. Busque información sobre una organización que sirva a los inmigrantes o refugiados en su comunidad. Examine los servicios que ofrece.

Capítulo 2

Francisco Jiménez

Francisco Jiménez was born in San Pedro Tlaquepaque, Mexico in 1943. Three years later his parents moved to California in search of jobs as migrant workers. The family followed the cycle of crops —picking strawberries in Santa María in the summer, grapes in Fresno until the middle of October, and cotton in Corcoran until February when they would return to Santa María for the lettuce and carrot crops.

Despite these constant moves and poor living conditions, Francisco succeeded academically. His high school counselor recognized his potential and encouraged him to go to college. With the help of three scholarships, he graduated with honors from the University of Santa Clara. A Woodrow Wilson fellow, he went on to receive his masters and doctorate from Columbia University.

Dr. Jiménez is presently Associate Vice President for Academic Affairs and Professor of Spanish at the University of Santa Clara. Co-founder and editor of Bilingual Review *and advisor to* Bilingual Press, *he has written extensively about Chicano literature and culture. He has also served on general boards and commissions on college accreditation and teaching credentialing.*

His many short stories portray the hardships and spirit of Mexican-American migrant workers. "Cajas de cartón", based on his personal experiences, presents the dreams and disappointments of a young child farm worker.

Antes de leer

A. Encuestas

Divídanse en grupos de dos, tres o cuatro estudiantes. Háganse las preguntas que figuran a continuación. Después de 5 ó 10 minutos, cada estudiante informará a la clase sobre las mudanzas, los cambios y los trabajos de otro estudiante de su grupo. Otros estudiantes de la clase deben interrumpir, hacer preguntas o añadir algo de su propia historia. Después de la presentación oral, cada uno puede resumir las ideas principales de su presentación en un párrafo escrito.

1. **La familia y las mudanzas**
   a. De niño/a, ¿te mudaste alguna vez? ¿Por qué? Si te mudaste, ¿cómo te sentiste? Si no te mudaste jamás, ¿crees que te habría gustado? ¿Por qué sí o por qué no?
   b. ¿Tienes algún amigo que haya tenido que mudarse varias veces? ¿Sabes cómo se ha sentido este amigo? ¿Crees que su carácter ha sido afectado por las mudanzas?
   c. De niño/a, ¿recuerdas a algún niño nuevo o inmigrante que haya ingresado en tu clase? ¿Qué problemas tuvo este niño? ¿Te hiciste amigo de él? ¿Por qué sí o por qué no?
   d. Si tuvieras que mudarte y llevarte solamente una posesión personal, ¿cuál sería ésta y por qué?
2. **Tú, tus amigos y los cambios**
   a. ¿Has tenido que cambiar de escuela alguna vez? ¿Y tus amigos? ¿Cómo te has sentido con el cambio? ¿Cómo se han sentido ellos? ¿Ha habido alguna ventaja o desventaja con el cambio? ¿Ha continuado bien la amistad entre ellos y tú?
   b. ¿Has tenido algún trabajo? ¿Por qué has trabajado? ¿Dónde has trabajado? ¿En una fábrica, restaurante, finca, oficina, campamento o tienda? ¿Has cambiado de trabajo? Si cambiaste alguna vez, ¿qué ventajas o desventajas has encontrado en el cambio? ¿Al trabajar, ¿has tenido bastante tiempo para tus amigos y tu diversión?

B. Actuaciones: Un día en la vida de un estudiante y su familia

Divídanse en grupos de tres, cuatro o cinco estudiantes. Cada grupo debe escoger una de las siguientes situaciones y adoptar uno de los papeles. Después de 10 minutos, cada grupo actuará la situación delante de la clase. Después de la actuación, cada estudiante puede escribir un monólogo de un párrafo donde explique sus sentimientos.

1. Es el primer día de clase en el sexto grado de una escuela primaria. Inventen una conversación entre los personajes siguientes:
   a. un/a estudiante nuevo/a
   b. un/a estudiante tímido/a pero simpático/a
   c. el/la maestro/a
   d. un/a estudiante egoísta a quien le gusta ser el centro de atención
   e. un/a estudiante a quien le gusta burlarse de los demás
   f. un/a estudiante amable que se interesa por los demás
2. Después de ser despedido/a por una corporación, el padre / la madre de una familia encuentra un trabajo en otro estado. La familia tendrá que mudarse si el padre / la madre acepta ese trabajo. Inventen una conversación o discusión donde los miembros de la familia deciden qué hacer. Los personajes podrían ser:
   a. el padre/la madre con la oferta del trabajo en otro estado
   b. el/la esposo/a que tiene trabajo seguro en el estado actual
   c. un/a hijo/a de 15 años
   d. un/a hijo/a de 6 años
   e. un/a abuelo/a anciano/a que vive con la familia
   f. un/a tío/a que es psicólogo de niños
3. Por razones políticas, una familia necesita inmigrar a los Estados Unidos. Llegan sin dinero. Aunque aprecian la libertad de los Estados Unidos, extrañan a sus parientes, su patria, su dinero y su lengua. Necesitan decidir qué hacer para sobrevivir y empezar a adaptarse a los Estados Unidos.

Selección autobiográfica

*La génesis de «Cajas de cartón»**

«Cajas de cartón» es un cuento autobiográfico basado en mis experiencias de niño. La acción toma lugar durante la época cuando mi familia y yo éramos obreros migratorios. Roberto es el nombre verdadero de mi hermano mayor; «Panchito» es mi apodo°. 1 … 5

° apodo: nickname

---

*Francisco Jiménez escribió estos comentarios para esta antología.

La idea para el cuento se originó hace muchos años cuando estudiaba inglés en la escuela secundaria en Santa María, California. La señorita Bell, la maestra de inglés, me animaba a escribir ensayos detallando experiencias personales. Aunque el inglés era difícil para mí, me gustaba escribir y me esforzaba en relatar lo que conocía más íntimamente —la vida de los trabajadores migratorios. 10

La crítica positiva de la señorita Bell sobre mis humildes composiciones me animó a seguir escribiendo aún después de que terminé la escuela secundaria. 15

En 1972 mientras estudiaba para mi doctorado en Columbia University, le enseñé dos de mis cuentos —«Muerte fría» y «Un aguinaldo°»— al profesor y escritor mexicano Andrés Iduarte. Después de leerlos, me escribió una notita diciéndome que le habían impresionado mucho porque estaban «impregnados de una dulce rebeldía, sin rencor ni amargura, acrisolada° en un sereno y firme amor por la justicia social». 20

Sus comentarios me impulsaron a publicarlos, y a poner por escrito impresiones que habían ido germinando a través de los años. De una multitud de apuntes° salió «Cajas de cartón», donde describo felicidades familiares y decepciones escolares experimentadas por mí mientras crecía en un ambiente de obreros migratorios. 25

aguinaldo: Christmas present
acrisolada: purified
apuntes: notes

Lectura

Cajas de cartón

Era a fines de agosto. Ito, el contratista°, ya no sonreía. Era natural. La cosecha° de fresas° terminaba, y los trabajadores, casi todos braceros°, no recogían° tantas cajas de fresas como en los meses de junio y julio. Cada día el número de braceros disminuía. El domingo sólo uno —el mejor pizcador°— vino a trabajar. A mí me caía bien°. A veces hablábamos durante nuestra media hora de almuerzo. Así es como aprendí que era de Jalisco, de mi tierra natal. Ese domingo fue la última vez que lo vi. 1, 5

Cuando el sol se escondía detrás de las montañas, Ito nos señaló que era hora de ir a casa. «Ya hes horra»°, gritó en su español mocho°. Ésas eran las palabras que yo ansiosamente esperaba doce horas al día, todos los días, siete días a la semana, semana tras semana, y el pensar que no las volvería a oír me entristeció°. 10

contratista: contractor
cosecha: crop; harvesting
fresas: strawberries
braceros: laborers, farm workers
recogían: gathered, picked
pizcador: picker
me caía bien: I liked him (he suited me well)
Ya hes horra: *es hora*
mocho: broken
entristeció: saddened

Por el camino rumbo a casa°, Papá no dijo una palabra. Con las dos manos en el volante° miraba fijamente hacia el camino. Roberto, mi hermano mayor, también estaba callado. Echó para atrás la cabeza y cerró los ojos. El polvo que entraba de fuera lo hacía toser° repetidamente.

Era a fines de agosto. Al abrir la puerta de nuestra chocita° me detuve. Vi que todo lo que nos pertenecía estaba empacado° en cajas de cartón°. De repente sentí aún más el peso° de las horas, los días, las semanas, los meses de trabajo. Me senté sobre una caja, y se me llenaron los ojos de lágrimas al pensar que teníamos que mudarnos a Fresno.

Esa noche no pude dormir, y un poco antes de las cinco de la madrugada Papá, que a la cuenta tampoco había pegado los ojos° en toda la noche, nos levantó. A pocos minutos los gritos alegres de mis hermanitos, para quienes la mudanza° era una gran aventura, rompieron el silencio del amanecer. Los ladridos° de los perros pronto los acompañaron.

Mientras empacábamos° los trastes° del desayuno, Papá salió para encender° la «Carcanchita». Ése era el nombre que Papá le puso a su viejo Plymouth negro del año '38. Lo compró en una agencia de carros usados en Santa Rosa en el invierno de 1949. Papá estaba muy orgulloso° de su carro. «Mi Carcanchita» lo llamaba cariñosamente. Tenía derecho a sentirse así. Antes de comprarlo, pasó mucho tiempo mirando otros carros. Cuando al fin escogió la «Carcanchita», la examinó palmo a palmo°. Escuchó el motor, inclinando la cabeza de lado a lado como un perico°, tratando de detectar cualquier ruido que pudiera indicar problemas mecánicos. Después de satisfacerse con la apariencia y los sonidos del carro, Papá insistió en saber quién había sido el dueño. Nunca lo supo, pero compró el carro de todas maneras. Papá pensó que el dueño debió haber sido alguien importante porque en el asiento de atrás° encontró una corbata azul.

Papá estacionó el carro enfrente a la choza y dejó andando el motor°. «Listo», gritó. Sin decir palabra, Roberto y yo comenzamos a acarrear° las cajas de cartón al carro. Roberto cargó° las dos más grandes y yo las más chicas. Papá luego cargó el colchón° ancho sobre la capota° del carro y lo amarró° con lazos° para que no se volara con el viento en el camino.

Todo estaba empacado menos la olla° de Mamá. Era una olla vieja y galvanizada que había comprado en una tienda de segunda en Santa María el año en que yo nací. La olla estaba llena de abolladuras° y mellas°, y mientras más abollada estaba, más le gustaba a Mamá. «Mi olla» la llamaba orgullosamente.

Sujeté° abierta la puerta de la chocita mientras Mamá sacó cuidadosamente su olla, agarrándola por las dos asas° para no

15 headed towards home / steering wheel
cough
20 little shack, cabin
packed
cardboard / weight
25
had closed his eyes
move
30
barks, barking
were packing / utensils, dishes/ start
35
proud
foot by foot, slowly
40 parakeet
45
back seat
left the motor running / carry / carried / mattress / hood / tied / knots
50
pot
55
dent / necks, dents
held
handles

derramar° los frijoles° cocidos. Cuando llegó al carro, Papá tendió las manos para ayudarle con ella. Roberto abrió la puerta posterior del carro y Papá puso la olla con mucho cuidado en el piso° detrás del asiento. Todos subimos a la «Carcanchita». Papá suspiró, se limpió el sudor de la frente con las mangas° de la camisa, y dijo con cansancio: «Es todo».

Mientras nos alejábamos, se me hizo un nudo° en la garganta. Me volví y miré nuestra chocita por última vez.

Al ponerse el sol llegamos a un campo de trabajo cerca de Fresno. Ya que Papá no hablaba inglés, Mamá le preguntó al capataz° si necesitaba más trabajadores. «No necesitamos a nadie», dijo él, rascándose° la cabeza, «pregúntele a Sullivan. Mire, siga este mismo camino hasta que llegue a una casa grande y blanca con una cerca° alrededor. Allí vive él».

Cuando llegamos allí, Mamá se dirigió a la casa. Pasó por la cerca, por entre filas° de rosales hasta llegar a la puerta. Tocó el timbre°. Las luces del portal se encendieron y un hombre alto y fornido° salió. Hablaron brevemente. Cuando el hombre entró en la casa, Mamá se apresuró hacia el carro. «¡Tenemos trabajo! El señor nos permitió quedarnos allí toda la temporada»°, dijo un poco sofocada de gusto y apuntando hacia un garaje viejo que estaba cerca de los establos.

El garaje estaba gastado° por los años. Roídas por comejenes°, las paredes apenas sostenían el techo agujereado°. No tenía ventanas y el piso de tierra suelta ensabanaba° todo de polvo.

Esa noche, a la luz de una lámpara de petróleo, desempacamos las cosas y empezamos a preparar la habitación para vivir. Roberto, enérgicamente se puso a barrer° el suelo°; Papá llenó los agujeros de las paredes con periódicos viejos y con hojas de lata°. Mamá les dio de comer a mis hermanitos. Papá y Roberto entonces trajeron el colchón y lo pusieron en una de las esquinas del garaje. «Viejita», dijo Papá, dirigiéndose a Mamá, «tú y los niños duerman en el colchón, Roberto, Panchito, y yo dormiremos bajo los árboles».

Muy tempranito por la mañana al día siguiente, el señor Sullivan nos enseñó donde estaba su cosecha y, después del desayuno, Papá, Roberto y yo nos fuimos a la viña a pizcar°.

A eso de las nueve, la temperatura había subido hasta cerca de cien grados. Yo estaba empapado° de sudor° y mi boca estaba tan seca que parecía como si hubiera estado masticando° un pañuelo. Fui al final del surco°, cogí la jarra° de agua que habíamos llevado y comencé a beber. «No tomes mucho; te vas a enfermar», me gritó Roberto. No había acabado de advertirme cuando sentí un gran dolor de estómago. Me caí de rodillas y la jarra se me deslizó° de las manos.

60 spill / beans
floor
sleeves
65
lump, knot
70 boss, foreman
scratching
fence
75 rows
doorbell
string, stout
season
80
worn out / termites
leaky, with holes
covered
85
sweep / floor
tin can tops
90
95
pick
soaked, saturated / sweat / chewing
100 furrow / pitcher
slipped

Solamente podía oír el zumbido° de los insectos. Poco a poco me empecé a recuperar. Me eché agua en la cara y en el cuello y miré el lodo° negro correr por los brazos y caer a la tierra que parecía hervir.

Todavía me sentía mareado° a la hora del almuerzo. Eran las dos de la tarde y nos sentamos bajo un árbol grande de nueces que estaba al lado del camino. Papá apuntó° el número de cajas que habíamos pizcado. Roberto trazaba° diseños en la tierra con un palito. De pronto vi palidecer° a Papá que miraba hacia el camino. «Allá viene el camión° de la escuela», susurró° alarmado. Instintivamente, Roberto y yo corrimos a escondernos entre las viñas. El camión amarillo se paró frente a la casa del señor Sullivan. Dos niños muy limpiecitos y bien vestidos se apearon°. Llevaban libros bajo sus brazos. Cruzaron la calle y el camión se alejó. Roberto y yo salimos de nuestro escondite° y regresamos adonde estaba Papá. «Tienen que tener cuidado», nos advirtió.

Después del almuerzo volvimos a trabajar. El calor oliente y pesado, el zumbido de los insectos, el sudor y el polvo° hicieron que la tarde pareciera una eternidad. Al fin las montañas que rodeaban el valle se tragaron° el sol. Una hora después estaba demasiado obscuro para seguir trabajando. Las parras° tapaban° las uvas y era muy difícil ver los racimos°. «Vámonos», dijo Papá señalándonos que era hora de irnos. Entonces tomó un lápiz y comenzó a figurar cuánto habíamos ganado ese primer día. Apuntó números, borró algunos, escribió más. Alzó la cabeza sin decir nada. Sus tristes ojos sumidos° estaban humedecidos°.

Cuando regresamos del trabajo, nos bañamos afuera con el agua fría bajo una manguera°. Luego nos sentamos a la mesa hecha de cajones de madera y comimos con hambre la sopa de fideos°, las papas y tortillas de harina blanca recién hechas. Después de cenar nos acostamos a dormir, listos para empezar a trabajar a la salida del sol.

Al día siguiente, cuando me desperté, me sentía magullado°; me dolía todo el cuerpo. Apenas podía mover los brazos y las piernas. Todas las mañanas cuando me levantaba me pasaba lo mismo hasta que mis músculos se acostumbraron a ese trabajo.

Era lunes, la primera semana de noviembre. La temporada de uvas se había terminado y yo podía ir a la escuela. Me desperté temprano esa mañana y me quedé acostado mirando las estrellas y saboreando el pensamiento de no ir a trabajar y de empezar el sexto grado por primera vez ese año. Como no podía dormir, decidí levantarme y desayunar con Papá y Roberto. Me senté cabizbajo frente a mi hermano. No quería mirarlo porque sabía que él estaba triste. Él no asistiría a la escuela hoy, ni mañana, ni la próxima semana. No iría hasta que se acabara la temporada de

105 buzzing
mud
dizzy, seasick
110
marked down, wrote down / drew, traced / turn pale / bus /
115 whispered
got off
hiding place
120
dust
swallowed
125 grapevines / covered
bunches
130 sunken / wet, watery
hose
thin noodles
135
bruised, beat up
140
145

algodón°, y eso sería en febrero. Me froté° las manos y miré la piel seca y manchada de ácido enrollarse y caer al suelo. 150 cotton / I rubbed

Cuando Papá y Roberto se fueron a trabajar, sentí un gran alivio. Fui a la cima de una pendiente° cerca de la choza y contemplé a la «Carcanchita» en su camino hasta que desapareció en una nube de polvo. 155 slope

Dos horas más tarde, a eso de las ocho, esperaba el camión de la escuela. Por fin llegó. Subí y me senté en un asiento desocupado. Todos los niños se entretenían hablando o gritando.

Estaba nerviosísimo cuando el camión se paró° delante de la escuela. Miré por la ventana y vi una muchedumbre° de niños. Algunos llevaban libros, otros juguetes. Me bajé del camión, metí las manos en los bolsillos, y fui a la oficina del director. Cuando entré oí la voz de una mujer diciéndome: «May I help you?» Me sobresalté°. Nadie me había hablado inglés desde hacía meses. Por varios segundos me quedé sin poder contestar. Al fin, después de mucho esfuerzo, conseguí decirle en inglés que me quería matricular en el sexto grado. La señora entonces me hizo una serie de preguntas que me parecieron impertinentes. Luego me llevó a la sala de clase. 160 165 stopped crowd I was startled

El señor Lema, el maestro de sexto grado, me saludó cordialmente, me asignó un pupitre°, y me presentó a la clase. Estaba tan nervioso y tan asustado en ese momento cuando todos me miraban que deseé estar con Papá y Roberto pizcando algodón. Después de pasar la lista, el señor Lema le dio a la clase la asignatura de la primera hora. «Lo primero que haremos esta mañana es terminar de leer el cuento que comenzamos ayer», dijo con entusiasmo. Se acercó a mí, me dio su libro y me pidió que leyera. «Estamos en la página 125», me dijo. Cuando lo oí, sentí que toda la sangre me subía a la cabeza, me sentí mareado. «¿Quisieras leer?», me preguntó en un tono indeciso. Abrí el libro a la página 125. Mi boca estaba seca. Mis ojos se me comenzaron a aguar°. El señor Lema entonces le pidió a otro niño que leyera. 170 175 180 desk water

Durante el resto de la hora me empecé a enojar más y más conmigo mismo. Debí haber leído, pensaba yo. 185

Durante el recreo me llevé el libro al baño y lo abrí a la página 125. Empecé a leer en voz baja, pretendiendo que estaba en clase. Había muchas palabras que no sabía. Cerré el libro y volví a la sala de clase.

El señor Lema estaba sentado en su escritorio. Cuando entré me miró sonriendo. Me sentí mucho mejor. Me acerqué a él y le pregunté si me podía ayudar con las palabras desconocidas. «Con mucho gusto», me contestó. 190

El resto del mes pasé mis horas de almuerzo estudiando ese inglés con la ayuda del buen señor Lema. 195

Un viernes durante la hora del almuerzo, el señor Lema me invitó a que lo acompañara a la sala de música. «¿Te gusta la música?», me preguntó. «Sí, muchísimo», le contesté entusiasmado, «me gustan los corridos° mexicanos». El sonido me hizo estremecer. Me encantaba ese sonido. «¿Te gustaría aprender a tocar este instrumento?», me preguntó. Debió haber comprendido la expresión en mi cara porque antes que yo respondiera, añadió: «Te voy a enseñar a tocar esta trompeta durante las horas del almuerzo». 200

corridos° ballads

Ese día casi no podía esperar el momento de llegar a casa y contarles las nuevas° a mi familia. Al bajar del camión me encontré con mis hermanitos que gritaban y brincaban° de alegría. Pensé que era porque yo había llegado, pero al abrir la puerta de la chocita, vi que todo estaba empacado en cajas de cartón... 205 210

nuevas° news
brincaban° jumped

Análisis

1. ¿Qué aspectos de la experiencia inmigrante nos presenta Jiménez? ¿Ha empezado a asimilarse el niño a la vida norteamericana? ¿Por qué sí o por qué no?
2. ¿Por qué se narra el cuento desde el punto de vista de un niño? ¿Qué efecto tiene sobre el lector?
3. ¿Cuál es la importancia del título?
4. Haga una comparación entre la mudanza a Fresno al principio del cuento y la del final. ¿Qué efecto tienen sobre el niño estas mudanzas? ¿Y sobre el lector?
5. Una parte del cuento empieza: «Era a fines de agosto...»; la segunda parte empieza: «Era a fines de noviembre...». ¿Qué relatan las dos secciones? ¿Qué semejanzas y diferencias hay entre ellas? ¿Cómo es que las temporadas determinan la vida de la familia?
6. ¿Cómo es la casa de Sullivan? ¿Por qué la presenta así el escritor?
7. Lea de nuevo la descripción del trabajo del primer día de pizcar uvas. ¿Qué problemas hay? ¿Cómo puede resolverlos el niño?
8. Analice la descripción del primer día del niño en la escuela. ¿Con qué obstáculos se enfrenta él? ¿Cómo puede resolverlos? ¿Quién lo ayuda?
9. ¿Cómo reaccionó usted al leer que el señor Lema le enseñaría música al niño? ¿Tendría el niño esta oportunidad otra vez?

10. ¿En qué sentido le sorprendió a usted el fin del cuento? ¿Por qué el escritor nos lo presenta de este modo?
11. ¿Es el cuento optimista o pesimista? ¿Hay esperanzas para el niño y su familia?
12. En la «Selección autobiográfica», Jiménez declara: «...describo felicidades familiares y decepciones escolares experimentadas por mí mientras crecía en un ambiente de obreros migratorios». Examine Ud. cuáles son las felicidades y decepciones del niño y su familia.

Vocabulario

VERBOS

apuntar — *to mark down; to point*
«**Apuntó** números, borró algunos...».

cargar — *to carry*
Roberto **cargó** las dos cajas más grandes.

empacar — *to pack*
«Mientras **empacábamos** los trastes del desayuno, Papá salió para encender la «Carcanchita».

recoger — *to gather*
Los braceros no **recogían** tantas cajas de fresas.

SUSTANTIVOS

el bracero — *farm worker*
«...y los trabajadores, casi todos **braceros,** no recogían tantas cajas...».

la caja — *box*
«...todo lo que nos pertenecía estaba empacado en **cajas** de cartón».

el camión — *bus; truck*
«El **camión** amarillo se paró frente a la casa del señor Sullivan».

el cansancio — *fatigue*
«Papá dijo con **cansancio:** 'Es todo'».

el cartón — *cardboard*
«...Roberto y yo comenzamos a acarrear las cajas de **cartón** al carro».

el colchón — *mattress*
«Papá luego cargó el **colchón** ancho sobre la capota del carro...».

la cosecha — *harvest; harvesting*
«...el señor Sullivan nos enseñó donde estaba su **cosecha...**».

la chocita — *little shack*
«Al abrir la puerta de nuestra **chocita** me detuve».

la fresa — *strawberry*
«La cosecha de **fresas** terminaba...».

la olla — *pot*
«Era una **olla** vieja y galvanizada...».

el piso — *floor*
Con mucho cuidado, Papá puso la olla en el **piso** detrás del asiento.

el polvo — *dust*
«El **polvo** que entraba de afuera lo hacía toser repetidamente».

la temporada — *season*
«...El señor nos permitió quedarnos allí toda la **temporada»**.

la uva — *grape*
«La temporada de **uvas** se había terminado».

el zumbido — *buzzing*
«Solamente podía oír el **zumbido** de los insectos».

ADJETIVOS

empacado — *packed*
«Todo estaba **empacado** menos la olla de Mamá».

gastado — *worn out, spent*
«El garaje estaba **gastado** por los años».

humedecido — *watery*
«Sus tristes ojos sumidos estaban **humedecidos»**.

magullado — *beat up*
«...me sentía **magullado;** me dolía todo el cuerpo».

mareado — *dizzy, faint*
«Todavía me sentía **mareado** a la hora del almuerzo».

orgulloso — *proud*
Mamá estaba **orgullosa** de su olla.

PALABRAS PROBLEMÁTICAS

solo — *lone* (adjective)
Los niños estaban **solos** en la esquina esperando el camión.

sólo — *only* (adverb)
«El domingo **sólo** uno —el mejor pizcador— vino a trabajar».

solamente — *only* (adverb)
La familia tenía **solamente** un colchón sobre el cual dormían.

parecer — *to seem*
No le **parece** buena idea mudarse otra vez.

parecerse — *to resemble, to be similar to*
Roberto **se parece** mucho a su hermano menor.

aparecer — *to appear, to come into view*
De repente, el camión amarillo **apareció** en la distancia.

Ejercicios de vocabulario

A. Complete el párrafo siguiente usando palabras de la lista de vocabulario. Haga los cambios necesarios.

Después de pizcar ________ toda la mañana, sentí un gran ________. El ________ de los insectos, el ________, el calor, todo me molestaba. Bajo un árbol grande de nueces, comencé a beber agua de la jarra. Después de descansar y recuperarme un poco, comí unos frijoles de la ________. Luego ________ el número de ________ que había pizcado esa mañana. De repente, vi pasar el ________ amarillo de la escuela. Me escondí detrás del árbol.

B. Defina en español las palabras siguientes:

1. la chocita
2. el colchón
3. el bracero
4. recoger

C. Utilice las palabras que aparecen entre paréntesis para completar las oraciones. Haga los cambios necesarios.

1. (uva, fresa) La ________ es una fruta roja mientras que la ________ puede ser púrpura o verde.

2. (empacado, gastado) Al llegar a casa, Panchito vio que habían ________ todo en cajas de cartón. De tanto uso, las cajas estaban muy ________.
3. (mareado, humedecido) A causa del polvo en la chocita, tenía los ojos ________. Cuando vio la sangre en el piso, se sintió ________.

D. Traduzca las frases siguientes y complételas en español, usando sus propias palabras y las del vocabulario presentado anteriormente.

1. The situation of the farm workers seemed...
2. The boy only had...
3. After packing the cardboard boxes...
4. The big white house appeared...
5. Alone in the principal's office, the boy...

E. Preguntas personales. Conteste Ud. las preguntas siguientes y después, hágaselas a otra persona en la clase.

1. ¿A quién te *pareces* más en tu familia con respecto a tu personalidad o tu aspecto físico?
2. ¿Te gusta estar *solo* en tu cuarto?
3. *¿Te mareas* cuando viajas en un *camión?*

Después de leer

A. Debates y discusión

En grupos de tres o cuatro, opinen sobre las siguientes afirmaciones. ¿Están Uds. de acuerdo o no? ¿Por qué sí o por qué no? Busquen evidencia de los dos cuentos para apoyar su punto de vista.

1. «Cajas de cartón» representa una visión más optimista de la experiencia inmigrante que la de «Entró y se sentó».
2. El niño en «Cajas de cartón» va a superar sus obstáculos y tener éxito en la vida.
3. El aislamiento del protagonista en «Entró y se sentó» es peor que el del niño en «Cajas de cartón».
4. Según Sánchez y Jiménez, hay que separarse de su familia y asimilarse a la sociedad nueva para lograr sus metas personales y profesionales.
5. En los dos cuentos, los padres representan un estorbo para los hijos.

B. Momentos decisivos

En parejas, analicen sus reacciones ante las situaciones siguientes:

1. El niño le pide ayuda a su maestro. ¿Lo habría hecho Ud.? ¿Ha tenido Ud. un maestro que haya tenido influencia en su vida?
2. El niño se sobresalta al tener que hablar inglés. ¿Cómo se siente Ud. al hablar un idioma extranjero?
3. Jiménez describe en detalle las dificultades con las que la familia tiene que enfrentarse. Si Ud. estuviera en la misma situación, ¿cuál sería el obstáculo más difícil para Ud.? ¿Se sentiría orgulloso/a o avergonzado/a de su familia y su situación?

Reacción y revisión. Siga las instrucciones de la página 15.

C. Correspondencia

1. Ud. es el niño de «Cajas de cartón». Escriba una carta al señor Lema, quince años más tarde, donde Ud. le cuenta lo que le ha ocurrido durante esos años.
2. Ud. es el niño. Escriba dos o tres entradas en el cuaderno diario que Ud. mantiene.

D. Creación

1. Desde el punto de vista de Roberto o del señor Lema, escriba su versión breve de la trama del cuento «Cajas de cartón».
2. Escriba una conversación entre los padres de «Cajas de cartón», la noche anterior a una mudanza. ¿Qué esperanzas tienen para sus hijos? ¿Cómo se sienten? ¿Cómo ha sido su vida?
3. Escriba un final diferente para este cuento.

E. Análisis literario

Escriba un ensayo de exposición donde analice lo siguiente:

1. ¿Qué consecuencias de la experiencia inmigrante nos presenta Jiménez? ¿Son éstas positivas o negativas?
2. El simbolismo del título «Cajas de cartón».
3. Examine una de las técnicas narrativas en «Cajas de cartón» (la voz narrativa, el fondo, la presentación de los personajes, etc.).
4. El sueño del inmigrante y su realización: una comparación entre el sueño del niño y el del profesor.
5. ¿Es la enseñanza un instrumento para vencer la pobreza, según el punto de vista de Sánchez y Jiménez?

F. Investigación

Con algunos compañeros, escoja uno de los siguientes temas y prepare una presentación breve para la clase.

1. Investigue la situación de un grupo de inmigrantes de su comunidad. Describa los obstáculos a los que se enfrentan. ¿Los han podido superar o no? ¿Por qué sí o por qué no?
2. Investigue la situación de los niños inmigrantes en las escuelas de su comunidad. ¿Hay programas o servicios sociales para ayudar a los que no hablan inglés?
3. Busque algún artículo en un periódico o una revista que trate de los trabajadores migratorios. ¿Cómo es su vida? ¿Qué problemas tienen? ¿Hay programas especiales para los niños?

Unidad II

El amor

¿Sentimiento personal o universal?

¿Qué quiere decir el amor? ¿Qué significa para cada uno de nosotros? ¿Una experiencia única o universal? ¿Una relación íntima con otra persona o la compasión por los demás? ¿Una pasión efímera o una amistad perdurable? ¿La abnegación o la realización del ser? ¿Una locura o una decisión racional? ¿Un estado o un proceso?

¿En qué se basa el amor? ¿En la atracción física, la relación familiar, los mismos valores e intereses, o la necesidad mutua?

¿Se aprende a amarse a sí mismo y a los demás? ¿Cómo se comparan las diferentes relaciones de amor? ¿Cómo se expresa el amor por otra persona? ¿Y por toda la humanidad? ¿En qué acciones o palabras? ¿Cómo sabemos si la relación que existe no es el amor?

Desde hace siglos los poetas tratan de definir este concepto y explorar sus contradicciones y expresiones. ¿Qué dice Ud.?

Capítulo 3

Rosario Castellanos

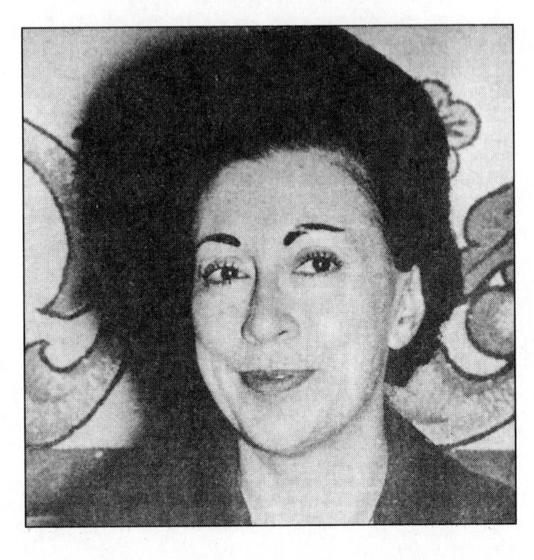

Writer of poetry, prose, and drama; professor; ambassador; mother; and wife —these were some of the public and private roles of Rosario Castellanos, an insightful and ironic critic of Mexico. In her works she explores the many difficulties of being a member of a minority, whether as an Indian in rural Chiapas or a modern woman in Mexico City. With both humor and sadness, she deals with injustice, loneliness, and disillusion.

Born on May 25, 1925, in Mexico City, Rosario Castellanos moved with her family to Chiapas, where she first saw the unjust treatment of the Indians. These experiences were the inspiration for her first novel, Balún Canán, *in which Castellanos exposes the prejudices that cause suffering within both the Indian and Creole worlds.*

At the age of fifteen, she moved back to the capital to complete her high school and university education. There, she started work as an editor for a number of literary magazines and published her first books of poetry: Trayectoria del polvo, *1948;* Apuntes para una declaración de fe, *1949;* Dos poemas, *1950; and* De la vigilia estéril, *1950.*

Her concern for Indians and women continued in the years that followed. She worked for the Instituto Nacional Indigenista in San Cristóbal Las Casas, and wrote Oficio de tinieblas, *her second Indianist novel. In the short stories of* Álbum de familia *(1971) and* Convidados de agosto *(1964), she wrote of the conflicts of contemporary women. This theme was further explored throughout her life as she wrote poetry, essays, fiction, and plays, including her last drama,* El eterno femenino: Farsa, *where she satirized beliefs and prejudices that enslave human beings.*

In 1971, Rosario Castellanos was named ambassador to Israel. On August 7, 1974, she died in an accident. The poetry that follows comes from the poetry anthology Poesía no eres tú: Obra poética, *1948–1971.*

Antes de leer

A. Encuestas

1. **El amor.** Dé su opinión sobre las siguientes afirmaciones. ¿Está Ud. de acuerdo? ¿Por qué sí o por qué no? Piense en ejemplos de su propia vida. Después léale las afirmaciones a otra persona y escuche su reacción. Al final, escriba un resumen breve de sus opiniones con respecto a una de las ideas.
   a. El amor es ciego.
   b. Los opuestos se atraen.
   c. El amor vence todo.
   d. Una madre ideal se sacrifica por su familia.
   e. Se puede aprender a amar a alguien.
   f. Los padres deben escogerles las parejas a sus hijos.
   g. No debe casarse con una persona de otra religión, raza o grupo étnico.

2. **La protesta.** Conteste estas preguntas y luego hágaselas a otra persona de la clase. Después escriba un párrafo y comparta sus ideas con la clase.
   a. Cuando no estás de acuerdo con alguien, ¿cómo lo expresas? Para ti, ¿es difícil criticar las ideas de otros? ¿Se lo dices a la persona o te quedas callado/a?
   b. Cuando tenías 15 ó 16 años, ¿tú y tus padres se llevaban bien? ¿En qué temas no estaban de acuerdo? ¿Cómo se deben resolver las diferencias entre padres e hijos? ¿Por qué no se comunican bien a veces?
   c. Si alguien no está de acuerdo con la política o acción de un gobierno, una universidad o una compañía, ¿cómo se debe protestar? ¿Has llamado alguna vez a la Casa Blanca, a la oficina de un representante o a una estación de radio para dar tu opinión? ¿Has escrito una carta a un periódico o a una revista? ¿Has participado en una huelga? ¿Conoces a alguien que haya participado en estas formas de protesta?

B. Actuaciones

En grupos de tres a cinco personas, inventen un diálogo basado en las situaciones siguientes:

1. Después de reflexionar mucho, un/a joven ha decidido dedicar su vida al servicio de los demás en el extranjero. Quiere hacerse miembro de un grupo humanitario que trabaja con los pobres en otro país. Tendrá que dejar a su novio/a y a sus padres para realizar este sueño. También ha decidido no continuar con sus estudios ni aceptar el puesto en la compañía de sus padres.

2. En la telenovela ________ (ustedes deciden el nombre), una joven de 18 años se enamora de un joven rebelde, a quien sus padres no aprueban por su pobreza y su cultura diferente. La joven se encuentra encinta y habla con su amante. Después discuten la situación y sus planes con los padres de ella.
3. El líder de un grupo extremista ha sido invitado a dar una conferencia en su universidad. Ud. no cree que deba dar la conferencia pero otros creen que tiene el derecho de hablar. Ud. y unos amigos debaten sobre distintas maneras de protestar contra la visita. ¿Cómo resuelven la situación?
4. Ana y Felipe han decidido no tener hijos. Sus padres, sin embargo, quieren ser abuelos; ya que Ana y Felipe son únicos hijos, los padres nunca llegarán a tener nietos si Ana y Felipe no cambian de decisión. ¿Cómo justifican ellos su decisión a los padres? ¿Cómo tratan los padres de convencerlos? Inventen una discusión entre ellos.

Selección autobiográfica

*En recuerdo de Rosario Castellanos**

M.L.: Rosario, ¿se considera usted incluida dentro de alguna corriente° literaria, mexicana o hispanoamericana, como por ejemplo la indigenista°?

R.C.: Los críticos en general han coincidido en incluirme dentro de la corriente indigenista porque los personajes que protagonizan la mayor parte de mis libros de relatos° son indígenas, o mestizos°, o blancos pero en su relación con los indígenas. Sin embargo, yo no creo que esta inclusión sea válida porque lo que se entiende por literatura indigenista corresponde a una serie de esquemas, a una concepción del mundo maniquea°, en la cual se dividen los buenos y los malos por el color de la piel; y naturalmente los buenos son los indios porque son las víctimas, y los malos son los blancos porque son los que ejercen el poder, tienen la autoridad y el dinero; y yo no creo que estos esquemas sean válidos. Precisamente lo que he tratado de hacer en todos mis libros es que este esquema se muestre como falso y aparezca la ambigüedad esencial de los seres humanos; pero además, la serie de contradicciones que existen entre las relaciones sociales...

corriente: current
indigenista: Indian, having to do with native people
relatos: stories
mestizos: people of Indian and European blood
maniquea: Manichean; of a religious system whose principal feature is a dualistic theology that represents a conflict between light and darkness

*De una entrevista con Rosario Castellanos por María Luisa Cresta de Leguizamón.

M.L.: Creo entender que el problema de la mujer le interesa profundamente. Dígame algo de ello, de la mujer escritora o intelectual, o política, o madre... 20

R.C.: Creo que me interesa, más que nada, el problema en general. Ser mujer, en México, es un problema; entonces hay que planteárselo° de la forma más lúcida posible porque creo 25 que es la manera de dar un paso hacia la solución. En México vivieron con una serie de mitos respecto a la femineidad, que no se examinan, que se supone que se practican, que se traicionan constantemente y que no se pone en crisis el momento de la traición y el momento de la sustentación de 30 ese mito; que no se ve cómo ese mito es absolutamente inaplicable a la realidad. Y entonces, vivimos con una serie de desniveles de conducta, de pensamientos, de convicciones, con una serie de contradicciones entre hechos° reales y formas ideológicas y formas de pensamientos que ya no se 35 pueden llevar más lejos de lo que se han llevado. Casi toda la moral nuestra, la moral que se aplica a las mujeres y que desde luego es absolutamente distinta a la de los hombres, porque se la considera un ser inferior, un ser ancilar° en todos los sentidos de la palabra, la moral que se le aplica a la 40 mujer es una moral válida en el siglo XVI porque las condiciones estaban dadas para que la mujer aceptara esa moral, pero que tiene que seguir manteniendo y respetando en unas condiciones que son ya totalmente diferentes. Ha logrado° una independencia económica, en muchos casos 45 superior a la del hombre; ha logrado un acceso a todos los centros de educación sin ningún tipo de obstáculo, ha logrado un acceso a las representaciones populares en la política, ha logrado una serie de derechos en la ley; pero, en la realidad, las costumbres siguen imponiéndose, y esta mujer que 50 «de hecho» goza de tantas igualdades y «de derecho» también, cuando trata de vivir su propia vida, tiene que someterse° a una moral feudal periclitada. Entonces, esta serie de contradicciones, que además yo he padecido de una manera mucho más intensa por el oficio que escogí, el de escritora, 55 me ha preocupado, y en muchos casos me ha sublevado, sin que por eso quiera decir que soy feminista en el sentido cursi° de la palabra. Esta situación me ha hecho escribir una serie de textos al respecto. Yo quisiera que quedara claro cómo es contradictoria nuestra situación. 60

planteárselo: to state, to present
hechos: facts
ancilar: ancillary, auxiliary
logrado: achieved
someterse: submit herself
cursi: vulgar, pretentious

Lectura

Kinsey Report Nº 6 y Nº 2

Alfred Charles Kinsey, 1894–1956, sociólogo y biólogo norteamericano, ganó fama por su investigación del comportamiento sexual humano. Los dos poemas siguientes, de la colección «Otros poemas» en *Poesía no eres tú: Obra poética,* son dos reacciones inventadas por Castellanos al cuestionario de Kinsey. En una sociedad donde el machismo siempre ha sido una gran fuerza, las mujeres siempre han actuado pasivas y silenciosas al tema de la experiencia sexual. Estos dos poemas se consideran todavía revolucionarios a causa de su visión del amor y de las relaciones sexuales según el punto de vista de dos mujeres. Careciendo de un contexto específicamente mexicano, el tema de la búsqueda del amor verdadero es universal.

Kinsey Report Nº 6

Señorita. Sí, insisto. Señorita. 1
Soy joven. Dicen que no fea. Carácter
llevadero°. Y un día
vendrá el Príncipe Azul°, porque se lo he rogado°
como un milagro° a San Antonio°. Entonces 5
vamos a ser felices. Enamorados siempre.

¿Qué importa la pobreza? Y si es borracho
lo quitaré del vicio. Si es un mujeriego°
yo voy a mantenerme siempre tan atractiva,
tan atenta a sus gustos, tan buena ama de casa, 10
tan prolífica madre
y tan extraordinaria cocinera
que se volverá fiel° como premio a mis méritos
entre los que, el mayor, es la paciencia.

Lo mismo que mis padres y los de mi marido 15
celebraremos nuestras bodas de oro
con gran misa solemne.

No, no he tenido novio. No, ninguno
todavía. Mañana.

easy-going
Prince Charming / begged / miracle / St. Anthony (to whom lovers pray) / womanizer

loyal

Kinsey Report Nº 2

Soltera°, sí. Pero no virgen. Tuve	1	unmarried
un primo a los trece años.		
Él de catorce y no sabíamos nada.		
Me asusté° mucho. Fui con un doctor		I became frightened
que me dio algo y no hubo consecuencias.	5	
Ahora soy mecanógrafa° y algunas veces salgo		typist
a pasear con amigos.		
Al cine y a cenar. Y terminamos		
la noche en un motel. Mi mamá no se entera°.		doesn't find out
Al principio me daba vergüenza°, me humillaba	10	shame
que los hombres me vieran de ese modo		
después. Que me negaran		
el derecho° a negarme cuando no tenía ganas°		right / didn't feel like / marked / prostitute *(euph.)*
porque me habían fichado° como puta°.		
Y ni siquiera cobro°. Y ni siquiera	15	charge
puedo tener caprichos° en la cama.		whims
Son todos unos tales°. ¿Que por qué lo hago?		nobodies
Porque me siento sola. O me fastidio°.		bother
Porque ¿no lo ve usted? Estoy envejeciendo°.		aging
Ya perdí la esperanza de casarme	20	
y prefiero una que otra cicatriz°		scar
a tener la memoria como un cofre° vacío.		chest

Análisis

Kinsey Report Nº 6

1. ¿Cómo es la narradora? ¿Qué nos indican sus respuestas al cuestionario de Kinsey sobre su carácter?
2. ¿Qué simboliza el Príncipe Azul? ¿En qué se basa su identidad? ¿Cómo va a realizarse?
3. ¿Qué estereotipo nos presenta del esposo típico? Compare este estereotipo con el del Príncipe Azul.
4. ¿Qué estereotipo nos presenta de la esposa ideal? Según su experiencia, ¿cómo es la relación matrimonial?
5. ¿Qué efecto tiene la repetición de la estructura comparativa con el uso de «tan» en la segunda estrofa?

6. ¿Qué visión del amor nos presenta la narradora? ¿Es esta visión realista? ¿Es personal o universal?
7. ¿Qué efecto tiene la referencia a San Antonio y su poder de crear milagros? ¿Qué relación hay entre esta referencia y la visión del amor?
8. ¿Por qué está el poema escrito en el futuro? ¿Qué contraste hay entre el uso del futuro y el cambio en el último verso al pretérito perfecto? ¿Qué función tiene esta última declaración?
9. ¿Es el tono del poema optimista o pesimista? Use ejemplos específicos para ilustrar este optimismo o pesimismo.
10. Castellanos nos dice en la «Selección autobiográfica» que «en México vivieron con una serie de mitos respecto a la femineidad... que no se ve cómo ese mito es absolutamente inaplicable a la realidad». ¿Se encuentran algunos de estos mitos en este poema?
11. En la «Selección autobiográfica», Castellanos declara que «vivimos con una serie de contradicciones entre hechos reales y formas ideológicas». ¿Cómo se ilustra esta idea en el poema?

Kinsey Report Nº 2

12. ¿Cómo es la narradora? ¿Qué nos indican sus respuestas al reporte de Kinsey sobre su carácter?
13. ¿Qué intención tiene la narradora al afirmar en el primer verso que es «soltera» y «no virgen»?
14. ¿Cómo caracteriza su primera experiencia sexual? ¿Cómo cambia su actitud ante las relaciones sexuales durante su vida? ¿Es ésta una actitud típica de las mujeres / de los hombres?
15. ¿Qué refleja el comentario «Mi mamá no se entera»?
16. ¿Qué perspectiva nos presenta de los hombres y del trato que recibe de ellos? ¿En qué se basan estas relaciones? ¿Cómo define su experiencia sexual en términos negativos?
17. ¿Qué justificaciones presenta la narradora para su promiscuidad?
18. ¿Cómo es la «cicatriz» que menciona la narradora?
19. ¿Qué simboliza «el cofre vacío»? ¿Qué contraste hay entre éste y la cicatriz mencionada anteriormente? El poema termina con la palabra «vacío». ¿Cómo se puede aplicar la palabra a toda su vida emocional?
20. ¿Es el tono del poema optimista o pesimista? Use ejemplos específicos para ilustrar este optimismo o pesimismo.

21. En la «Selección autobiográfica», Castellanos dice que «las costumbres siguen imponiéndose, y esta mujer que (de hecho) goza de tantas igualdades y (de derecho) también, cuando trata de vivir su propia vida tiene que someterse a una moral feudal...». ¿De qué igualdades goza la narradora del poema? ¿Demuestra felicidad al haber ganado estas igualdades? ¿Por qué sí o por qué no?
22. También en la «Selección autobiográfica», Castellanos afirma que «la moral que se aplica a las mujeres es absolutamente distinta a la de los hombres porque se la considera un ser inferior». ¿Indica este poema esta moral distinta?
23. ¿Presenta este poema los mismos estereotipos sexuales que el poema «Kinsey Report Nº 6»?
24. En el poema «Kinsey Report Nº 6», la narradora espera al Príncipe Azul mientras que en «Kinsey Report Nº 2», la narradora dice que "ya perdí la esperanza de casarme". ¿Qué representa este cambio? ¿Qué diferencias hay entre las dos narradoras? ¿Qué comparten las dos?

Lectura

Memorial de Tlatelolco

«Memorial de Tlatelolco» viene de la colección «En la tierra de en medio» en *Poesía no eres tú*. Se escribió este poema como prólogo poético al libro *Massacre in Mexico* de Elena Poniatowska. Este libro es un testimonio del asesinato de más de 400 estudiantes por tropas del gobierno en la Plaza de Tlatelolco, el 2 de octubre de 1968 durante una manifestación estudiantil. Al principio, el gobierno negó que la matanza hubiera ocurrido y no salió ninguna noticia en los medios de comunicación. Tlatelolco es un barrio de la Ciudad de México donde está la Plaza de las Tres Culturas.

Memorial de Tlatelolco

memorandum; brief

La oscuridad° engendra° la violencia (1)
y la violencia pide oscuridad
para cuajar° en crimen.
Por eso el dos de octubre aguardó° hasta la noche
para que nadie viera la mano que empuñaba° (5)
el arma, sino sólo su efecto de relámpago°.

darkness, dimness / begets, engenders / to jell, materialize / waited / grasped, seized / lightning

Y a esa luz, breve y lívida, ¿quién? ¿Quién es el que mata?
¿Quiénes los que agonizan, los que mueren?
¿Los que huyen sin zapatos?
¿Los que van a caer al pozo° de una cárcel°? 10
¿Los que se pudren° en el hospital?
¿Los que se quedan mudos, para siempre, de espanto°?
¿Quién? ¿Quiénes? Nadie. Al día siguiente, nadie.

La plaza amaneció° barrida°; los periódicos
dieron como noticia principal 15
el estado del tiempo.
Y en la televisión, en la radio, en el cine
no hubo ningún cambio de programa,
ningún anuncio intercalado° ni un
minuto de silencio en el banquete. 20
(Pues prosiguió° el banquete.)

No busques lo que no hay: huellas°, cadáveres,
que todo se le ha dado como ofrenda° a una diosa°:
a la Devoradora de Excrementos.

No hurgues° en los archivos pues nada consta° en actas°. 25
Ay, la violencia pide oscuridad
porque la oscuridad engendra el sueño
y podemos dormir soñando que soñamos.

Mas he aquí° que toco una llaga°: es mi memoria.
Duele, luego es verdad. Sangra° con sangre. 30
Y si la llamo mía traiciono a todos.

Recuerdo, recordamos.

Ésta es nuestra manera de ayudar que amanezca
sobre tantas conciencias mancilladas°,
sobre un texto iracundo°, sobre una reja° abierta, 35
sobre el rostro° amparado° tras la máscara.

Recuerdo, recordemos
hasta que la justicia se siente° entre nosotros.

hole, pit / jail
rot
shock, fear
dawned / swept
inserted, interrupting
proceeded, continued / traces, clues / offering / goddess
search, comb through / be evident, be on record / documents, minutes / here / wound / it bleeds
stained, spotted
angry, irritable / grate / face / protected
is established, is found, is seated

Análisis

1. En el primer verso, Castellanos dice que «la oscuridad engendra la violencia» mientras que en el verso 29 dice que «la violencia pide oscuridad». ¿Cómo se relacionan la violencia y la oscuridad? ¿Qué puede simbolizar la oscuridad?
2. ¿Qué contraste irónico hay entre la luz del «relámpago» y la oscuridad de los primeros versos? ¿Qué o quién aguardó hasta la noche? ¿Por qué no se identifica?
3. Aunque no se puede nombrar a las víctimas, ¿cómo es que la poetisa puede conmemorarlas? ¿Para qué sirve la serie de imágenes vivas? ¿Por qué utiliza la repetición de «quién» y «quiénes»?
4. ¿Cómo reaccionaron los medios de comunicación a las muertes? ¿Qué simboliza «barrida»?
5. La matanza ocurrió cerca de la Plaza de las Tres Culturas. Una de estas culturas es la de los aztecas, los cuales ofrecían sacrificios, a veces humanos, a los dioses. ¿Qué puede simbolizar, entonces, «la Devoradora de Excrementos»?
6. ¿A quién le habla Castellanos cuando dice, «No busques..., No hurgues...»? ¿Qué significan los versos «porque la oscuridad engendra el sueño / y podemos dormir soñando que soñamos»? ¿Quién es el sujeto de «podemos» y qué peligro hay en soñar?
7. ¿Cuál es la única evidencia que queda de la matanza? ¿Por qué traiciona la poetisa a todas las víctimas si dice que la llaga o la memoria es sólo suya? ¿En qué consiste «la sangre»?
8. ¿A qué se refiere «amanezca» en el verso «Ésta es nuestra manera de ayudar que amanezca»? ¿Qué representa o simboliza el amanecer?
9. ¿A quiénes o a qué se refieren las frases que empiezan con «sobre»? ¿Cuál es el efecto de la repetición de la estructura?
10. ¿Qué efecto tiene el cambio de sujeto de «yo» a «nosotros» en el verso «Recuerdo, recordamos»? ¿Por qué más tarde cambia este verso a «Recuerdo, recordemos»? ¿A qué nos llama la poetisa con el mandato «recordemos»?
11. ¿Hasta qué punto se identifica la poetisa con las víctimas? ¿Qué deber tienen los que han sobrevivido? ¿Es esta identificación una expresión de amor?
12. ¿Cómo es que el poema sirve de evidencia o testimonio de la matanza? ¿Cómo puede reemplazar el poema a la noticia oficial que nunca apareció? ¿Cómo se relaciona el título del poema con este propósito?

Lectura

Se habla de Gabriel

Gabriel fue el único hijo de Rosario Castellanos. El poema siguiente, de la colección «En la tierra de en medio» en *Poesía no eres tú*, presenta una visión realista, irónica y a la vez transcendente del embarazo y parto de su hijo.

Se habla de Gabriel

Como todos los huéspedes mi hijo me estorbaba° (1)
ocupando un lugar que era mi lugar,
existiendo a deshora°,
haciéndome partir° en dos cada bocado°.

Fea, enferma, aburrida (5)
lo sentía crecer a mis expensas,
robarle su color a mi sangre, añadir
un peso° y un volumen clandestinos
a mi modo de estar sobre la tierra.

Su cuerpo me pidió nacer, cederle el paso; (10)
darle un sitio en el mundo,
la provisión de tiempo necesaria a su historia.

Consentí. Y por la herida° en que partió°, por esa
hemorragia de su desprendimiento°
se fue también lo último que tuve (15)
de soledad, de yo mirando tras de un vidrio°.

Quedé abierta, ofrecida
a las visitaciones, al viento, a la presencia.

estorbaba: was a nuisance
a deshora: unexpectedly
partir: to divide / bocado: mouthful
peso: weight
herida: wound / partió: left
desprendimiento: unfastening, unloosening
vidrio: glass

Análisis

1. ¿Cómo se sentía la madre hacia su bebé durante el embarazo? ¿Qué dificultades tenía? ¿Cómo desarrolla la metáfora del bebé como «huésped» o «ladrón»? Al crecer él, ¿cómo cambiaba la madre? ¿Piensa en él con cariño, indiferencia o resentimiento?

2. El verso «Su cuerpo me pidió nacer» presenta el nacimiento como un acuerdo, como si la madre tuviera control sobre el proceso. Para la poetisa, ¿qué derecho pide el bebé?
3. ¿Qué ironía hay en el término «consentí»?
4. ¿Qué intención tiene Castellanos al incluir imágenes sangrientas y gráficas del parto?
5. ¿Qué pierde la madre al nacer el hijo? ¿Qué gana implícitamente?
6. ¿Cómo se relacionan las palabras «de yo mirando tras de un vidrio» a la soledad de la poetisa?
7. Los dos últimos versos pueden referirse a otra visitación y a otro Gabriel, uno que no es corporal sino espiritual, el arcángel Gabriel que le anuncia a la Virgen que será la madre de Jesús. ¿Cómo se interpretan los dos versos dentro de ese contexto? ¿Qué contrastes hay entre estos versos y el resto del poema? ¿Qué significa «Quedé abierta, ofrecida / a las visitaciones, al viento, a la presencia»?
8. ¿Qué relación hay entre el cuerpo y la identidad de la madre? ¿Cómo cambia por medio del embarazo y del parto? A través del poema, ¿cómo se desarrolla su punto de vista o actitud hacia el bebé y hacia la vida en general?
9. ¿Qué perspectiva del amor nos presenta Castellanos en este poema?

Vocabulario

VERBOS

aguardar — *to wait*
«Por eso el dos de octubre **aguardó** hasta la noche».

amanecer — *to dawn, to begin to get light*
«La plaza **amaneció** barrida».

asustarse — *to become frightened*
«Me **asusté** mucho».

cobrar — *to charge money for a service or article*
«Y ni siquiera **cobro**».

enterarse de — *to find out, to discover*
«Mi mamá no **se entera**».

envejecer — *to age, to become old*
«...estoy **envejeciendo**».

estorbar — *to hinder, to obstruct, to be a nuisance*
«...como todos los huéspedes me **estorbaba**».

huir *to flee*
«¿Los que **huyen** sin zapatos?».

pudrirse *to rot*
«¿Los que **se pudren** en el hospital?».

SUSTANTIVOS

la cárcel *jail*
«¿Los que van a caer al pozo de una **cárcel**?».

la cicatriz *scar*
«...y prefiero una que otra **cicatriz»**.

el espanto *fear, fright, terror*
«¿Los que se quedan mudos, para siempre de **espanto?**»

la herida *wound*
«Y por la **herida** en que partió...».

el huésped *guest*
«Como todos los **huéspedes** mi hijo me estorbaba...».

la llaga *wound*
«Mas he aquí que toco una **llaga:** es mi memoria».

la oscuridad *darkness, dimness*
«La **oscuridad** engendra la violencia».

el peso *weight, monetary unit* (in some countries)
«...añadir un **peso** y un volumen clandestinos...».

la sangre *blood*
«Sangra con **sangre»**.

la soledad *loneliness, solitude*
«...se fue también lo último que tuve de **soledad...»**.

ADJETIVOS

barrido *swept*
«La plaza amaneció **barrida»**.

mudo *mute*
«¿Los que se quedan **mudos**, para siempre, de espanto?».

soltero *unmarried*
«**Soltera**, sí. Pero no virgen».

vacío *empty*
«...a tener la memoria como un cofre **vacío»**.

PALABRAS PROBLEMÁTICAS

el recuerdo	*memory of an event* El **recuerdo** de los eventos en Tlatelolco la pone triste.
recordar	*to remember* **«Recuerdo, recordamos»**, dice la narradora en el poema.
la memoria	*memory, the faculty to remember* «y prefiero una que otra cicatriz a tener la **memoria** como un cofre vacío».
el memorial	*memorial, memorandum, brief, petition* El poema es un **memorial** de los eventos en Tlatelolco.
matar	*to kill* Las tropas del gobierno **mataron** a muchas personas.
la matanza	*killing, slaughter* Hay que protestar por la **matanza** de tantas personas inocentes.
morir	*to die* «¿Quiénes los que agonizan, los que **mueren?**».
la muerte	*death* La **muerte** de los estudiantes afectó a todo el país.
el muerto/a	*dead person* Encontraron a muchos **muertos** en la plaza.
muerto	*dead* El estudiante estaba **muerto**.
la vergüenza	*shame* «Al principio me daba **vergüenza,** me humillaba...».
avergonzado/a	*ashamed* La narradora estaba **avergonzada** de sus acciones.
el embarazo	*pregnancy* Su peso aumentó mucho por el **embarazo.**
embarazada	*pregnant* La mujer se sentía contenta porque estaba **embarazada.**
el carácter	*inner character* «Dicen que no fea. **Carácter** llevadero».
el personaje	*character in literature* Hay sólo dos **personajes** en el cuento.

Ejercicios de vocabulario

A. Antónimos. Escoja entre las palabras de la primera columna, el antónimo de cada una de las palabras de la segunda columna. Indique el número correspondiente en los espacios en blanco.

1. la muerte	_____ rejuvenecer
2. recordar	_____ vivo
3. amanecer	_____ la vida
4. la oscuridad	_____ anochecer
5. muerto	_____ la luz
6. envejecer	_____ olvidar

B. Asociaciones. ¿Qué palabra de la primera columna asocia Ud. con cada una de las palabras de la segunda columna? Indique el número correspondiente en los espacios en blanco.

1. barrido	_____ la sangre
2. la llaga	_____ asustarse
3. el espanto	_____ la onza
4. pudrir	_____ el piso
5. cobrar	_____ el parto
6. la soledad	_____ la fruta
7. embarazada	_____ asesinar
8. el peso	_____ el dinero
9. matar	_____ el vacío

C. Oraciones sin terminar. Complete las frases con una palabra apropiada de la lista de vocabulario.

1. La casa le parecía ________ sin la presencia de los ________.
2. De repente, se apagaron las luces y los niños ________ por la ________.
3. «Afortunadamente, Ud. no tendrá ________ aunque esa ________ es muy larga», dijo el médico.
4. La madre se sentía ________ cuando ________ del ________ de su hija ________.
5. El anciano no quiso hablar con nadie. Se quedaba ________ envuelto en sus ________ de su juventud y niñez.
6. En la plaza se construyó un ________ para ________ a las víctimas de la ________.

D. Imaginación. Imagine Ud. que está en una sala de espera de una corte. Ud. escucha fragmentos de varias conversaciones. Invente una frase con las palabras indicadas para cada personaje.

1. abogado / cobrar / peso
2. víctima / espanto / sangre
3. acusado / pudrir / cárcel
4. juez / aguardar
5. policía / estorbar
6. testigo / huir

E. Traducciones. Traduzca y termine las frases en español.

1. My parents seem to be getting old...
2. The best childhood memories are...
3. The last time that I felt embarrassed...

F. Preguntas personales. Conteste Ud. las preguntas siguientes y después, hágaselas a otra persona de la clase.

1. ¿Has conocido un *memorial* alguna vez? ¿Qué *recuerdas* de él?
2. ¿Has dado *sangre* alguna vez? ¿Piensas hacerlo en el futuro?
3. ¿Qué actitud hacia *la muerte* tiene la sociedad norteamericana? ¿La aceptamos o *huimos* de ella?
4. ¿Qué película o novela de amor has visto o leído recientemente? ¿Quiénes son *los personajes?* ¿Cómo es *el carácter* de ellos?

Después de leer

A. Situaciones

Divídanse en grupos de dos, tres o cuatro estudiantes según la situación. Cada estudiante debe adoptar uno de los papeles. Después de diez minutos, cada grupo actuará su situación delante de la clase.

1. Acompañadas de amigos, las narradoras de «Kinsey Report Nº 6 y Kinsey Report Nº 2» se conocen en una fiesta. Allí tienen una conversación sobre los hombres y el amor.
2. No se ha permitido a la prensa mexicana reportar nada sobre la masacre en Tlatelolco. Ud., como reportero/a de una emisora internacional, ha presenciado la tragedia y es el / la primero/a que anuncia al mundo lo ocurrido. Después de su reporte inicial, otros reporteros internacionales le hacen preguntas.

3. Ud. es sobreviviente de la tragedia de Tlatelolco y después de cinco años es entrevistado/a por reporteros mexicanos e internacionales.
4. Una revista hace una encuesta sobre el efecto del nacimiento de un hijo en la familia. Hay entrevistas con la narradora de «Se habla de Gabriel», una madre soltera de 18 años, una pareja profesional de 42 años, un viudo de 23 años, una abuela que va a tener que cuidar al niño y una hermana de 13 años.

B. Debates y discusión

Ud. y sus compañeros participan en una mesa redonda sobre «La revolución sexual» y sus consecuencias. Unos la ven como una liberación mientras otros atribuyen sus causas a la caída de la civilización.

C. Momentos decisivos

Examine la reacción de la poetisa a la masacre de Tlatelolco. ¿Cómo demuestra ella su amor por la humanidad? ¿Cómo reaccionaría Ud.? ¿Trataría de olvidar para dejar de sufrir? ¿Sentiría alguna responsabilidad personal?

Reacción y revisión. Siga las instrucciones de la página 15.

D. Correspondencia

En parejas, imaginen que uno/a de Uds. le escribe a «Dear Abby» para pedirle consejos. La otra persona debe escribir la respuesta. En grupos de dos, tres o cuatro, escriban consejos diferentes a los siguientes problemas:

1. Aunque Ud. está casado/a y tiene tres hijos, está enamorado/a de otra persona.
2. Un hombre simpático quiere casarse con la narradora de «Kinsey Report Nº 6», pero ella no se siente enamorada.
3. Ud. es padre por primera vez y prefiere quedarse en casa para cuidar a su bebé mientras su esposa trabaja afuera. Sus amigos se ríen de su decisión y el jefe de su esposa no la comprende.

E. Creación

1. Las tragedias personales o internacionales siempre evocan reacciones sentimentales. Escriba un poema, usando imágenes sensoriales para transmitir sus sentimientos a una tragedia.
2. Es el «Día de los enamorados» y Ud. escribe un poema expresando su amor por su enamorado/a.

F. Análisis literario

1. Escriba un ensayo de exposición donde analice lo siguiente:
   a. Examine la soledad de las dos narradoras de «Kinsey Report Nº 6» y «Kinsey Report Nº 2». ¿Es igual la soledad de ambas? ¿Cómo se enfrentan a la soledad? ¿Cómo llenan el vacío en su vida? ¿Cómo difieren en términos del pasado, presente y futuro?
   b. Analice los papeles de las mujeres y los hombres presentados en «Kinsey Report Nº 6» y «Kinsey Report Nº 2». ¿Han cambiado estos papeles en la sociedad actual?
   c. Castellanos escribió «Memorias de Tlatelolco» para protestar contra la masacre. ¿Cómo es esta protesta? ¿Qué ejemplos e imágenes usa para expresar esta protesta? ¿Cómo quiere ella que reaccione su lector?
   d. Examine cualquier poema o canción de protesta social.
2. Escriba un ensayo argumentativo donde Ud. debata sobre lo siguiente:
   a. ¿Existe un doble criterio para las mujeres y los hombres? ¿Debe existir? ¿Por qué sí o por qué no?
   b. ¿Qué responsabilidad tiene el mundo ante una masacre?

G. Investigación

Con algunos compañeros escoja uno de los siguientes temas y prepare una presentación breve para la clase.

1. Hay muchas organizaciones políticas o sociales de protesta como Amnistía Internacional o Greenpeace. Busque información sobre una de éstas para analizar sus objetivos y sus métodos para lograrlos.
2. Investigue la masacre de Tlatelolco, México, en 1968 o las protestas de los indígenas en Chiapas, México, en 1994.
3. Desde la publicación de los primeros «Kinsey Reports», han salido muchos otros estudios de la sexualidad. Investigue el «Kinsey Report» original o uno de los estudios más recientes.
4. En el mundo han ocurrido muchas manifestaciones sociales o políticas que han terminado en la violencia. Investigue una de estas manifestaciones (el motivo y la reacción mundial).

Capítulo 4

Pablo Neruda

Ricardo Eliezer Neftalí Reyes y Basoalto was born in Parral, Chile in 1904. However, it was with the pseudonym of Pablo Neruda that this son of humble parents acquired his fame as poet, diplomat, revolutionary, and voice of the people. A timid and solitary child, Neruda spent many hours reading and writing poetry. His father, however, loathed these pastimes, and once burned his notebooks. Fearing discovery by his father, Ricardo adopted the pseudonym of Neruda, a name he had found in a magazine and which he later discovered was that of a famous Czech writer.

At the age of 20, he published Veinte poemas de amor y una canción desesperada. *His diplomatic career began three years later with his appointment as consul in Asia and later, in 1934 in Spain. Upon experiencing the senseless brutality of Spain's Civil War, especially the assassination of the poet Federico García Lorca, his friend and colleague, Neruda wrote poetry filled with both satire and protest.* España en el corazón *was written during this time and published at the risk of many lives because of its contents.*

Neruda's experiences with the Spanish Civil War converted him to Communism. In 1943, he was elected to the Senate in Chile. Between 1925 and 1945, he published Residencia en la tierra *in three parts; many of the poems in this collection are characterized by his surrealism and sense of alienation. Neruda was forced into exile in 1949 because of his membership in the Communist Party; it was in Mexico that he published his* Canto general I y II.

Upon his return to Chile in 1953, he published his Odas elementales. *Both his political and literary careers grew in the following years. In 1970, he was the Communist Party's candidate for president of Chile; and while he was Chile's ambassador to France, Neruda was awarded the Nobel Prize for Literature in 1971. Chile's Communist government, under Salvador Allende's regime, fell in 1973. Days after the coup, Neruda died.*

Although a heart attack is listed as the cause of death, many rumors circulated that he had been arrested and shot because of his political leanings. Shortly before his death, Neruda's books and papers were burned by "vandals", ironically repeating what had occurred during his childhood. Although the new military junta refused to give him a state funeral, hundreds of people defied the government and participated in his funeral procession.

Reflecting his politics and defense of the common man, Neruda's poetry allows us to feel his love for humanity.

Antes de leer

A. Momentos poéticos

1. Todos nosotros hemos tenido experiencias muy intensas: momentos de alegría, tristeza, amor, odio, amargura, etc. Escoja una de estas experiencias y describa lo que ocurrió y lo que sintió Ud. ¿Cómo se podría transformar esta descripción en poema? ¿Qué tendría Ud. que hacer?
2. Recuerde una escena, un lugar o una experiencia de su niñez que Ud. haya gozado mucho. Utilizando imágenes de los cinco sentidos, describa esta experiencia brevemente para que otros puedan comprenderla y sentirla mejor. ¿Qué veía, escuchaba, olía, tocaba? Después, comparta su descripción con un/a compañero/a de la clase.

B. Reacciones

¿Cómo es la sociedad actual? ¿Cómo debe ser la ideal? Intercambie con los compañeros de clase sus opiniones respecto de las siguientes afirmaciones.

1. El comunismo y el capitalismo son ideologías fracasadas.
2. La violencia es el problema más grave de la sociedad.
3. La sociedad se divide entre los que tienen y los que no tienen.
4. No es posible crear una sociedad justa.
5. La naturaleza del ser humano es buena/mala.
6. En un conflicto con los derechos de la mayoría, los derechos del individuo siempre son más importantes.
7. No hay duda que habrá otra guerra mundial.
8. La familia es la institución más importante de la sociedad.

9. La democracia no es siempre el mejor tipo de gobierno.
10. Ya que los países del Tercer Mundo han compartido sus recursos naturales, los países más desarrollados deben compartir sus riquezas.

Selección autobiográfica

*Memorias —Confieso que he vivido**

«...La poesía... Tiene que caminar en la oscuridad° y encontrarse con el corazón del hombre, con los ojos de la mujer, con los desconocidos de las calles, de los que a cierta hora crepuscular°, o en plena noche estrellada, necesitan aunque sea no más que un solo verso... Esa visita a lo imprevisto° vale todo lo andado, todo lo leído, todo lo aprendido... Hay que perderse entre los que no conocemos para que de pronto recojan lo nuestro de la calle, de la arena°, de las hojas° caídas mil años en el mismo bosque°... y tomen tiernamente ese objeto que hicimos nosotros... Sólo entonces seremos verdaderamente poetas... En ese objeto vivirá la poesía...

En los tiempos en que comencé a escribir, el poeta era de dos características. Unos eran poetas grandes señores que se hacían respetar por su dinero, que les ayudaba en su legítima o ilegítima importancia. La otra familia de poetas era la de los militantes errabundos° de la poesía, gigantes de cantina°, locos fascinadores, atormentados sonámbulos°. Queda también, para no olvidarme, la situación de aquellos escritores amarrados°, como el galeote° a su cadena°, al banquillo de la administración pública. Sus sueños fueron casi siempre ahogados° por montañas de papel timbrado° y terribles temores a la autoridad y al ridículo.

Yo me lancé a la vida más desnudo que Adán, pero dispuesto a mantener la integridad de mi poesía. Esta actitud irreductible° no sólo valió para mí, sino para que dejaran de reírse los bobalicones°. Pero después dichos bobalicones, si tuvieron corazón y conciencia, se rindieron° como buenos seres humanos ante lo esencial que mis versos despertaban. Y si eran malignos° fueron tomándome miedo.

Y así la Poesía, con mayúscula°, fue respetada. No sólo la poesía, sino los poetas fueron respetados. Toda la poesía y todos los poetas.

Otros miden° los renglones° de mis versos probando que yo los divido en pequeños fragmentos o los alargo demasiado. No tiene ninguna importancia. ¿Quién instituye los versos más

Glosses:
- 1: oscuridad° darkness
- crepuscular° twilight
- 5: imprevisto° unexpected, unforeseen
- arena° / hojas° sand / leaves
- bosque° forest
- 15: errabundos° / cantina° wandering / bar
- sonámbulos° sleepwalkers
- amarrados° tied down
- galeote° / cadena° galley slave / chain
- ahogados° drowned
- 20: timbrado° stamped
- irreductible° unyielding
- bobalicones° nitwits
- 25: rindieron° surrendered
- malignos° malicious, evil
- mayúscula° capital letter
- 30: miden° / renglones° measure / lines

* Selección de la autobiografía de Pablo Neruda, *Memorias —Confieso que he vivido*

cortos o más largos, más delgados o más anchos, más amarillos o más rojos? El poeta que los escribe es quien lo determina. Lo determina con su respiración y con su sangre, con su sabiduría 35 y su ignorancia, porque todo ello entra en el pan de la poesía.

El poeta que no sea realista va muerto. Pero el poeta que sea sólo realista va muerto también. El poeta que sea sólo irracional será entendido sólo por su persona y por su amada°, y esto es bastante triste. El poeta que sea sólo un racionalista, será enten- 40 dido hasta por los asnos°, y esto es también sumamente triste. Para tales ecuaciones no hay cifras° en el tablero°, no hay ingredientes decretados por Dios ni por el diablo, sino que estos dos personajes importantísimos mantienen una lucha dentro de la poesía, y en esta batalla vence° uno y vence otro, pero la poesía 45 no puede quedar derrotada°.

La inclinación profunda del hombre es la poesía y de ella salió la liturgia, los salmos, y también el contenido de las religiones. El poeta se atrevió con los fenómenos de la naturaleza y en las primeras edades se tituló sacerdote para preservar su vocación. 50 De ahí que en la época moderna, el poeta, para defender su poesía, toma la investidura que le dan la calle y las masas. El poeta civil de hoy sigue siendo el del más antiguo sacerdocio. Antes pactó con las tinieblas° y ahora debe interpretar la luz.»

amada: lover
asnos: asses
cifras / tablero: numbers / board, counter
vence: conquers
derrotada: defeated
tinieblas: shadows

Lectura

Poema XX

En sus *Memorias,* Pablo Neruda dice que siempre le gustó el libro *Veinte poemas de amor y una canción desesperada* porque «a pesar de su aguda melancolía, está presente en él el goce de la vida». En estos poemas, Neruda se separa de la tradición modernista cuya obsesión reside en lo estético y lo formal en vez de la simplicidad de expresión. «Poema XX» es parte de esta colección.

Poema XX

Puedo escribir los versos más tristes esta noche. 1

Escribir, por ejemplo: «La noche está estrellada°,
y tiritan°, azules, los astros, a lo lejos».

El viento de la noche gira° en el cielo y canta.

Puedo escribir los versos más tristes esta noche. 5
Yo la quise, y a veces ella también me quiso.

estrellada: starry
tiritan: shiver
gira: spins

En las noches como ésta la tuve entre mis brazos.
La besé tantas veces bajo el cielo infinito.

Ella me quiso, a veces yo también la quería.
¡Cómo no haber amado sus grandes ojos fijos! 10

Puedo escribir los versos más tristes esta noche.
Pensar que no la tengo. Sentir que la he perdido.

Oír la noche inmensa, más inmensa sin ella.
Y el verso cae al alma como al pasto° el rocío°. pastures / dew

¡Qué importa que mi amor no pudiera guardarla°! 15 keep her
La noche está estrellada y ella no está conmigo.

Eso es todo. A lo lejos alguien canta. A lo lejos.
Mi alma no se contenta con haberla perdido.

Como para acercarla° mi mirada la busca. bring her nearer
Mi corazón la busca, y ella no está conmigo. 20

La misma noche que hace blanquear° los mismos árboles. whiten
Nosotros, los de entonces, ya no somos los mismos.

Ya no la quiero, es cierto, pero cuánto la quise.
Mi voz buscaba al viento para tocar su oído°. hearing, ear

De otro. Será de otro. Como antes de mis besos. 25
Su voz, su cuerpo claro. Sus ojos infinitos.

Ya no la quiero, es cierto, pero tal vez la quiero.
Es tan corto el amor, y es tan largo el olvido°. oblivion, forgetting

Porque en noches como ésta la tuve entre mis brazos,
mi alma no se contenta con haberla perdido. 30

Aunque éste sea el último dolor que ella me causa,
y éstos sean los últimos versos que yo le escribo.

Análisis

1. ¿Cómo fue la relación amorosa entre el poeta y su amada? Explique los versos «Yo la quise...», «Ya no la quiero... cuánto la quise» y «Ya no la quiero... tal vez la quiero» para describir esta relación.
2. ¿La quiere el poeta todavía? ¿Quiere ella al poeta todavía?
3. ¿Cómo es la noche cuando el poeta piensa en su amada? ¿Por qué la noche le hace al poeta recordarla?

4. En la inmensidad del cielo se oyen sonidos aislados. Explique los versos «El viento de la noche gira en el cielo y canta» y «A lo lejos alguien canta. A lo lejos» y «Mi voz buscaba al viento para tocar su oído». ¿Qué efecto tiene la personificación del viento?
5. ¿Qué relación tienen la voz, el cuerpo y los ojos de la amada con la noche?
6. ¿Cuál es el tema del poema?
7. ¿Qué comparación hay entre el estado de la naturaleza y el del hombre?
8. ¿Qué función tiene la repetición de varias frases como, «Puedo escribir los versos más tristes esta noche»?
9. ¿Por qué escribe el poeta estos versos? ¿Qué sentimientos se transmiten a través de versos como, «Y el verso cae al alma como al pasto el rocío» y «Es tan corto el amor, y es tan largo el olvido»?
10. Explique las dos últimas estrofas. ¿Ha resuelto el poema el conflicto emocional?
11. En la «Selección autobiográfica», Neruda dice: «El poeta que no sea realista va muerto. Pero el poeta que sea sólo realista va muerto también. El poeta que sea sólo irracional será entendido sólo por su persona y su amada, y esto es bastante triste. El poeta que sea sólo un racionalista, será entendido hasta por los asnos». ¿Logra Neruda el balance deseado entre lo racional y lo irracional en «Poema XX»?

Lectura

Explico algunas cosas

La brutalidad° de la Guerra Civil Española° afectó fuertemente a Neruda. «Explico algunas cosas» fue escrito durante ese tiempo.

brutality / Spanish Civil War

Explico algunas cosas

Preguntaréis: Y dónde están las lilas°? (1) — lilacs
Y la metafísica cubierta de amapolas°? — poppies
Y la lluvia que a menudo golpeaba
sus palabras llenándolas
de agujeros° y pájaros? (5) — gullies

Os voy a contar todo lo que me pasa.

Yo vivía en un barrio° — neighborhood
de Madrid, con campanas°, — bells
con relojes, con árboles.

Desde allí se veía (10)
el rostro seco de Castilla
como un océano de cuero°. — leather

Mi casa era llamada
la casa de las flores, porque por todas partes
estallaban° geranios: era (15) — exploded
una bella casa
con perros y chiquillos.

Raúl, te acuerdas?
Te acuerdas, Rafael?
Federico°, te acuerdas (20) — other poets and friends of Neruda
debajo de la tierra,
te acuerdas de mi casa con balcones en donde
la luz de junio ahogaba° flores en tu boca? — drowned
¡Hermano, hermano!

Todo (25)
era grandes voces, sal de mercaderías° — marketplaces
aglomeraciones de pan palpitante,
mercados de mi barrio de Argüelles con su estatua
como un tintero° pálido entre las merluzas°: — ink well / hake
el aceite° llegaba a las cucharas, (30) — oil
un profundo latido° — heart-beating
de pies y manos llenaba las calles,
metros, litros, esencia
aguda de la vida,
pescados hacinados°, (35) — stacked up
contextura de techos° con sol frío en el cual — roofs
la flecha° se fatiga, — arrow
delirante marfil° fino de las patatas, — fine-toothed comb, ivory
tomates repetidos hasta el mar.

Y una mañana todo estaba ardiendo (40)
y una mañana las hogueras° — bonfires
salían de la tierra
devorando seres,
y desde entonces fuego,
pólvora desde entonces, (45)
y desde entonces sangre.

Bandidos con aviones y con moros° — Moors
bandidos con sortijas° y duquesas, — rings
bandidos con frailes° negros bendiciendo° — friars / blessing, exalting
venían por el cielo a matar niños 50
y por las calles la sangre de los niños
corría simplemente, como sangre de niños.

Chacales° que el chacal rechazaría, — jackals
piedras que el cardo° seco mordería° escupiendo° — thistle / would bite / spitting / vipers
víboras° que las víboras odiarían! 55

Frente a vosotros he visto la sangre
de España levantarse
para ahogaros en una sola ola
de orgullo y de cuchillos!

Generales 60
traidores:
mirad mi casa muerta,
mirad España rota:
pero de cada casa muerta sale metal ardiendo
en vez de flores, 65
pero de cada hueco° de España — ditch, hole
sale España,
pero de cada niño muerto sale un fusil° con ojos, — gun
pero de cada crimen nacen balas° — bullets
que os hallarán un día el sitio 70
del corazón.

Preguntaréis, por qué su poesía
no nos habla del suelo, de las hojas,
de los grandes volcanes de su país natal?

Venid a ver la sangre por las calles, 75
venid a ver
la sangre por las calles,
venid a ver la sangre
por las calles!

Análisis

1. ¿Cuál es la intención del poeta en este poema?
2. La primera estrofa se refiere a su poesía estética de años anteriores. Según esta estrofa, ¿qué imágenes usaba él en esta poesía?

3. Los cinco sentidos están representados en la descripción del barrio de antes. Busque expresiones que utilicen cada sentido. ¿Usa el autor los cinco sentidos en la descripción del barrio de ahora, que empieza con la línea «Y una mañana...»?
4. ¿Qué contraste hay entre el barrio de antes y el de ahora? ¿Por qué existe este contraste? ¿Cómo son los sentimientos del poeta hacia este cambio? ¿Qué palabras sugieren estos sentimientos?
5. En las últimas estrofas, ¿cómo contesta el poeta la pregunta que él hace aquí y al principio del poema?
6. ¿Qué función tienen las frases que se repiten en la última estrofa?

Lectura

Margarita Naranjo

Muchos poemas de *Canto general I y II* critican el imperialismo y exponen el sufrimiento del pueblo. «Margarita Naranjo» es el poema VIII de la sección «La tierra se llama Juan», donde obreros de diversas actividades cuentan su historia trágica directamente al lector. En el poema siguiente, la trama ocurre en la empresa salitrera *(nitrate works plant)* María Elena, en Antofagasta, Chile.

Margarita Naranjo

Estoy muerta. Soy de María Elena. 1
Toda mi vida la viví en la pampa.
Dimos la sangre para la Compañía
norteamericana, mis padres antes, mis hermanos.
Sin que hubiera huelga°, sin nada nos rodearon°. 5 — strike / surrounded
Era de noche, vino todo el Ejército°. — Army
Iban de casa en casa despertando a la gente,
llevándola al campo de concentración.
Yo esperaba que nosotros no fuéramos.
Mi marido ha trabajado tanto para la Compañía, 10
y para el Presidente, fue el más esforzado° — strong, valiant, put forth much effort
consiguiendo los votos aquí, es tan querido,
nadie tiene nada que decir de él, él lucha
por sus ideales, es puro y honrado

como pocos. Entonces vinieron a nuestra puerta, 15
mandados° por el Coronel Urízar,
y lo sacaron a medio vestir y a empellones°
lo tiraron° al camión que partió en la noche,
hacia Pisagua, hacia la oscuridad°. Entonces
me pareció que no podía ya respirar más, me parecía 20
que la tierra faltaba debajo de los pies,
es tanta la traición, tanta la injusticia,
que me subió a la garganta° algo como un sollozo°
que no me dejó vivir. Me trajeron comida
las compañeras, y les dije: «No comeré hasta que vuelva». 25
Al tercer día hablaron al señor Urízar,
que se rió con grandes carcajadas°, enviaron
telegramas y telegramas que el tirano en Santiago
no contestó. Me fui durmiendo y muriendo,
sin comer, apreté los dientes° para no recibir 30
ni siquiera la sopa o el agua. No volvió, no volvió,
y poco a poco me quedé muerta, y me enterraron°,
aquí, en el cementerio de la oficina salitrera,
había en esa tarde un viento de arena,
lloraban los viejos y las mujeres y cantaban 35
las canciones que tantas veces canté con ellos.
Si hubiera podido, habría mirado a ver si estaba
Antonio, mi marido, pero no estaba, no estaba,
no lo dejaron venir ni a mi muerte: ahora
aquí estoy muerta, en el cementerio de la pampa 40
no hay más que soledad en torno° a mí, que ya no existo,
que ya no existiré sin él, nunca más, sin él.

mandados: sent
empellones: forcefully
tiraron: threw
oscuridad: darkness
garganta / sollozo: throat / cry
carcajadas: roars of laughter
apreté los dientes: ground my teeth
enterraron: buried
en torno: around

Análisis

1. Resuma Ud. brevemente lo que les ocurrió a Margarita Naranjo y a su esposo. Identifique los elementos realistas e imaginarios de esta historia. ¿En qué sentido se parece el poema al testimonio de un individuo verdadero?
2. ¿Cuál es el tema del poema?
3. ¿Qué efecto tiene la narrativa de primera persona sobre el lector? ¿Qué efecto tiene el hecho de que esté muerta?
4. La narradora declara que «...es tanta la traición, tanta la injusticia / que me subió a la garganta algo como un sollozo / que no me dejó vivir». ¿En qué consisten la injusticia y la traición? ¿Cómo protestan ella y la gente?

5. Compare los primeros y los últimos versos del poema. A pesar de que la narradora dice que está muerta, ¿cómo resucita ella a través del poema? ¿Por qué cree Ud. que Neruda lo escribió?
6. Neruda era un crítico de las dictaduras y la explotación de los obreros. ¿Cómo expresa él estas críticas en el poema?
7. En la «Selección autobiográfica», Neruda dice que «la poesía tiene que caminar en la oscuridad y encontrarse con el corazón del hombre, con los ojos de la mujer, con los desconocidos de las calles, de los que a cierta hora crepuscular, o en plena noche estrellada, necesitan aunque sea no más que un solo verso...». ¿Cómo es que Neruda logra estos objetivos con este poema?

Lectura

Oda a la vida

Las *Odas elementales* de Pablo Neruda contienen más celebración por la humanidad que protesta. Hay odas escritas a flores, animales y cosas además de sentimientos y personas. «Oda a la vida» viene de esta colección.

Oda a la vida

La noche entera 1
con un hacha° — axe
me ha golpeado el dolor,
pero el sueño
pasó lavando como un agua oscura 5
piedras ensangrentadas°. — bloody
Hoy de nuevo estoy vivo.
De nuevo
te levanto,
vida, 10
sobre mis hombros°. — shoulders

Oh vida,
copa clara,
de pronto
te llenas 15
de agua sucia,

de vino muerto,
de agonía, de pérdidas,
de sobrecogedoras° telarañas°, — surprising / spider-webs
y muchos creen (20)
que ese color de infierno° — hell
guardarás para siempre.

No es cierto.

Pasa una noche lenta,
pasa un solo minuto (25)
y todo cambia.
Se llena
de transparencia
la copa de la vida.
El trabajo espacioso° (30) — slow, deliberate
nos espera.
De un solo golpe nacen las palomas°. — doves
Se establece la luz sobre la tierra.

Vida, los pobres
poetas (35)
te creyeron amarga°, — bitter
no salieron contigo
de la cama
con el viento del mundo.
Recibieron los golpes (40)
sin buscarte
se barrenaron° — drilled
un agujero° negro — hole
y fueron sumergiéndose
en el luto° (45) — mourning
de un pozo° solitario. — well

No es verdad, vida,
eres
bella
como la que yo amo (50)
y entre los senos° tienes — breasts, bosom
olor a menta°. — mint

Vida,
eres
una máquina plena°, (55) — complete, full
felicidad, sonido
de tormenta, ternura° — tenderness
de aceite delicado.

Vida,
eres como una viña°: (60) — vineyard
atesoras° la luz y la repartes° — hoards, stores / distributes
transformada en racimo°. — bunch

El que de ti reniega° — denies
que espere
un minuto, una noche (65)
un año corto o largo,
que salga
de su soledad mentirosa°, — deceitful
que indague° y luche, junte — inquire, find out
sus manos a otras manos, (70)
que no adopte ni halague° — flatter, please
a la desdicha° — misery, unhappiness
que la rechace° dándole — reject
forma de muro,
como a la piedra los picapedreros°, (75) — stonecutters
que corte la desdicha
y se haga con ella
pantalones.
La vida nos espera
a todos los que amamos (80)
el salvaje° — wild
olor a mar y menta
que tiene entre los senos.

Análisis

1. ¿Qué efecto tiene el sueño sobre el dolor? Explique las imágenes que describen este efecto.
2. ¿A quién o a qué se dirige el poema? ¿Qué efecto tiene la personificación de la vida? ¿Cómo se relaciona al mensaje del poema?
3. ¿Contra qué emociones y actitudes tiene que luchar el poeta? ¿Cómo contesta a los cínicos? ¿Qué esperanza les ofrece el cambio?
4. Neruda compara la vida a una copa, una máquina, una viña y una amante. ¿Qué placer y belleza se encuentra en cada comparación? Escoja una de estas comparaciones y explique cómo se desarrolla.

5. «El poeta debe interpretar la luz», dice Neruda en la «Selección autobiográfica». También en este poema, Neruda menciona que «la luz se establece sobre la tierra». ¿A qué se refiere el poeta cuando menciona la luz?
6. Explique estos últimos versos:
   «La vida nos espera
   a todos
   los que amamos
   el salvaje
   olor a mar y menta
   que tiene entre los senos.»
   ¿Qué sugieren estas imágenes?
7. El poema es a la vez una celebración de la vida y una exhortación a los lectores. En un mundo de tanto dolor e injusticia, ¿cómo se puede celebrar la vida? ¿En qué o en quién tiene fe el poeta? ¿Qué consejo le ofrece a la persona que reniega de la vida? Según Neruda, ¿cómo se debe combatir la soledad?

Vocabulario

VERBOS

arder — *to blaze*
«...y una mañana todo estaba **ardiendo...**».

golpear — *to hit, give blows*
«...la lluvia que a menudo **golpeaba...**».

guardar — *to keep*
«...guardarás para siempre...».

hallar — *to find*
«...que os **hallarán** un día el sitio...».

llenar — *to fill, stack up*
«...de pronto te **llenas...»**.

odiar — *to hate*
«...víboras que las víboras **odiarían...»**.

rechazar — *to deny, to repel*
«...a la desdicha que la **rechace...»**.

respirar — *to breathe*
«...me pareció que no podía ya **respirar** más...».

SUSTANTIVOS

el aceite — *oil*
«...el **aceite** llegaba a las cucharas...».

la arena — *sand*
«...había en esa tarde un viento de **arena...»**.

el barrio — *neighborhood*
«Yo vivía en un **barrio...»**.

el cielo — *sky, heaven*
«El viento de la noche gira en el **cielo...»**.

el corazón — *heart*
«Mi **corazón** la busca...».

el golpe — *blow, hit*
«De un solo **golpe** nacen las palomas...».

la pólvora — *gunpowder*
«...y desde entonces fuego, **pólvora** desde entonces...».

el suelo — *floor, soil, earth*
«...no nos habla del **suelo,** de las hojas...».

ADJETIVOS

amargo — *bitter*
«...te creyeron **amarga...»**.

claro — *light in color*
«...su voz, su cuerpo **claro...»**.

corto — *short*
«Es tan **corto** el amor...».

lento — *slow*
«Pasa una noche **lenta...»**.

oscuro — *dark*
«...pasó lavando como un agua **oscura...»**.

roto — *broken*
«...mirad España **rota...»**.

seco — *dry*
«...el rostro **seco** de Castilla...».

sucio — *dirty*
«...de agua **sucia...»**.

PALABRAS PROBLEMÁTICAS

contar *to count, to tell a story*
«Os voy a **contar** todo lo que me pasa».

cantar *to sing*
«lloraban los viejos y las mujeres y **cantaban** / las canciones que tantas veces **canté** con ellos».

amar *to love romantically*
«No es verdad, vida / eres bella / como la que yo **amo...**».

querer *to love, to want*
El poeta no **quería** que hubiera sangre en las calles.

enamorarse (de) *to fall in love (with)*
Una noche estrellada, la mujer **se enamoró de** él.

estar enamorado/a (de) *to be in love (with)*
La mujer ya no **está enamorada de** él.

por qué *why*
¿Por qué hay tanta injusticia en el mundo?

porque *because*
«Mi casa era llamada / la casa de las flores, **porque** por todas partes / estallaban geranios...».

creer *to think, to believe*
«y muchos **creen** / que ese color de infierno / guardarás para siempre...».

crear *to create*
«De un solo golpe se **crean** las palomas...».

Ejercicios de vocabulario

A. Consulte la lista de vocabulario y complete las oraciones.

1. En la playa hay mucha ________.
2. ________ quiere decir lo mismo que encontrar.
3. Algo que no está limpio está ________.
4. Por ser muy cruel María, dicen que tiene ________ de piedra.
5. No quiero perder la joya; por eso, la voy a ________.

B. Complete las frases siguientes con sus propias palabras; no es necesario que use solamente palabras de la lista.

1. Después de ver el cristal *roto,* la mamá...
2. *Amar* es gozar de la vida; *odiar* es...
3. ¡Ay, Dios mío! No puedo *respirar porque...*
4. Cuando él *rechazó* todo lo que le ofrecieron, la gente...

C. Use en oraciones:

1. arder
2. amargo
3. crear
4. el barrio

D. Traduzca al español:

1. The **dark sky** was like my **broken heart.**
2. I **hated** him so much I **hit** him.
3. She is **singing because** she **is in love.**

E. **Preguntas personales.** Conteste Ud. las preguntas siguientes y después, hágaselas a otra persona de la clase.

1. ¿Te gusta tu *barrio? ¿Por qué* sí o *por qué* no?
2. ¿Has *estado enamorado/a* alguna vez?
3. ¿De qué *quieres llenar* tu vida?

Después de leer

A. Escenas de la vida

Después de dividirse en grupos de dos, tres o cuatro, imaginen ustedes que están en las situaciones que figuran a continuación. Cada estudiante debe adoptar uno de los papeles. Después de diez minutos, cada grupo actuará su situación delante de la clase.

1. **Bajo una noche estrellada.** Un amigo/a y Ud. acampan en las montañas. Se encuentran solos bajo una noche estrellada, solos alrededor del fuego. Su imaginación los transporta a otras noches y a otras personas que ya no están enamoradas de Uds. ¿Cómo es la relación que tienen? ¿De qué hablan? ¿Cómo cambian los recuerdos su relación?

2. **La sangre en las calles.** Ud. estudia en el extranjero. De repente, explotan conflictos violentos en el país. Cuando Ud. llama por teléfono a sus padres, los tres discuten la situación, sus reacciones y sus planes. ¿Cómo reaccionan sus padres cuando Ud. considera las posibilidades siguientes?
   a. «Quiero quedarme aquí y terminar mis estudios. No me afectan los asuntos de este país».
   b. «Quiero dejar de asistir a mis clases y participar en la lucha. Tengo la obligación de protestar activamente».
   c. «Quiero volver a casa. Tengo miedo».
   d. «Me preocupa lo que pasa aquí, pero no sé cómo debo reaccionar».
3. **En el cementerio.** Dos o tres amigos conversan sobre la vida y la muerte de Margarita Naranjo y su esposo. Aunque todos lamentan su muerte, unos creen que su protesta fue inútil mientras que otros creen que mejoró sus vidas. ¿Qué temen? ¿Qué esperan? ¿Qué piensan hacer ellos ahora?

B. Desafío filosófico

En parejas, consideren lo siguiente según su filosofía de la vida:

En «Margarita Naranjo» la narradora declara que no puede aguantar tanta injusticia y que ha dejado de existir sin su esposo. En «Explico algunas cosas», Neruda se horroriza frente a la violencia de la Guerra Civil. En «Poema XX» el narrador recuerda con tristeza una relación terminada. En «Oda a la vida» el poeta nos aconseja a todos que amemos la vida a pesar de la injusticia, la amargura y la tristeza. ¿Existen contradicciones entre estas perspectivas? ¿Cómo se puede resolverlas o explicarlas? Según el poeta, ¿dónde podemos encontrar la fe para seguir con optimismo? ¿Está Ud. de acuerdo con él? ¿Por qué sí o por qué no?

Reacción y revisión. Siga las instrucciones de la página 15.

C. Correspondencia

1. Ud. es uno de los amantes de «Poema XX». Escriba dos entradas en un diario *(diary)*; en una, describa el momento en que la relación iba bien y en otra, describa cómo es en el momento actual.
2. Ud. es periodista y acaba de leer «Explico algunas cosas». Escriba un artículo para el periódico sobre el efecto de la Guerra Civil en este pueblo español. ¿Qué diferencia hay entre el artículo y el poema?

D. Creación

1. «Margarita Naranjo» presenta los sentimientos de la narradora. Ahora, Ud. es el esposo de Margarita. Usando la narrativa en primera persona, escriba un párrafo sobre la misma situación.
2. Escoja un objeto ridículo y escriba una oda. ¿Qué es lo más importante sobre este objeto? ¿Qué reacción quiere Ud. de su lector? Use imágenes de los cinco sentidos para ilustrar el aspecto más importante de ese objeto.

E. Análisis literario

1. A través de las imágenes poéticas de «Explico algunas cosas», Neruda protesta contra la Guerra Civil al retratar la destrucción de su barrio. También, Picasso pintó *Guernica* para presentar la destrucción causada por la Guerra Civil. Examine la protesta contra la guerra a través de la poesía de Neruda y el arte de Picasso. ¿Qué imágenes presentan los dos artistas? ¿Cuál de las presentaciones es más efectiva y por qué?
2. La injusticia y el maltrato por parte del gobierno se presentan en los poemas «Memorial de Tlatelolco», de Rosario Castellanos, y «Margarita Naranjo», de Pablo Neruda. Compare la injusticia y el maltrato en los dos poemas. ¿Cómo sirven de protesta social los poemas en sí? ¿Qué imágenes usan los dos poetas? ¿Cómo presentan la reacción de la gente ante estos actos injustos? ¿Proponen alguna solución para defenderse contra tal injusticia?
3. «Se habla de Gabriel», de Rosario Castellanos, y «Oda a la vida», de Pablo Neruda, empiezan con lo negativo de la vida y terminan con lo positivo. ¿Cuál de los dos aspectos enfatizan los poetas? ¿Qué mensaje sobre la vida tienen ellos para el lector?
4. En sus poemas, Rosario Castellanos y Pablo Neruda expresan amor por la humanidad. Una consecuencia de este amor es la protesta poética de los dos contra la injusticia. Piense sobre alguna injusticia que le haya ocurrido a Ud. o a otra persona y escriba unos versos basados en esa experiencia.

F. Investigación

Con algunos compañeros, escoja uno de los siguientes temas y prepare una presentación breve para la clase.

1. **La Guerra Civil.** Investigue los hechos de la Guerra Civil en España: las causas, los participantes, el resultado y los efectos en la sociedad de hoy. Cada persona debe encargarse de un aspecto de la guerra.
2. **La guerra como tema artístico.** Hay muchas obras artísticas —pinturas, fotografías, canciones— que ilustran el tema de la guerra. Además de investigar la historia de la obra específica y la motivación del artista, analice los elementos o el texto que ilustran el tema.
3. **Los Estados Unidos y Latinoamérica.** ¿Ayuda económica o explotación? Investigue el caso de una empresa norteamericana o internacional —la historia, los participantes, los beneficios, las desventajas, los efectos, etc.— en un país del Tercer Mundo.
4. **El Premio Nobel.** Pablo Neruda ganó el Premio Nobel por su literatura. Otros lo han ganado por sus esfuerzos hacia la paz mundial. Investigue la vida de uno de estos ganadores. ¿Por qué recibió el premio? ¿Cómo figura el amor personal o universal en la vida de la persona?

Unidad III

Los derechos humanos

¿Valentía o seguridad?

¿Qué derechos merece cada ser humano? En países democráticos, los individuos tienen el derecho de vivir libremente en busca de la felicidad. Sin embargo, hay otros países cuyos gobiernos, guiados por el poder y la ambición, les niegan todo tipo de derecho a sus ciudadanos. Allí, la gente vive con miedo, tortura y desgracia. Su vida se convierte en una serie de riesgos y confrontaciones donde cada acción los puede llevar a la muerte. Cada día, ellos necesitan decidir entre arriesgar su vida para defender sus derechos o no arriesgarse para mantenerse vivos. Los efectos mentales y físicos de esta lucha diaria son tan fuertes que les niegan toda posibilidad de ser felices.

A veces, en el mismo país democrático hay ciudadanos infelices que carecen de derechos humanos; esto puede ocurrir por su situación económica o social, por la discriminación o por la ambición personal de algún individuo o grupo.

¿Merecen estos individuos desgraciados nuestra atención? ¿Es nuestra obligación asegurar los derechos humanos de todos o sólo los nuestros? ¿Debemos luchar contra todo tipo de injusticia? ¿Qué se pierde o se gana al participar en la lucha por los derechos humanos?

Capítulo 5

Isabel Allende

The Chilean Isabel Allende, one of Latin America's greatest female writers, was born in 1942 and has quickly become the literary voice of her generation. The niece of Chile's leftist president Salvador Allende, she spent her childhood at her grandparents' estate, where she was exposed to an extended and sometimes eccentric family and a house full of history and fantasy. When her mother married a Chilean diplomat, Allende had the opportunity to live in Europe, Bolivia, and the Middle East.

At seventeen, she began writing newspaper articles and children's stories. After Salvador Allende died in Chile's 1973 military coup, she continued her journalistic career by becoming involved in a clandestine press that reported the political atrocities of the military government. In 1975, fearing for her life, she left Chile and went into exile in Venezuela.

After years of mourning her loss of language, culture, family, and country, Allende began the writing of fiction. Her first novel, La casa de los espíritus, *published in 1982, soon became a best-seller and was translated into many languages. Made into a major motion picture in 1993, the story chronicles four generations of the Trueba family in a country where the military seizes power from a leftist president and life is full of the supernatural.* De amor y de sombra, *the novel which followed in 1984, tells the story of a female journalist and a male photographer who fall in love during the investigation of a political murder. In 1987, Allende moved to California and published the novel* Eva Luna, *whose protagonist transformed her dull life through her vivid imagination. This same character returns to tell mystical stories to her imaginary lover in* Cuentos de Eva Luna, *another best-seller published in 1990. Her next novel,* The Infinite Plan, *first written in English, chronicles the story of an American man living in the Hispanic world of California.*

The following story comes from Cuentos de Eva Luna. *It includes many of Allende's current themes of exile, despair, political oppression, and love in a world where reality and fantasy are one.*

Antes de leer

A. Encuestas

Divídanse en grupos de dos, tres o cuatro estudiantes. Háganse las preguntas que figuran a continuación. Después de 5 ó 10 minutos, cada estudiante informará a la clase sobre la información que recibió su grupo sobre el sufrimiento y sus efectos.

1. ¿Sabe Ud. de alguien que haya tenido que salir de su país por razones políticas? ¿Cuáles fueron las circunstancias? ¿Qué cuenta la persona de esa experiencia? ¿Qué efecto tuvo la experiencia sobre esa persona? ¿Cómo es la vida de esa persona ahora?
2. ¿Conoce Ud. a alguien que haya peleado en una guerra? ¿Habla esa persona fácilmente de su experiencia en la guerra? Si habla, ¿qué es lo que dice? ¿Cómo le afectó la guerra? ¿Qué efecto le ha provocado lo que contó?
3. ¿Sabe Ud. de algún evento histórico donde se hayan violado los derechos humanos? ¿Qué es lo que ocurrió? ¿Cómo reaccionó la gente afectada? ¿Cómo reaccionó el resto del mundo? ¿Qué dicen ahora los libros de historia sobre este evento?
4. ¿Ha visto Ud. alguna película que haya tratado de alguna injusticia política o humana? ¿Qué aspecto de la injusticia presentó?
5. ¿Conoce Ud. a alguien o a algún grupo que haya sido víctima de alguna injusticia? ¿Quién o qué causó esta injusticia? ¿Qué efectos ha tenido esta injusticia sobre la persona o el grupo?

B. Actuaciones: En la corte de justicia

Divídanse en grupos de cuatro o cinco personas para hacer el papel de juez, abogado, fiscal y testigos. Consideren y presenten las siguientes situaciones:

1. Luis, un exiliado, siempre está de mal humor. Un día, un compañero de trabajo insulta su nacionalidad. Pelean por un tiempo hasta que Luis lo golpea violentamente y su compañero muere.
2. Miguel es un prisionero de guerra. Para poder salvarse, delata a su mejor amigo. Como resultado de su confesión, su amigo muere.
3. Marta se siente muy sola y camina por la calle buscando a alguien con quien pasar la noche; es la primera vez que ella hace esto. La policía la arresta y la acusa de prostitución.

Selección autobiográfica

*Isabel Allende**

Es la escritora más famosa de América Latina, sin discusión. Su fama, sin embargo, es internacional...

Pese a su ardiente defensa de su privacidad, Isabel Allende...ha compartido con gran espontaneidad su visión de su trabajo, del mundo que la rodea° y algo de su vida y su familia. He aquí, como un regalo de Allende esa historia...

EL NUEVO HERALD: ¿Hasta qué punto son tus libros producto de una experiencia, recuerdos y cultura, y hasta qué punto de tu imaginación? De existir, ¿cuáles serían las fronteras de esas zonas?

ISABEL ALLENDE: No puedo trazar° una línea entre la realidad y la fantasía. Creo que todo lo escrito es verdad, porque al escribirlo lo he sufrido y gozado como si lo hubiera vivido. En mis novelas hay algunos elementos de mi propia vida, otros de mi familia o de personas que me han confiado sus secretos. No invento mucho. Observo, internalizo y un día, cuando siento que la historia está lista para contarla, me encierro a escribirla. Lo hago sin esfuerzo, como si voces ajenas° me dictaran.

ELNH: ¿Cómo se gestan° tus obras y cuál es tu método de trabajo?

I.A.: Cada libro nace de una emoción intensa que ha estado conmigo un largo tiempo... Cada cuento nació de un impulso desesperado. Supongo que la escritura es una forma de exorcizar los demonios del alma°.

ELNH: ¿Qué es para ti la novela?

I.A.: Es sencillamente una historia bien contada. Quítale y ponle todo lo que quieras, pero al fin se reduce sólo a eso: el encanto irresistible de un cuento. Como lectora me someto a la magia de la narración y como escritora uso todos los trucos° que conozco, aún los más viles°, para atrapar a mi lector por el cuello° y no permitirle escapar. Una buena novela te deja enganchado° para siempre, nunca olvidas a los personajes, la historia te vuelve una y otra vez, hablas de ella, la sueñas. Un buen novelista es capaz de hacerte creer que todo lo escrito es verdad...

ELNH: ¿Cómo ha influido la circunstancia histórico-política chilena y tu parentesco° con el presidente Salvador Allende en tu vida y en tu obra?

I.A.: La trágica dictadura de Chile determinó mi destino. Al salir de mi país después del golpe militar mi vida cambió completamente. Tuve que sacar fuerzas que no sabía que tenía dentro y

Line numbers: 1, 5, 10, 15, 20, 25, 30, 35, 40

Glosas: rodea: surrounds; trazar: trace; ajenas: of others; gestan: are born, created; alma: soul; trucos: tricks; viles: vile, rotten; cuello: neck; enganchado: hooked; parentesco: relationship, kinship

---

*De una entrevista por Armando Alvárez Bravo, crítico literario de *El Nuevo Herald*.

en una de esas vueltas, tratando de escapar al dolor de la ausencia, descubrí la escritura. No sería escritora sin ese dolor. En realidad mi parentesco con Salvador Allende no me ha afectado; igual habría tenido que salir de Chile, aunque no perteneciera a su familia, tal como salieron miles y miles de chilenos. Sin embargo, el apellido Allende es como un título nobiliario, que llevo con orgullo y sentido de responsabilidad... 45

ELNH: ¿Qué función y valor otorgas° al lenguaje en tu escritura? — grant

I.A.: El lenguaje es un instrumento poderoso. Bien empleado puede provocar en el lector todas las emociones o reacciones que uno desee... 50

ELNH: ¿Cómo quisieras que se leyera e interpretase a Isabel Allende?

I.A.: No tengo pretensiones respecto a la forma en que se me lea o se me interprete. Me basta° con que alguien se detenga por unas horas y lea lo que he escrito; siento que esa conversación secreta justifica mi propia existencia y mi trabajo. 55 — suffices me
El libro es una mano extendida en el vacío; con algo de suerte otra mano tanteará° en la oscuridad y se tocarán por un instante. No pido más... 60 — will grope, feel one's way

ELNH: ¿Cuáles son los problemas que enfrentan los escritores latinoamericanos en sus países y lejos de ellos?

I.A.: Latinoamérica está aislada°. A menudo los escritores sienten que escriben en el vacío, que sus voces se pierden en un vasto silencio. Enfrentan problemas políticos, económicos y culturales. ¿Cuántos escritores se ven obligados a vivir en el exilio porque no pueden escribir en sus países?... ¿Cuántos no pueden publicar porque las editoriales° están quebradas°? ¿Cuántas obras magistrales° no se distribuyen, traducen, critican o estudian? ¡Y no hablemos de las escritoras, que además enfrentan el problema del machismo! 65 70 — isolated; publishing houses / bankrupt / masterly

ELNH: ¿Estimas que en la diversidad de la literatura latinoamericana contemporánea existen algunos rasgos° básicos que permiten caracterizarla? 75 — features

I.A.: ...La nueva literatura latinoamericana es diferente a la que se escribía hace 20 años. Creo que la única característica común es la búsqueda° de identidad. Somos un continente que se mira en el espejo° buscando su rostro°. ¿Quiénes somos? Ésa es la pregunta... 80 — search; mirror / face

ELNH: ¿Hasta qué punto se corresponde la literatura latinoamericana con nuestra realidad?

I.A.: El arte es siempre una metáfora. Creo que en el caso de la literatura latinoamericana es una metáfora genial°. Para entender a nuestro continente hay que leer a nuestros escritores, escuchar a nuestros músicos, admirar a nuestros pintores. Ellos son las voces que hablan por los que están sometidos al silencio, ellos son los chamanes°. 85 — brilliant; shamans, spiritual mediums

Lectura

Lo más olvidado del olvido

Ella se dejó acariciar°, silenciosa, gotas° de sudor° en la cintura°, olor a azúcar tostada en su cuerpo quieto°, como si adivinara° que un solo sonido podía hurgar° en los recuerdos y echarlo todo a perder, haciendo polvo° ese instante en que él era una persona como todas, un amante casual que conoció en la mañana, otro hombre sin historia atraído por su pelo de espiga°, su piel pecosa° o la sonajera° profunda de sus brazaletes° de gitana°, otro que la abordó° en la calle y echó a andar con ella sin rumbo preciso, comentando del tiempo o del tráfico y observando a la multitud, con esa confianza un poco forzada de los compatriotas en tierra extraña; un hombre sin tristezas, ni rencores, ni culpas°, limpio como el hielo°, que deseaba sencillamente pasar el día con ella vagando° por librerías y parques, tomando café, celebrando el azar° de haberse conocido, hablando de nostalgias antiguas, de cómo era la vida cuando ambos crecían en la misma ciudad, en el mismo barrio, cuando tenían catorce años, te acuerdas, los inviernos de zapatos mojados° por la escarcha° y de estufas de parafina, los veranos de duraznos°, allá en el país prohibido. Tal vez se sentía un poco sola o le pareció que era una oportunidad de hacer el amor sin preguntas y por eso, al final de la tarde, cuando ya no había más pretextos para seguir caminando, ella lo tomó de la mano y lo condujo a su casa. Compartía con otros exiliados un apartamento sórdido, en un edificio amarillo al final de un callejón° lleno de tarros° de basura. Su cuarto era estrecho, un colchón en el suelo cubierto con una manta a rayas°, unas repisas° hechas con tablones° apoyados en dos hileras° de ladrillos°, libros, afiches°, ropa sobre una silla, una maleta en un rincón. Allí ella se quitó la ropa sin preámbulos con actitud de niña complaciente.

El trató de amarla. La recorrió con paciencia, resbalando° por sus colinas° y hondonadas°, abordando sin prisa sus rutas, amasándola°, suave arcilla° sobre las sábanas°, hasta que ella se entregó°, abierta. Entonces él retrocedió con muda reserva. Ella se volvió para buscarlo, ovillada° sobre el vientre del hombre, escondiendo la cara, como empeñada° en el pudor°, mientras lo palpaba°, lo lamía°, lo fustigaba°. Él quiso abandonarse con los ojos cerrados y la dejó hacer por un rato, hasta que lo derrotó° la tristeza o la vergüenza y tuvo que apartarla. Encendieron otro

to caress / drops / sweat / waist / still, not moving / guessed / stir up / dust
grain
freckled / rattle / bracelets / gypsy / approached
sins, faults
ice
wandering
chance, fate
damp, wet / frost
peaches
alley / cans
striped blanket / shelves / planks, beams / rows / bricks / posters
sliding
hills / ravines, curves
kneading her / clay / sheets / gave herself / curled up
insistent / modesty
touched / licked / lashed with the tongue / defeated

cigarrillo, ya no había complicidad, se había perdido la anticipada urgencia que los unió durante ese día, y sólo quedaban sobre la cama dos criaturas desvalidas°, con la memoria ausente, flotando en el vacío terrible de tantas palabras calladas. Al conocerse esa mañana no ambicionaron nada extraordinario, no habían pretendido mucho, sólo algo de compañía y un poco de placer, nada más, pero a la hora del encuentro los venció el desconsuelo°. Estamos cansados, sonrió ella, pidiendo disculpas° por esa pesadumbre° instalada entre los dos. En un último empeño de ganar tiempo, él tomó la cara de la mujer entre sus manos y le besó los párpados°. Se tendieron lado a lado, tomados de la mano, y hablaron de sus vidas en ese país donde se encontraban por casualidad, un lugar verde y generoso donde sin embargo siempre serían forasteros°. El pensó vestirse y decirle adiós, antes de que la tarántula de sus pesadillas° les envenenara° el aire, pero la vio joven y vulnerable y quiso ser su amigo. Amigo, pensó, no amante, amigo para compartir algunos ratos de sosiego°, sin exigencias ni compromisos, amigo para no estar solo y para combatir el miedo. No se decidió a partir ni a soltarle° la mano. Un sentimiento cálido y blando, una tremenda compasión por sí mismo y por ella le hizo arder los ojos. Se infló la cortina como una vela° y ella se levantó a cerrar la ventana, imaginando que la oscuridad podía ayudarlos a recuperar las ganas de estar juntos y el deseo de abrazarse. Pero no fue así, él necesitaba ese retazo° de luz de la calle, porque si no se sentía atrapado de nuevo en el abismo de los noventa centímetros sin tiempo de la celda°, fermentando en sus propios excrementos, demente. Deja abierta la cortina, quiero mirarte, le mintió, porque no se atrevió a confiarle de su terror de la noche, cuando lo agobiaban° de nuevo la sed, la venda° apretada° en la cabeza como una corona de clavos°, las visiones de cavernas y el asalto de tantos fantasmas°. No podía hablarle de eso, porque una cosa lleva a la otra y se acaba diciendo lo que nunca se ha dicho. Ella volvió a la cama, lo acarició sin entusiasmo, le pasó los dedos por las pequeñas marcas, explorándolas. No te preocupes, no es nada contagioso, son sólo cicatrices°, rió él casi en un sollozo°. La muchacha percibió su tono angustiado y se detuvo, el gesto suspendido, alerta. En ese momento él debió decirle que ése no era el comienzo de un nuevo amor, ni siquiera de una pasión fugaz°, era sólo un instante de una tregua°, un breve minuto de inocencia, y que dentro de poco, cuando ella se durmiera, él se iría; debió decirle que no habría planes para ellos, ni llamadas furtivas°, no vagarían juntos otra vez de la mano por las calles, ni compartirían juegos de amantes, pero no pudo hablar, la voz se le quedó agarrada° en el vientre, como una zarpa°. Supo que se hundía°. Trató de retener

40 45 50 55 60 65 70 75 80

helpless
despair
excuses / grief, sorrow
eyelids
strangers
nightmares
poison
calm, peacefulness
let go of
sail
remnant
jail cell
overwhelmed / eye cover / tight / nails / ghosts
scars / sob
elusive, fleeting
respite
furtive, sly
caught
claw / was sinking

la realidad que se le escabullía°, anclar° su espíritu en cualquier cosa, en la ropa desordenada sobre la silla, en los libros apilados en el suelo, en el afiche de Chile en la pared, en la frescura de esa noche caribeña, en el ruido sordo de la calle; intentó concentrarse en ese cuerpo ofrecido y pensar sólo en el cabello desbordado° de la joven, en su olor dulce. Le suplicó sin voz que por favor lo ayudara a salvar esos segundos, mientras ella lo observaba desde el rincón más lejano de la cama, sentada como un faquir°, sus claros pezones° y el ojo de su ombligo° mirándolo también, registrando su temblor, el chocar de sus dientes, el gemido°. El hombre oyó crecer el silencio en su interior, supo que se le quebraba° el alma, como tantas veces le ocurriera antes, y dejó de luchar, soltando el último asidero° al presente, echándose a rodar por despeñadero° inacabable. Sintió las correas° incrustadas en los tobillos° y en las muñecas°, la descarga° brutal, los tendones rotos, las voces insultando, exigiendo nombres, los gritos inolvidables de Ana supliciada° a su lado y de los otros, colgados° de los brazos en el patio.

¡Qué pasa, por Dios, qué te pasa!, le llegó de lejos la voz de Ana. No, Ana quedó atascada° en las ciénagas° del Sur. Creyó percibir a una desconocida desnuda, que lo sacudía° y lo nombraba, pero no logró° desprenderse° de las sombras donde se agitaban látigos° y banderas. Encogido°, intentó controlar las náuseas. Comenzó a llorar por Ana y por los demás. ¿Qué te pasa?, otra vez la muchacha llamándolo desde alguna parte. ¡Nada, abrázame...! rogó y ella se acercó tímida y lo envolvió en sus brazos, lo arrulló° como a un niño, lo besó en la frente, le dijo llora, llora, lo tendió° de espaldas sobre la cama y se acostó crucificada sobre él.

Permanecieron mil años así abrazados, hasta que lentamente se alejaron las alucinaciones y él regresó a la habitación, para descubrirse vivo a pesar de todo, respirando, latiendo°, con el peso de ella sobre su cuerpo, la cabeza de ella descansando en su pecho, los brazos y las piernas de ella sobre los suyos, dos huérfanos° aterrados°. Y en ese instante, como si lo supiera todo, ella le dijo que el miedo es más fuerte que el deseo, el amor, el odio, la culpa, la rabia, más fuerte que la lealtad. El miedo es algo total, concluyó, con las lágrimas rodándole por el cuello. Todo se detuvo para el hombre, tocado en la herida° más oculta°. Presintió que ella no era sólo una muchacha dispuesta a hacer el amor por conmiseración, que ella conocía aquello que se encontraba agazapado° más allá de la caja sellada donde él se había escondido del Coronel y de su propia traición, más allá del recuerdo de Ana Díaz y de los otros compañeros delatados°,

85 90 95 100 105 110 115 120 125

was slipping away / anchor
overflowing
fakir
nipples / navel
groan, moan
breaking
support, grasp
cliff / leather straps
ankles / wrists / discharge
tortured
hanging
stuck / swamps
was shaking
couldn't manage to / get rid of / whips / shrunken, bent
rocked to sleep
stretched
beating
orphans / terrified
wound
hidden
hidden
betrayed

a quienes fueron trayendo uno a uno con los ojos vendados. ¿Cómo puede saber ella todo eso?

La mujer se incorporó. Su brazo delgado se recortó contra la bruma° clara de la ventana, buscando a tientas° el interruptor°. Encendió la luz y se quitó uno a uno los brazaletes de metal, que cayeron sin ruido sobre la cama. El cabello le cubría a medias la cara cuando le tendió las manos. También a ella blancas cicatrices le cruzaban las muñecas. Durante un interminable momento él las observó inmóvil°, hasta comprenderlo todo, amor, y verla atada° con las correas sobre la parrilla° eléctrica, y entonces pudieron abrazarse y llorar, hambrientos de pactos y de confidencias, de palabras prohibidas, de promesas de mañana, compartiendo por fin, el más recóndito° secreto.

130 mist / blindly / switch

135 immobile, motionless / tied up / grill

140 hidden

Análisis

1. ¿Qué significa el título? ¿Cómo se relaciona con el final del cuento?
2. Describa la ambivalencia que tienen los dos personajes. ¿Cómo se desarrolla la relación entre ellos? ¿Qué buscan los dos?
3. ¿Cómo se caracteriza la distancia física y mental entre los personajes al principio y al final?
4. ¿Cómo se demuestra el aislamiento de los personajes? ¿Cuál es la causa de este aislamiento? ¿Cómo se puede eliminar?
5. ¿Qué simboliza la oscuridad? ¿Qué nos refleja de los sentimientos de los personajes?
6. ¿Cómo se caracteriza el contacto físico que tienen a través de la historia? ¿Cuáles son sus momentos de más intimidad?
7. Los dos se conocen íntimamente al final. ¿En qué consiste esta intimidad? ¿Cómo se comunican? ¿Qué quiere decir «entregarse»? ¿Cómo y cuándo «se entregan»?
8. Al final, ella declara «El miedo es algo total» y le revela al hombre las cicatrices. ¿Qué efecto tienen estas revelaciones en él y en la relación entre ellos?
9. ¿Qué simbolizan las cicatrices? ¿Cambia este símbolo a través del cuento? ¿Qué función tienen? ¿Cambia esta función a través del cuento?
10. ¿Qué alusiones religiosas se pueden encontrar? ¿Qué función tienen?

11. El hombre nos revela su pasado a través de la escena retrospectiva con Ana Díaz. ¿Qué se descubre sobre las acciones anteriores del hombre y sus sentimientos? ¿Qué importancia tiene esto sobre el estado mental del hombre ahora?
12. ¿Qué se sabe del pasado de los dos? ¿Qué función tiene el pasado? Según Allende, ¿qué es necesario hacer con el pasado para poder ser feliz?
13. ¿Cómo se define el amor en este cuento? ¿Es una fuerza positiva o negativa?
14. Ana, la antigua amiga del hombre, es la única que tiene nombre. ¿Por qué? ¿Por qué no tienen nombre los personajes principales? ¿Qué motivación tiene la autora? ¿Hay alguna relación entre la falta de nombres y el mensaje del cuento?
15. Describa el punto de vista de la narradora. ¿Qué nos revela y qué es lo que nos esconde a través del cuento? ¿Cómo contribuye al suspenso del cuento?
16. Describa el estilo del cuento. ¿Qué efecto tienen las frases conectadas? ¿Qué relación hay entre la estructura del cuento y la realidad externa e interna de los personajes?
17. ¿Qué visión nos presenta Allende de la opresión política y los derechos humanos? ¿Hay algún modo de vencer esto?
18. «El libro es una mano extendida en el vacío, con algo de suerte otra mano tanteará en la oscuridad y se tocarán por un instante», dice Allende en la «Selección autobiográfica». ¿Qué relación hay entre esta cita y el momento final cuando la mujer «le tiende las manos» al hombre en el cuento?
19. En la «Selección autobiográfica», Allende declara que «cada libro nace de una emoción intensa que ha estado conmigo un largo tiempo... cada cuento nació de un impulso desesperado. Supongo que la escritura es una forma de exorcizar los demonios del alma». ¿Cuál es la emoción intensa que se presenta en este cuento? ¿Cuáles son «los demonios del alma» que los protagonistas «necesitan exorcizar»?

Vocabulario

VERBOS

acariciar — *to caress*
«Ella se dejó **acariciar,** silenciosa».

compartir — *to share*
«**Compartía** con otros exiliados un apartamento sórdido».

exiliarse — *to become exiled*
Su país los oprimió tanto que tuvieron que **exiliarse.**

lograr — *to manage to (do something)*
«pero no **logró** desprenderse de las sombras».

vagar — *to wander*
«...que deseaba sencillamente pasar el día con ella **vagando** por las librerías».

SUSTANTIVOS

el azar — *chance, fate*
«tomando café, celebrando **el azar** de haberse conocido».

el brazalete — *bracelet*
«Encendió la luz y se quitó uno a uno los **brazaletes»**.

la celda — *jail cell*
«se sentía atrapado de nuevo en el abismo de **la celda»**.

la culpa — *guilt, sin, fault*
«un hombre sin tristezas, ni rencores, ni **culpas»**.

el desconsuelo — *despair*
«pero a la hora del encuentro los venció **el desconsuelo»**.

la gitana — *gypsy*
«la sonajera profunda de sus brazaletes de **gitana»**.

el huérfano — *orphan*
«los brazos y las piernas de ella sobre los suyos, dos **huérfanos** aterrados».

la muñeca — *wrist, doll*
«las correas incrustadas en los tobillos y en **las muñecas,** la descarga brutal.»
En el pasado, sólo las niñas jugaban con **muñecas.**

la pesadilla — *nightmare*
«antes de que la tarántula de sus **pesadillas** les envenenara el aire».

la pesadumbre — *grief, sorrow*
«pidiendo disculpas por esa **pesadumbre** instalada entre los dos».

el pudor — *modesty*
«escondiendo la cara, como empeñada en **el pudor**».

el sosiego — *calm, peacefulness*
«...amigo para compartir algunos ratos de **sosiego** sin exigencias ni compromisos».

el tobillo — *ankle*
«Sintió las correas incrustadas en los **tobillos**».

ADJETIVOS

aterrado — *terrified*
«los brazos y las piernas de ella sobre los suyos, dos huérfanos **aterrados**».

hambriento — *hungry*
«y entonces pudieron abrazarse y llorar, **hambrientos** de pactos y de confidencias».

inmóvil — *still, not moving*
«Durante un interminable momento él las observó **inmóvil**».

oculto — *hidden*
«Todo se detuvo para el hombre, tocado en la herida más **oculta**».

PALABRAS PROBLEMÁTICAS

doler — *to feel the pain*
Le **dolía** la herida en el tobillo.

lastimar — *to cause the pain*
Los brazaletes le **lastimaron** las muñecas.

lastimarse — *to hurt oneself*
Me **lastimé** cuando me caí en la calle.

hacerse daño — *to hurt oneself*
Me **hice daño** cuando me caí en la calle.

el dolor — *pain*
Tengo un **dolor** muy fuerte en la espalda.

la pena — *shame, embarrassment*
¡Ay, qué **pena!** Él vino a buscarme y yo no estaba en la casa.

el país — *country, political division*
«...los veranos de duraznos en **el país** prohibido».

el campo — *countryside*
En **el campo,** la gente se siente cerca de la naturaleza.

el forastero — *stranger*
«...un lugar verde y generoso donde sin embargo siempre serían **forasteros**».

el extranjero — *foreigner*
Es obvio que él es un **extranjero** porque no habla inglés.

extraño — *strange*
«...con esa confianza un poco forzada de los compatriotas en tierra **extraña**».

quieto — *not moving, still*
«Ella se dejó acariciar...olor a azúcar tostada en su cuerpo **quieto**».

callado — *quiet, not speaking*
«...dos criaturas desvalidas, con la memoria ausente, flotando en el vacío terrible de tantas palabras **calladas**».

Ejercicios de vocabulario

A. Escoja la palabra correcta para terminar la definición.

1. Una persona que no tiene padres es _______.
2. Tocar suavemente a una persona es _______.
3. Anita tiene mucho miedo. Está _______.
4. Un sueño horrible es una _______.
5. Algo que no se puede ver es algo que está _______.

B. ¿Qué palabras de la primera columna asocia Ud. con cada una de las palabras de la segunda columna? Indique el número correspondiente en los espacios en blanco.

1. la cárcel	_____	el pudor
2. el azar	_____	la suerte
3. la culpa	_____	el sosiego
4. la calma	_____	la celda
5. la modestia	_____	el pecado

C. Complete el cuento con la palabra adecuada de la lista siguiente.

aterrada	dolor	las muñecas
brazaletes	extraña	país
callada	una gitana	se lastimó
el campo	inmóvil	vagar

Un día _______ llegó al pueblo. Ella llevaba muchos _______ en _______. Muchos decían que ella había venido de otro _______. Era muy _______ porque le gustaba _______ por _______ a todas horas de la noche. Siempre era tan _______ que la gente creía que ella era muda. Sin embargo, un día, ella se cayó y _______ el tobillo. Tenía tanto _______ que se sintió totalmente _______. Después de gritar por dos minutos, se quedó _______ y todos creían que había muerto. Afortunadamente, no sólo sobrevivió sino que se enamoró del médico que la cuidó. Un mes más tarde los dos se casaron.

D. Preguntas personales. Conteste Ud. las preguntas siguientes y después, hágaselas a otra persona de la clase:

1. Cuando niño/a, ¿te gustaba *compartir las muñecas* con tus amigos/as?
2. Jugando a los deportes, *¿te has lastimado* alguna vez?
3. ¿Te gustaría estudiar en *el extranjero?* ¿Por qué sí o por qué no?
4. ¿Cómo ha sido tu peor *pesadilla?*
5. ¿Qué *has logrado* hacer en la universidad?

Después de leer

A. Situaciones

Quince años más tarde. Divídanse en grupos de dos, tres o cuatro estudiantes según la situación. Cada estudiante debe adoptar uno de los papeles. Después de diez minutos, cada grupo actuará su situación delante de la clase.

1. El hombre y la mujer se casaron una semana después de conocerse. Quince años más tarde, se dan cuenta de que no son felices y deciden divorciarse. Ahora ellos les explican a sus amigos y a sus familiares las razones del divorcio.
2. Nunca le han hablado del pasado a su hijo de catorce años. Hoy deciden contarle a él todo lo que les ocurrió en su patria.

3. En la casa de un amigo, los dos conocen a un exiliado de otro país. Al saber que el exiliado tiene muchos problemas, ellos comparten sus propias experiencias para tratar de ayudarlo.
4. La democracia se ha restablecido en la patria de la pareja. Ahora, ellos necesitan decidir si regresar allá o no. La mujer quiere regresar mientras que el hombre se niega a hacerlo.
5. A través de los años, las pesadillas del hombre han empeorado. Al fin, decide visitar a un psicólogo para tratar de resolver sus problemas y así eliminar sus pesadillas.

B. Debates y discusión

Ud. y sus compañeros participan en una mesa redonda sobre el castigo o el perdón de los criminales de una dictadura. Unos creen que se los debe perdonar para restablecer libertad y paz en el país. Otros creen que hay que castigarlos para enseñarle una lección al mundo.

C. Momentos decisivos

Después de ser torturado, ¿cómo se sentiría Ud. al ser exiliado de su patria? ¿Qué problemas tendría Ud.? ¿Hablaría Ud. de sus problemas o experiencias? ¿Regresaría Ud. a su patria si se restableciera la libertad? ¿Podría perdonar Ud. a sus torturadores?

Reacción y revisión. Siga las instrucciones de la página 15.

D. Correspondencia

1. El hombre del cuento les escribe una carta a los padres de Ana; les explica sus acciones, sus sentimientos y los detalles de la muerte de Ana.
2. Al día siguiente de haber conocido al hombre, la mujer del cuento escribe una entrada en su diario personal. Ella describe lo que ocurrió entre ellos, lo que descubrieron de los dos y los sentimientos de ambos.
3. Un/a exiliado/a escribe una carta de protesta al periódico. Describe la tortura de los presos políticos para que el mundo los defienda y participe en la lucha por los derechos humanos.

E. Creación

1. Invente la historia de la vida de la pareja diez años más tarde. ¿Cómo es la vida de ellos?
2. Cuando la democracia se restablece, los dos regresan para participar en el futuro de su patria. ¿Qué hacen ellos allá?

3. Ud. es poeta. Usando los temas del cuento, complete las siguientes líneas poéticamente:
   a. Olvidar es...
   b. Sufrir es...
   c. Las cicatrices son como...
   d. La tortura es algo...
   e. La soledad es...
   f. Eliminar la soledad es...
   g. Encontrarse con otro sufrido es como...
   h. Si no se llora no se...

F. Análisis literario

Escriba un ensayo de exposición donde analice lo siguiente:

1. Examine el tema del aislamiento en el cuento. ¿Qué características tienen los personajes? ¿Tienen los mismos sentimientos? ¿Qué motivo tienen para su aislamiento? ¿Qué causa el aislamiento de los dos? ¿Propone la autora alguna solución para eliminar el aislamiento?
2. Aunque la opresión política se presenta indirectamente en el cuento, es un tema implícito. Analice la estrategia de Allende para exponer el tema. ¿Cómo se descubre esta opresión política? ¿Cuáles son sus consecuencias?
3. Analice los símbolos religiosos en el cuento y la relación que tienen éstos con los temas del cuento.
4. Examine el título del cuento. ¿Qué significa «olvidar»? ¿Por qué tratan de «olvidar» los personajes? ¿Es posible «olvidar»? El poeta Pablo Neruda, en su «Poema XX» declara que «Es tan corto el amor, y es tan largo el olvido». ¿Tienen Neruda y Allende la misma opinión sobre «el olvido»?
5. A través de su encuentro sexual, los personajes tratan de capturar un momento en el presente y así detener el tiempo. Irónicamente, esta tentativa los lleva al pasado. ¿Qué relación hay entre el pasado, el presente y el futuro de los personajes y los temas? Analice la relación entre la estructura y los temas del cuento.
6. Examine el tema de los derechos humanos en el cuento. ¿Qué derechos humanos les faltan a los protagonistas cuando están en su patria? ¿Qué derechos humanos les faltan en el exilio? ¿Qué mensaje transmite Allende sobre los derechos humanos?

G. Investigación

Con algunos compañeros, escoja uno de los siguientes temas y prepare una presentación breve para la clase.

1. **La presidencia de Salvador Allende en Chile.** Investigue el gobierno de Salvador Allende, el tío de la autora. ¿Qué aspectos caracterizaron este gobierno? ¿Por qué hubo un golpe militar en 1973? ¿Cómo reaccionó Estados Unidos?
2. **Pablo Neruda y Salvador Allende.** Investigue la relación entre el poeta y el presidente de Chile. ¿Qué ideales compartían? ¿Qué efecto tuvo el golpe militar sobre los dos?
3. **La dictadura de Augusto Pinochet.** Describa la situación en Chile bajo el gobierno de Pinochet. ¿Qué evidencia se ha encontrado del abuso de los derechos humanos en esa época? ¿Qué papel desempeñó Estados Unidos?
4. **El gobierno actual de Chile.** ¿Cómo es el gobierno actual de Chile? ¿Existen los derechos humanos allí? ¿Qué ha hecho este gobierno con los partidarios de Pinochet?

Capítulo 6

Mario Bencastro

The novelist, short-story writer, dramatist and artist Mario Bencastro was born on March 20, 1949 in Ahauchapán, El Salvador. Since 1978 he has lived both in the United States and El Salvador. His homeland's Civil War has been the theme of much of his written work including the novel Disparo en la catedral (Shot in the Cathedral), *whose title recalls the assassination of the Archbishop Oscar Romero.*

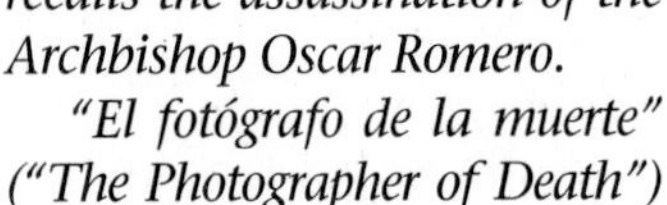

"El fotógrafo de la muerte" ("The Photographer of Death") is one of several stories published in 1993 in the collection, Árbol de la vida (Tree of Life). *This collection deals with the sad and often tragic reality of daily life of the Salvadoran people during the Civil War. Bencastro exposes the injustice and abuse of power while praising the courage and tenacity of the people.*

Bencastro has most recently focused his talents on dramatic direction and production. Two of his stories, "El fotógrafo de la muerte" and "Historia de payaso" have been adapted to the theater. In 1988 he wrote and directed La encrucijada, *a play in which he criticizes the use and abuse of power. It was presented by the Grupo de Teatro SCH and later selected for the Georgetown University Theater Festival,* "Festival Bicentenario de Teatro".

Bencastro's artistic and literary works have received wide international recognition. The novel, Disparo en la catedral, *was a finalist in the literary contest Premio Literario Internacional Novedades Diana and a participant in the Séptimo Premio Internacional de Novela Rómulo Gallegos. His short stories have been featured in several anthologies in English and Spanish, including* Where Angels Glide at Dawn. *Mario Bencastro's paintings have been exhibited in several galleries and art shows in the United States, Italy, and Latin America.*

The story which follows, "El fotógrafo de la muerte", bears witness to the persistence of hope, good will, and courage in the face of daunting circumstances.

Antes de leer

A. Ud. y su conciencia

Divídanse en grupos de dos, tres o cuatro estudiantes para discutir estas situaciones de conciencia. Después de 5 ó 10 minutos, cada estudiante informará a la clase sobre su decisión. Después de la presentación oral, cada estudiante puede escribir un monólogo de un párrafo donde explique su decisión.

1. Al estar de turista en un país autoritario, Ud. presencia el maltrato de una persona por un policía. ¿Qué debe hacer Ud.?
2. Mientras visita a su vecina Amalia, Ud. ve que el hijo de ella tiene muchas heridas. Más tarde, al preguntarle al niño lo que pasó, éste le dice que su madre abusó de él. ¿Qué debe hacer Ud.?
3. Sus compañeros de clase y Ud. toman un examen que determinará el ingreso a cursos universitarios para graduados. En un momento, Ud. ve que su mejor amigo hace trampa en el examen. ¿Qué debe hacer Ud.?
4. Su jefe ha acusado a su compañero de trabajo de haberse robado dinero. Ud. sabe que es el jefe el que se lo robó. ¿Qué debe hacer Ud.?
5. Después de sufrir bajo un gobierno déspota, Ud. tiene la oportunidad de salir del país. Sin embargo, tiene que dejar allá a su familia y a sus amigos. ¿Qué debe hacer?

B. La filosofía de la muerte

Divídanse en grupos de dos, tres o cuatro estudiantes para discutir estas afirmaciones sobre la muerte. ¿Cuáles se aplican a Ud. y a sus compañeros? Expliquen la relación entre éstas y su filosofía de la muerte.

1. «La muerte es una parte natural de la vida. Se la debe aceptar».
2. «Nunca pienso en la muerte, es un concepto demasiado pesimista».
3. «El concepto de la muerte me hace apreciar más la vida».
4. «Tengo miedo de la muerte».
5. «Creo en una vida después de la muerte».
6. «Moriría por una causa política o en defensa de mi familia o mi patria».

Selección autobiográfica

*Comentario de Mario Bencastro**

Me inicié en el arte por medio de la pintura, con la cual desarrollé amplia actividad al punto que mis obras fueron expuestas en galerías y museos nacionales e internacionales. Pero en 1978, al inicio de la guerra civil en El Salvador, sentí la necesidad de reflejar en mi obra el conflicto social que devastaba a mi país, y en vez de buscar un nuevo estilo de pintura, cambié de expresión artística y empecé a escribir. Diez años después terminé mi primera novela *Disparo en la catedral,* y luego la colección de cuentos *Árbol de la vida: historias de la guerra civil.* Puedo decir entonces que mi obra literaria nació de un conflicto social, el cual se convirtió en una constante, no necesariamente como un «compromiso» sino como elemento natural, espejo de esa realidad.

También me preocupa el aspecto estético, pues como artista me propongo crear una obra de arte. Y he aquí uno de los dilemas más difíciles que enfrenta el escritor, es decir, escribir una obra que establezca un balance entre ética social y estética literaria; en que el aspecto social no la convierta en panfleto político y el arte en objeto decorativo insensible al drama humano. El proceso de documentación de *Disparo en la catedral* produjo una vasta acumulación de hechos que fue imposible incluir y que, de haberlo hecho, hubieran convertido a la obra en mera imitación de la historia. Y la literatura no es precisamente eso, porque documentar los hechos exactos es función de la historia. La literatura toma ciertos pasajes históricos y les aplica un tratamiento literario, artístico, no simplemente para relatar los hechos sino para arrojar° sobre ellos cierta luz y resaltar° los valores humanos, rescatarlos° del olvido, revivirlos para que no queden archivados como frías estadísticas, y sirvan de puntos de reflexión, para que no olvidemos las atrocidades del pasado y mantengamos viva la memoria de nuestros héroes. La literatura tampoco propone regresar al pasado y estancarse° en él, ni abrir viejas heridas, sino asegurar que éstas cicatricen° adecuadamente mediante el estudio, reflexión y comprensión de los hechos, y arribemos° entonces a la firme determinación de que la historia no debe repetirse. Porque el costo humano es demasiado grande. En el caso de El Salvador, doce años de guerra civil, violencia, destrucción, y más de setenta y cinco mil muertos.

El relato «El fotógrafo de la muerte», parte de la colección *Árbol de la vida: historias de la guerra civil,* está dedicado a las

arrojar: throw / resaltar: to stand out
rescatarlos: to redeem, to ransom
estancarse: to stagnate
cicatricen: heal
arribemos: we arrive

*Comentario para *Vistas: Voces del mundo hispánico.*

víctimas de los abusos de los derechos humanos, a los defensores de los derechos universales del hombre, y a aquellos que se convirtieron en víctimas de las violaciones que denunciaban como sucedió con las personas cuyos nombres aparecen al final del relato, todos ellos en un tiempo dirigentes de organizaciones vigilantes de los derechos humanos. Bastante gráfico, triste y desgarrador°, es un testimonio latente de la violencia que arrasó a El Salvador durante la guerra civil. 45

heart-rendering

El pintor Pablo Picasso afirmó cierta vez que «el arte es una mentira que nos hace ver la realidad». Tales palabras describen exactamente la dualidad del arte. La literatura es un juego de palabras que el escritor usa para crear un texto que contiene el drama humano. De ahí que la realidad literaria es irreal, porque es una representación producto de los sentimientos y conflictos personales del escritor, de su sensibilidad conmovida ante el caos de la época que le tocó vivir. Eso es igualmente el arte: el alma del artista conmocionada por el drama de la historia. Es posible que esa obra de arte esté lejos de los hechos reales, sin embargo, ha sido creada con tanta sensibilidad e intuición que es capaz de conmovernos y hacernos reflexionar sobre la realidad. La historia y las estadísticas apelan a nuestra razón; la literatura, el arte, apelan a nuestras emociones. 50 55 60

Lectura

El fotógrafo de la muerte

1

En la Comisión de Derechos Humanos, oficina pequeña con varios estantes° repletos de libros, catálogos con fotografías y paredes pobladas de notas, calendarios y mensajes, un empleado se encontraba sentado detrás de un escritorio ocupado en revisar° unos documentos. Al advertir que dos hombres entraban apresuradamente° en la oficina, abandonó la lectura y se puso de pie para recibirlos. Uno de ellos se adelantó a saludarlo extendiendo una mano hacia él. 1 5

book cases

review

quickly, hurriedly

—Buenos días, estamos supuestos a reunirnos aquí con...

—¿Son ustedes los periodistas? —preguntó el empleado.

—Yo soy el periodista y él es el fotógrafo —dijo uno de ellos. 10

—Los tres se saludaron con cálidos apretones de mano°.

handshakes

—Pues, como le expliqué ayer que hablé con usted —dijo el periodista—, necesitamos datos° para una serie de artículos sobre la situación de los derechos humanos en el país...

facts

—Pasen adelante, tomen asiento por favor —rogó el empleado. 15

—Gracias, muy amable —dijo el fotógrafo secándose la frente sudorosa con un pañuelo—. Dispense que venimos un poco tarde, es que el bus en que veníamos se atrasó°, desviaron el tráfico debido a una marcha de protesta...

—No se preocupen, entiendo, hoy en día no se puede estar a tiempo en nada, si no es una cosa es otra. 20

—Así es, todo es tan inseguro —afirmó el periodista.

—En cuanto a la información que necesitan para los artículos, estoy dispuesto a cooperar en todo lo que quieran —dijo el empleado—, con la única condición de que no mencionen mi nombre, que simplemente me llamen Teófilo. 25

—De acuerdo, como usted guste —afirmó el fotógrafo.

—Es por razones de seguridad, nada más —dijo Teófilo—. Ustedes comprenden.

—Entendemos perfectamente. No hay ningún problema —dijo el periodista al tiempo que sacaba una libreta y un lápiz y se disponía a tomar nota. 30

—¿Me permite que tome unas fotografías? —preguntó el fotógrafo.

—Sí, puede tomarle al local, pero no a mí —aclaró Teófilo. 35

—Entiendo, no se preocupe.

El hombre recorrió° la oficina y tomó varias fotos mientras el periodista hablaba con Teófilo.

—Dígame, ¿en qué consiste su trabajo en la Comisión?

—Pues soy el fotógrafo —contestó Teófilo—. Diariamente recorro sesenta kilómetros a la redonda de la ciudad, en busca de las víctimas de la noche anterior lo cual, le confieso, no requiere mayor esfuerzo porque los muertos abundan... sobre todo últimamente en que el terrorismo urbano ha aumentado°. Raramente bajan de siete... Una vez hallé cuarenta y seis. 40 45

—¿Cómo los identifica? Es decir, ¿cómo sabe en qué lugar se encuentran los cadáveres?

—La gente los señala con cruces de cartón o con ramas. Me guío por las cruces, por la manada° de perros callejeros desenterrando° huesos, o por las aves de rapiña° volando sobre los cuerpos en descomposición. 50

—¿Es necesario mover los cuerpos para fotografiarlos? —preguntó el fotógrafo.

—Primero se les toma fotografías en la posición exacta en que son encontrados —contestó Teófilo—, luego por partes, sobre todo cuando han sido torturados... Hay unos que no se pueden fotografiar de cuerpo entero porque están decapitados... A veces sólo se encuentran manos, brazos o piernas... 55

—¿Qué hacen con los restos°? —inquirió el periodista.

—Los transportamos al cementerio más cercano. En ciertas ocasiones se les entierra en el mismo lugar donde son descubiertos, por la falta de espacio en los cementerios. 60

atrasó: was delayed
recorrió: went through
aumentado: has increased
manada: pack
desenterrando: disinterring
aves de rapiña: birds of prey
restos: remains

Una señora, visiblemente perturbada, entró en la oficina. Teófilo y el periodista se pusieron de pie.

—¡Ando buscando a mi hijo! ¡Quién me pudiera ayudar a encontrarlo! 65

Teófilo fue hacia ella.

—Pase adelante señora, ¿en qué puedo servirle?

—Mi hijo desapareció° hace como una semana —dijo desesperada—. He ido a todos los hospitales y a la Cruz Roja, pero nadie me da razón de él. ¡Por favor, ayúdeme! 70

—Cálmese señora —rogó Teófilo—. Haremos todo lo posible por encontrarlo. Lo primero que tiene que hacer es revisar° estas fotografías... Son las más recientes —le entregó un catálogo e indicó una silla—. Siéntese por favor, y revíselas detenidamente. 75

Teófilo regresó a sentarse detrás del escritorio. El fotógrafo acompañó a la señora hacia la esquina en que estaba la silla indicada por el empleado. Ella tomó asiento y empezó a revisar el catálogo bajo la atenta mirada del fotógrafo que parecía querer ayudarle en su búsqueda. 80

—¿Cree usted que existe parecido alguno entre las víctimas? —prosiguió el periodista—. Es decir, en la forma que mueren.

—Curiosamente, los muertos se parecen —dijo Teófilo—. Sus caras muestran idénticos gestos° postreros°, que bien pueden ser de dolor o de desafío°... Como si el mismo que murió ayer resucitara hoy con la luz del día y nuevamente volviera a ser ejecutado en la oscuridad... La violencia parece nutrirse de dos bandos: Los que tratan de exterminar la rebeldía, y los que están decididos a no morir, por mucho que los maten... 85

Sumamente exaltada, la señora se acercó al escritorio señalando una fotografía. 90

—¡Éste es, señor, éste es mi hijo! ¡Mire cómo lo han dejado!

Compasivamente, acostumbrado a aquella escena dolorosa, el joven se incorporó°, fue hacia la señora.

—Cálmese señora —dijo mientras observaba la fotografía detenidamente por unos segundos—. Este cuerpo está en el Cementerio General... Por favor, señora, cálmese. Nosotros la acompañaremos si desea ir a reclamarlo. 95

—Sí, por favor, se lo voy a agradecer con toda mi alma —dijo ella entre sollozos°—. Y voy a comprar como pueda un ataúd° para mi hijo, porque hay que enterrarlo° como Dios manda. 100

disappeared
review
gestures / final
defiance
stood up
sobs / coffin
bury him

2

En el cementerio, mientras llegaban los sepultureros, los cuatro esperaban de pie entre las tumbas. La señora se quejaba y Teófilo la consolaba. El periodista se ocupaba en anotar detalles en su pequeña libreta. El fotógrafo examinaba los alrededores y tomaba fotografías. En eso pasó por ahí un hombre que se acercó a ellos y, como si fuera presa de una terrible desesperación, dijo: 105

—Me dijeron que en este cementerio habían descubierto el cuerpo de una mujer...

El fotógrafo observó al hombre con curiosidad. 110

—Es que... mi mujer desapareció hace unos días —dijo, como trastornado°—. Ella es joven y bonita... Acabábamos de regresar de nuestra luna de miel... La he buscado por todas partes... No sé si está viva o muerta... ¿La han visto por aquí?

upset

—No, no la hemos visto —dijo el fotógrafo con tono amable—. Pero debería preguntar en la oficina del cementerio, tal vez ahí le puedan ayudar... 115

—Qué tiempos más extraños —dijo el hombre—. Suceden cosas de cosas°... Yo voy por los cementerios buscando a mi mujer pero... con cierto miedo de encontrarla... Sí, voy a preguntar en la oficina como usted aconseja°. 120

muchas cosas

advise

El hombre se alejó haciendo gestos extraños.

—Tuve que regatear° con los sepultureros —dijo Teófilo al periodista—. Querían veinte pesos, pero finalmente aceptaron desenterrar el cuerpo por diez. 125

to bargain

—Todo el mundo hace negocio con lo que puede —dijo el periodista.

Los sepultureros finalmente bajaron a una fosa°. Se escuchó la voz de uno de ellos:

grave

—¿Cómo andaba vestido el muchacho? ¿Se acuerda de qué color era el pantalón, o la camisa? 130

La señora dio unos pasos indecisos en dirección de la fosa y, con voz trémula, contestó:

—Pantalones azules... Y la camisa blanca... Ah, la camisa era nuevecita. Yo se la regalé hace dos semanas, cuando cumplió dieciocho años. 135

—¿De qué tela° era el pantalón? —preguntó otro sepulturero.

cloth

—No recuerdo muy bien —dijo ella—, tal vez de dacrón...

—¿Tenía rellenos° en los dientes?

fillings

—No, ninguno. Sus dientes eran pequeños. Finos, bien blancos y rectos... como los del papá... Ah, eso sí, tenía una corona de oro en un diente de enfrente. 140

—Mire esto —dijo un sepulturero—. Un pedazo de tela blanca... parece parte de una camisa...

La señora se acercó a la fosa. 145

—Y mire este hueso° de quijada° —dijo el otro sepulturero—. Tiene una dentadura fina con un diente con corona de oro...

bone / jaw

La señora se apartó de la fosa cubriéndose la cara, horrorizada, levantando los brazos al cielo, y gritando:

—¡Ay, Dios mío, por qué has permitido que lo maten como a un perro! —pareciendo que iba a desmayarse. 150

Teófilo la tomó de un brazo, y dijo:

—Cálmese señora.

—¡Pobrecito! Pobrecito mi hijo —gritó desesperada—. Mejor ya no lo toquen. Déjenlo tranquilo así como está. 155

La señora se retiró llorando como una criatura, seguida de Teófilo, el periodista y el fotógrafo.

Los sepultureros salieron de la fosa. Uno de ellos traía consigo una botella de aguardiente. Empinó° la botella para tomar un largo trago° y la pasó al otro para que bebiera. 160

tipped
drink

El hombre desesperado que buscaba a su esposa se acercó a ellos, y preguntó:

—¿No han visto por casualidad a una mujer por aquí?

—A la única mujer que yo he visto aquí es la muerte —dijo un sepulturero con indiferencia. 165

—Una mujer seca y horrible —afirmó el otro sepulturero.

—Pues, no me cansaré de buscar a mi mujer hasta que la encuentre —dijo el hombre—. Iré por ese lado —y se alejó.

—¿A quién se le ocurre buscar a una persona viva en el cementerio? —dijo un sepulturero. 170

—Ése está loco de remate° —dijo el otro.

raving mad

—Seguramente. No hay día de Dios que no se le vea rondando el cementerio.

Un sepulturero se llevó las manos a la nariz, y dijo:

—¡Qué barbaridad! Por más que me lavo las manos con jabón, 175 siempre me queda un fuerte tufo° a carne podrida. Échame guaro° en las manos, tal vez así se me quita.

—¡Bah, para qué desperdiciarlo°! —dijo el otro—. ¡El olor a muerto no lo borra° ni el guaro más fuerte! —tomó un largo sorbo y le pasó la botella al otro sepulturero. 180

smell, odor
rum
waste it
erase

3

En la oficina de la Comisión de Derechos Humanos, el empleado ordenaba unos documentos sobre el escritorio. En una esquina, una muchacha revisaba una colección de fotografías. Ella se incorporó y fue hacia el empleado.

—Es imposible —dijo con desilusión—. He revisado todos los 185 catálogos y no veo una sola fotografía con cara parecida a la de mi hermano.

—Es que, realmente, es muy difícil reconocerlos —dijo el empleado mirando a la muchacha—. Las fotografías, en general, no permiten distinguir los rostros. 190

—No se sabe si son hombres o mujeres. Están desfigurados... Parecen monstruos...

—Por otro lado, no se sabe a ciencia cierta° si su hermano ha muerto. Es posible que aún este vivo.

for sure

—Posiblemente, pero lo dudo —dijo ella—. Ya tiene seis meses 195 de desaparecido...

—Sí, tiene razón, es bastante tiempo. ¿Y qué hacía su hermano?

—Trabajaba de día en un almacén, y de noche estudiaba en la universidad. Ya estaba en el último año para graduarse de ingeniería civil... Se sacrificaba mucho para estudiar. 200
—Es la única manera de salir adelante cuando se es pobre.
—Mi hermano era muy inteligente... Todos teníamos fe en que llegaría a ser un gran hombre.
—Quién sabe, acaso aparezca...
—Desapareció sin saber que su esposa estaba embarazada... 205
Pronto dará a luz°. — she'll give birth
—Ese niño es la esperanza del futuro.
En ese momento entró en la oficina el periodista, con varios periódicos bajo el brazo.
—Buenas tardes. 210
—Buenas tardes —dijo el empleado—. ¿En qué puedo servirle?
—¿Podría hablar con Teófilo, por favor? Soy periodista, estamos trabajando en una serie de artículos —ofreció un periódico al empleado—. Quiero mostrarle el primero que ha sido publicado, y adquirir información para el siguiente artículo de la serie. 215
—¿Teófilo? —preguntó el empleado.
—Sí, Teófilo, el fotógrafo de la Comisión —insistió el periodista.
—Teófilo desapareció hace como cinco días —dijo el empleado—. Ha muerto.
—¿Teófilo, muerto? ¡No puede ser! —dijo el periodista sor- 220 prendido.
—Sí. Justo ayer encontramos su cadáver.
El empleado fue a sacar una fotografía de una gaveta° y la entregó al periodista. Éste, al observarla, no pudo contener una lágrima, buscó asiento en una silla y, por un momento, estuvo 225 en silencio, con la cabeza inclinada sobre el pecho° y la mirada suspendida en el oscuro piso de la oficina.

gaveta: drawer
pecho: chest

—La Comisión sufre en carne propia los mismos abusos que trata de denunciar —dijo el empleado.
—¡No puede ser que esta horrenda imagen represente la reali- 230 dad! ¡No puede ser! —dijo el periodista incorporándose, apretando la fotografía contra su pecho, luego señalándola—. Si solamente hace unos días vi esa cara llena de vida, dinámica, sonriente. ¡No puede ser!
El empleado se acercó al periodista con la intención de cal- 235 marlo, y le dijo:
—¿En qué puedo servirle amigo? Soy el nuevo fotógrafo. Estoy a sus órdenes.
El periodista le miró enigmáticamente, y dijo:
—Es curioso, amigo, pero sus palabras tienen el mismo tono 240 de voz, cálido y tranquilo, de Teófilo, ¿sabe? —dirigiéndose a la muchacha y señalando al empleado—. Las facciones de su cara

demuestran tenacidad, y la mirada, como la de Teófilo, es clara e imperturbable... Características acaso necesarias para desempeñar° el cargo de fotografiar la muerte, y estar dispuesto a correr el grave riesgo de ser atrapado por ella... 245

El periodista abandonó la oficina. El empleado sacó unos papeles de un fichero°, tomó asiento detrás del escritorio y se dedicó a leerlos. La muchacha continuó la búsqueda del hermano entre el grueso catálogo de fotografías. 250

desempeñar° to carry out
fichero° file

A la memoria de
María Magdalena Enríquez,
José Valladares Pérez,
Marianella García Villas,
Herbert Anaya,
Segundo Montes.
(1980–1990)

Análisis

1. ¿Qué contraste irónico se presenta entre la existencia de la Comisión de Derechos Humanos y la situación del país?
2. ¿Qué papel tiene la muerte en este cuento? ¿Qué actitudes hacia la muerte se expresan en el cuento?
3. Examine el trabajo del fotógrafo de la Comisión y el trabajo del periodista y su fotógrafo. ¿Qué contrastes se encuentran entre la motivación de los dos grupos?
4. ¿En qué consiste la «seguridad» de un ciudadano en ese país? ¿Qué importancia tiene la afirmación del periodista cuando dice: «todo es tan inseguro»?
5. ¿Qué tipo de persona es Teófilo? ¿Cómo describe él su trabajo? ¿Cómo trata él a los parientes de las víctimas? ¿Qué contraste existe entre su trato hacia los cadáveres y su trato hacia los parientes?
6. ¿Qué efecto tienen las historias de la madre y el esposo sobre el lector?
7. ¿Qué representan la fotografía y el trabajo de un fotógrafo en general?
8. Examine el trabajo de los sepultureros. ¿Qué importancia tiene su necesidad de tomar tragos y lavarse las manos? ¿Cómo se contrastan sus actitudes y su trabajo con los del fotógrafo? ¿Por qué personifican los sepultureros a la muerte?

9. ¿Qué idea desea transmitir el autor con la cita que figura a continuación?

   «...los muertos se parecen... Sus caras muestran idénticos gestos postreros que pueden ser de dolor o de desafío. Como si el mismo que murió ayer resucitara hoy con la luz del día y nuevamente volviera a ser ejecutado en la oscuridad...»
10. ¿Qué efecto tiene la muerte de Teófilo en los demás? ¿Qué importancia tiene la exclamación repetida del periodista: «No puede ser»?
11. ¿Por qué se incluyen los nombres y la fecha en el fin del cuento? ¿Qué efecto tienen en el lector?
12. ¿Por qué tiene que utilizar el fotógrafo de la Comisión el seudónimo «Teófilo»? Este nombre significa «el que ama a Dios». ¿Cómo se relaciona su papel en el cuento con este nombre?
13. ¿En qué se parecen Teófilo y el fotógrafo que lo reemplaza? ¿Qué significado tienen las semejanzas entre ellos?
14. ¿Qué visión de la opresión política y los derechos humanos nos presenta Bencastro? ¿Es esto solamente típico de El Salvador?
15. Mario Bencastro declara en la «Selección autobiográfica» que «uno de los dilemas más difíciles (del escritor) es escribir una obra que establezca un balance entre ética social y estética literaria». Para Ud., ¿qué significan «ética social» y «estética literaria»? ¿Cómo se logra el «balance» en «El fotógrafo de la muerte»?
16. En la «Selección autobiográfica» Bencastro mantiene que «la literatura toma ciertos pasajes históricos y les aplica un tratamiento literario, artístico, no simplemente para relatar los hechos sino para arrojar sobre ellos cierta luz y resaltar los valores humanos...». ¿Qué valores humanos se destacan en «El fotógrafo de la muerte»? ¿Qué personajes ejemplifican estos valores?

Vocabulario

VERBOS

acercarse a *to approach*
«Sumamente exaltada la señora **se acercó al** escritorio señalando una fotografía».

aumentar *to increase*
«....sobre todo últimamente en que el terrorismo urbano **ha aumentado.**»

desaparecer — *to disappear*
«Mi hijo **desapareció** hace como una semana».

desenterrar — *to disinter, to unearth*
«Me guío por las cruces, por la manada de perros callejeros **desenterrando** huesos...».

desmayarse — *to faint*
«¡Ay, Dios mío, por qué has permitido que lo maten como a un perro! —pareciendo que iba a **desmayarse»**.

disponerse a — *to be willing to, to get ready to*
«...sacaba una libreta y **se disponía** a tomar nota».

enterrar — *to bury*
«En ciertas ocasiones se les **entierra** en el mismo lugar donde son descubiertos».

incorporarse — *to stand up*
«Compasivamente, acostumbrado a aquella escena dolorosa, el joven **se incorporó** y fue hacia a la señora».

recorrer — *to pass through*
«El hombre **recorrió** la oficina y tomó varias fotos mientras el periodista hablaba con Teófilo».

regatear — *to bargain*
«—Tuve que **regatear** con los sepultureros — dijo. Querían veinte pesos, pero finalmente aceptaron desenterrar el cuerpo por diez».

revisar — *to review*
«...un empleado se encontraba sentado detrás de un escritorio ocupado en **revisar** unos documentos».

SUSTANTIVOS

la búsqueda — *search*
«...empezó a revisar el catálogo bajo la atenta mirada del fotógrafo que parecía ayudarle en su **búsqueda»**.

el cuerpo — *body*
«Hay unos que no se pueden fotografiar de **cuerpo entero** porque están decapitados».

el/la desaparecido/a — *person who has disappeared*
«Ya tiene seis meses de **desaparecido...»**.

la desesperación *despair*
«En eso pasó por ahí un hombre que se acercó a ellos y como si fuera presa de una terrible **desesperación**».

el hueso *bone*
«Me guío por las cruces, por la manada de perros callejeros desenterrando **huesos,** o por las aves de rapiña volando sobre los cuerpos en descomposición».

los restos *remains*
«—¿Qué hacen con los **restos?** —inquirió el periodista».

el sepulturero *gravedigger*
«—A la única mujer que yo he visto aquí es la muerte —dijo un **sepulturero** con indiferencia».

la tumba *tomb*
«En el cementerio, mientras llegaban los sepultureros, los cuatro esperaban de pie entre las **tumbas**».

PALABRAS PROBLEMÁTICAS

el derecho *the right, the privilege*
«....necesitamos datos para una serie de artículos sobre la situación de los **derechos** humanos en el país».

a la derecha *to the right*
Para encontrar la tumba, tuvieron que doblar **a la derecha.**

el dato *the fact*
«...necesitamos **datos** para una serie de artículos...».

el hecho (de) que... *the fact that*
El hecho de que el hombre desapareció hace ocho días no significaba necesariamente que estaba muerto.

la fecha *the date*
¿En qué **fecha** desapareció su hermano? —le preguntó el empleado.

la falta de *the lack of*
«...se les entierra en el mismo lugar donde son descubiertos, por **la falta de** espacio en los cementerios».

la culpa — *fault, guilt, blame*
Nadie sabía quién tenía la **culpa** de la muerte de tantos inocentes.

suceder — *to happen*
«**Suceden** cosas de cosas...».

triunfar — *to succeed*
Mi hermano habría **triunfado** en la vida, si no lo hubieran matado.

Ejercicios de vocabulario

A. Familias de palabras. Indique el infinitivo que corresponde a cada una de las siguientes palabras. Después, escriba el significado de las dos palabras en inglés.

MODELO: el hallazgo = hallar; the discovery = to find

1. la recorrida
2. la búsqueda
3. el triunfo
4. el entierro
5. la falta
6. el aumento

B. Usted es un periodista que busca datos para sus artículos. Forme preguntas con las palabras que siguen. Haga los cambios necesarios.

Cuánto / desaparecer

1. ______________________________

Dónde / encontrar / cuerpo

2. ______________________________

Por qué / suceder

3. ______________________________

Quién / culpa

4. ______________________________

Qué / los restos

5. ______________________________

C. Los oficios de la muerte. ¿Qué hacen los siguientes personajes en el cuento? Utilice las palabras que figuran debajo de la lista de personajes y escriba una frase describiendo su trabajo u oficio.

1. Los sepultureros
2. Los empleados de la Comisión de Derechos Humanos
3. Los parientes de las víctimas
4. El periodista
5. El fotógrafo

desenterrar	desmayarse	cuerpos
enterrar	revisar	encontrar
regatear	recoger datos	la tumba
recorrer	tomar fotos	los restos
revisar	huesos	acercarse a

D. Los antónimos. Escoja entre las palabras de la primera columna el antónimo de cada una de las palabras de la segunda columna. Indique el número correspondiente en los espacios en blanco.

1. disponerse a	desaparecer
2. enterrar	triunfar
3. acercarse a	negarse a
4. aumentar	desenterrar
5. aparecer	alejarse de
6. a la derecha	disminuir
7. incorporarse	sentarse
8. fracasar	a la izquierda

E. Preguntas personales. Conteste las preguntas siguientes y después hágaselas a otra persona de la clase.

1. ¿Te gusta *regatear?* ¿Crees que el cliente tiene el *derecho* de *regatear?*
2. ¿Has *recorrido* todo el país? ¿Qué estados has visitado?
3. Para *triunfar* en la vida, ¿qué es necesario hacer? ¿Qué tendría que *suceder* para que *triunfaras?*
4. ¿Qué se debe hacer si uno cree que va a *desmayarse? ¿Incorporarse?* ¿Acostarse? ¿Sentarse? *¿Te has desmayado* alguna vez?

Después de leer

A. Actuaciones

1. **Una conferencia internacional.** En su pueblo, hay una conferencia internacional sobre la muerte y sus efectos en la sociedad. En grupos de cinco o seis, imaginen Uds. que son participantes de la conferencia. Cada persona debe adoptar uno de los papeles siguientes y presentar su punto de vista hacia la muerte, según su experiencia personal y profesional. Algunos de los papeles pueden ser:
   a. un/a cirujano/a
   b. el/la patólogo/a de una ciudad grande
   c. un/a religioso/a
   d. un/a trabajador/a social
   e. un/a empleado/a de la Cruz Roja
   f. un/a veterano/a de una guerra
   g. una persona que casi murió y tuvo una experiencia trascendental
   h. un exiliado de un país represivo
   i. unos padres preocupados por la violencia en la televisión y las películas
   j. un/a representante de las Naciones Unidas

2. **Una visita al/a la psicólogo/a.** Los siguientes personajes de «El fotógrafo de la muerte» visitan a un/a psicólogo/a para tratar de ser más felices. Con varios compañeros, imaginen una conversación en la consulta donde hablarán de sus problemas y recibirán consejos:
   a. un sepulturero
   b. Teófilo
   c. el fotógrafo
   d. un familiar de un desaparecido

B. Debate y discusión

Ud. y sus compañeros participan en una mesa redonda sobre los derechos y la sociedad. Para empezar la discusión, consideren el derecho:

a. a la vida
b. a la felicidad
c. a la expresión libre
d. a la protección igual bajo la ley

e. a llevar armas
f. a un proceso por un jurado de sus «iguales»
g. a la privacidad
h. a votar
i. a ser protegido de búsquedas ilegales
j. a la atención médica
k. a la enseñanza

¿Cuáles de estos derechos ejercen Uds. con frecuencia? Según Uds., ¿son todos «derechos»? ¿Bajo qué circunstancias se le quitan los derechos a alguien? ¿Qué otros derechos pueden añadir Uds.? ¿De qué derechos no gozaban los personajes de «El fotógrafo de la muerte»? ¿Qué o quién garantiza los derechos?

C. Momentos decisivos

¿Cómo reaccionaría Ud. al saber de la opresión política en un país? ¿Sentiría alguna responsabilidad personal? ¿Insistiría en que Estados Unidos le diera ayuda militar al país? ¿Protestaría Ud. de alguna forma? ¿Sería igual su reacción si tuviera Ud. familia en ese país?

Reacción y revisión. Siga las instrucciones de la página 15.

D. Correspondencia

1. La esposa de Teófilo escribe una carta a su familia para informarle de la muerte de Teófilo.
2. Después de enterarse de la muerte de Teófilo, el periodista del cuento escribe una entrada en su diario personal.
3. Hay un desaparecido en su familia. Ud. escribe una carta al gobierno salvadoreño.
4. Hay un desaparecido en su familia. Ud. escribe una carta a la organización Amnistía Internacional.

E. Creación

1. Ud. es el periodista de «El fotógrafo de la muerte». Escriba un artículo para el periódico nacional de El Salvador. Tenga en cuenta que hay censura en el país.
2. Ud. es el periodista de «El fotógrafo de la muerte». Escriba un artículo para el periódico *New York Times*. Puede incluir todos los datos y hechos.

3. Ud. es el fotógrafo que acompaña al periodista. Después de la muerte de Teófilo, Ud. regresa a su patria libre. Para protestar contra los acontecimientos en El Salvador, Ud. realiza una exhibición de las fotografías y escribe el texto de explicación que acompañará a cada una.
4. Bencastro ha hecho una obra teatral del cuento «El fotógrafo de la muerte». Invente Ud. su propia versión teatral de una escena del cuento. ¿Cómo se corresponderían las tres escenas del cuento con los tres actos de un drama?
5. Después de visitar la Comisión de Derechos Humanos en El Salvador, Ud. prepara un discurso sobre esta situación ante las Naciones Unidas.

F. Análisis literario

Escriba un ensayo de exposición donde analice lo siguiente:

1. Analice el personaje de Teófilo. Examine la relación entre este personaje y el tema del cuento. ¿Cómo lo utiliza Bencastro para presentar su mensaje al lector?
2. Examine el comportamiento de los sepultureros y de Teófilo ante la muerte. ¿Qué comentario tiene Bencastro sobre la muerte y la supervivencia de las personas?
3. La desesperación y la esperanza coexisten en «El fotógrafo de la muerte». ¿Qué aspectos presenta Bencastro para expresar estos temas? ¿Cuál de estos sentimientos es más fuerte?
4. La opresión política y la muerte se presentan en el cuento «El fotógrafo de la muerte» de Bencastro y la pintura *El 3 de mayo* de Goya. Compare la opresión y la muerte en las dos obras. ¿Qué imágenes usan los dos artistas? ¿Cómo presentan la reacción de la gente ante estos actos injustos? ¿Cómo quieren Bencastro y Goya que el mundo reaccione? ¿Qué estrategias usan para causar esta reacción?
5. Examine el sufrimiento de los personajes de «Lo más olvidado del olvido» y de «El fotógrafo de la muerte». ¿Cómo es este sufrimiento? ¿Qué lo causa? ¿Es un sufrimiento peor que otro? ¿Proponen Allende y Bencastro alguna cura para ello?

G. Investigación

Con algunos compañeros, escoja uno de los siguientes temas y prepare una presentación breve para la clase.

1. **Los derechos humanos y la guerra civil en El Salvador.** Investigue el conflicto de los años ochenta en El Salvador. ¿Quiénes luchaban y por qué? ¿Qué papel desempeñó Estados Unidos durante ese tiempo? ¿Qué evidencia se ha encontrado del abuso de los derechos humanos en esa época? Ud. puede investigar un incidente específico o una historia personal de este conflicto.
2. **Los refugiados de los conflictos centroamericanos.** Muchos han sido exiliados como resultado de los conflictos políticos en Centroamérica. Describa la situación de estos refugiados. ¿Por qué han sido exiliados? ¿Qué buscan en el nuevo país? ¿Piensan volver a su patria algún día? Ud. puede examinar el caso de un individuo o de un grupo específico.
3. **¿Hacia la paz?** Describa el fin de la guerra en El Salvador. ¿Pudo resolverse el conflicto? ¿Existe allí la paz ahora? ¿Qué iniciativas se han tomado para restablecer la paz? ¿Con qué obstáculos se enfrentan los que fomentan la paz?

Unidad IV

Lo inexplicable

¿Realidad o imaginación?

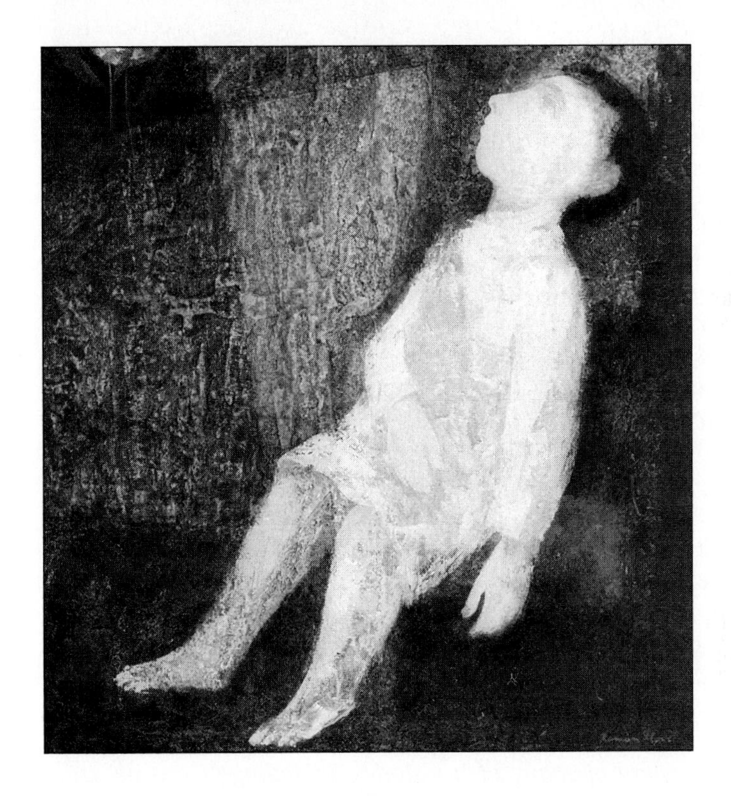

¿Cómo reacciona usted frente a lo inexplicable? ¿Busca usted una explicación razonable y científica? ¿Lo acepta como parte de un universo imprevisto, caótico e ilógico? ¿Lo interpreta según sus creencias religiosas? ¿Lo niega como un truco de su mente o una invención de la imaginación? ¿Lo atribuye a seres de otro mundo?

¿Ha soñado usted con algo que después se haya vuelto real? ¿Ha experimentado «deja vu»? ¿Cómo interpreta usted las coincidencias?

Como seres humanos, pasamos toda la vida buscando la explicación de nuestra existencia, interpretando los eventos pasados y planeando un futuro inseguro dentro de nuestra capacidad limitada. Para tener una vida llena, ¿no es necesario considerar todas las posibilidades antes de formar nuestras propias filosofías?

Capítulo 7

Silvina Ocampo

Silvina Ocampo was born in 1903 in Buenos Aires to a well-to-do Argentinian family. The youngest of six daughters, her interests in the arts flourished in an intellectual and comfortable environment. Silvina's older sister, Victoria, became a noted writer and founded the journal Sur. *At the age of seven, Silvina began to paint, and later traveled to Paris to study under French masters.*

Not satisfied with her work in painting, she decided to devote herself to writing, a field in which she achieved much success. Author of poetry, prose, and drama, Ocampo won the Premio Nacional de Literatura of Argentina. Among her collections of poetry are Enumeración de la patria y otros poemas, Los nombres, Lo amargo por dulce, *and* Amarillo celeste. La furia y otros cuentos, Viaje olvidado *and* Autobiografía de Irene *are three of her five books of short stories. The novel* Los que aman odian *was written in collaboration with her husband, Adolfo Bioy Casares. Ocampo compiled two anthologies,* Antología de la literatura fantástica *and* Antología poética argentina, *with her husband and Jorge Luis Borges.*

In the fictional world of many of her stories, including "Casa de azúcar", which follows, ambiguity, fantasy, and commonplace reality play essential roles.

Antes de leer

A. Un viaje al pasado: la imaginación y los recuerdos

Prepare una descripción viva de un lugar favorito de su niñez (por ejemplo, la casa de sus abuelos, un lugar donde jugaba, una playa o sitio de vacaciones, etc.). ¿Cuántos años tenía usted? ¿Por qué le gustaba tanto? ¿Qué hacía usted allí? ¿Ha visitado usted ese sitio recientemente? ¿Cómo ha cambiado ese lugar? ¿Es su recuerdo un retrato verdadero del lugar o una imagen idealizada? Después, comparta usted su descripción con otra persona de la clase. ¿Qué diferencias y semejanzas hay entre las dos descripciones?

B. El mundo de la fantasía: el pasado y el presente

1. Divídanse en grupos de dos, tres o cuatro estudiantes. Háganse las siguientes preguntas. Después de 5 ó 10 minutos, cada estudiante informará a la clase sobre la información que recibió del mundo de la fantasía.
   a. ¿Qué cuentos de hadas *(fairy tales)* leías cuando eras niño/a? ¿Cuáles eran tus personajes favoritos? ¿Por qué? ¿Qué tienen en común los cuentos de hadas?
   b. ¿De qué o de quién te gustaba disfrazarte? ¿En qué mundo fantástico te gustaba jugar?
   c. ¿En qué supersticiones crees? ¿Crees en la astrología? ¿Consultas el horóscopo? ¿Alguien te ha adivinado el futuro alguna vez? ¿Predijo el futuro con exactitud?
2. **Una identidad diferente.** Divídanse en grupos de dos. Cada uno debe imaginar que es una persona famosa muerta o viva. Su compañero/a debe tratar de adivinar su identidad en diez preguntas.

Selección autobiográfica

*Correspondencia con Silvina Ocampo**

Querida Silvina: 1

Leo en la nota que sobre ti hace Enrique Pezzoni en la *Enciclopedia de la Literatura Argentina,* que alguna vez dijiste que «siempre quise escribir. Durante una época, mandaba a mis amigos

*Selecciones de correspondencia entre Danubio Torres Fierro y Silvina Ocampo.

cartas en que inventaba sentimientos. Eran cartas de amor y de odio». Ojalá que esta carta que ahora prometes escribir sea como aquéllas.

Tu vida ha estado dedicada, casi por entero, a la literatura. ¿Estás satisfecha, de alguna manera, con lo hecho?

¿Cómo fue / es la relación con Victoria? ¿Nunca temiste que su figura te sofocara?

¿Y cómo es convivir con un escritor?

¿Por qué te interesa partir de una realidad cotidiana°, nimia°, casi siempre vulgar, y desde ahí revelar sus aspectos agazapados°, insólitos°?

¿Cuál es tu actitud como escritora: pasas primero una mirada sorprendente y atónita° por el mundo, y éste te devuelve a tu propia intimidad? ¿O es al revés? Es posible que ya lo hayas hecho antes, pero sería bueno que hablaras con detenimiento° sobre estas palabras tuyas: «fui y soy la espectadora de mí misma».

¿Qué lugar ocupan en tu literatura la muerte, lo imprevisto°, lo irracional, lo inconciliable, la locura° de vivir en un cotidiano absurdo?

Lo pregunto porque son, sin duda, temas recurrentes.

Un abrazo: Danubio

Buenos Aires, 28 de agosto de 1975...

...Por ejemplo, si ahora me preguntas por qué escribo, me pregunto a mí misma con signos de admiración ¡por qué escribo! luego se me ocurre contestar: para no morir. Mi respuesta es sin duda en el momento que la enuncio: para no morir, pero si la examino advierto° que no concuerda° con lo que siento en este minuto: y hace muchos años que escribo, por lo tanto esta contestación no es válida. Tampoco sería verdad esta otra respuesta; escribo porque necesito expresar lo que siento sin gruñidos°, lo que he vivido sin ironía, lo que imagino sin remilgos°, aunque lo que siento, imagino y he vivido me parezca trivial, pues lo que para mí es trivial puede no serlo para otra persona. También podría no ser verdad esta otra respuesta que puede parecer ridícula: escribo como siguiendo un mandato° que recibo de labios milagrosos (serán de la inspiración) que me hacen modificar una rosa, un rostro, un caballo, mis lágrimas, el musical destino de una persona que no conozco demasiado y que voy conociendo a través de un relato° que escribo y que se alegra frente a la vida simplemente porque la vida es divina aunque esté colmada° de catástrofes. También tendría otra respuesta: escribo para vivir en otro mundo dentro de otros seres, escribo como los que aman viajar y que viajan, personas que envidio° porque aprovechan sus viajes, y yo que odio viajar los desaprovecho. Todo sitio

5 · 10 · 15 · 20 · 25 · 30 · 35 · 40 · 45

cotidiana: daily / nimia: insignificant
agazapados: arresting, overwhelming / insólitos: unusual
atónita: astonished, amazed
detenimiento: deliberation
imprevisto: unforeseen
locura: madness
advierto / concuerda: notice / agrees
gruñidos: growls, grumbles
remilgos: prudery, affectation
mandato: command
relato: story
colmada: filled to the brim
envidio: envy

nuevo que conozco me angustia porque despierta mi nostalgia 50
de la ubicuidad° (¿todos habremos sido Dios alguna vez?), y
naturalmente quiero quedar en ese sitio nuevo toda mi vida, si el
sitio tiene algún encanto. De todo esto podrías deducir que escribo para poder quedar en el lugar donde viven los personajes de
mis relatos. Podría también contestar airadamente: escribo porque me encanta lo que escribo, porque me gusta más que cualquier página que escriben otros escritores, salvo algunas
maravillas que conozco que me hacen morir de envidia: esta presuntuosa declaración me pone en ridículo tal vez pero, cuando
uno escribe, desaparecen esos ridículos y mezquinos° sentimientos. No hay que ponerse un antifaz° ni disfrazarse°. Podría también decir: escribo para ser libre, para hacer reír, para hacer
llorar, para que me quieran, para no ser tan muda° como lo soy
oralmente, y tonta, aunque lo soy un poco bastante cuando
escribo. 65

ubicuidad: ubiquity, omnipresence
mezquinos: petty, niggardly
antifaz: mask / disfrazarse: go in disguise, to masquerade / muda: mute

Me preguntas cuándo empecé a escribir. No podría señalar la
fecha. Odio las fechas (¿será porque la vejez llega gracias a ellas?)
y pongo la palabra odio para darte un gusto. Los números me
vuelven supersticiosa. En los primeros tiempos de mi vida desde
los siete años me dediqué, o más bien me dedicaron, a la pintura 70
y al dibujo. A veces para expresar algo escribía sobre los dibujos
unas breves palabras. Recuerdo una vez que anoté: «Todo es
amarillo pero también rosado»; había sol, el dibujo era negro...

Convivir con un escritor es espléndido: es el a b c de mi vida. Es
cierto que la realidad cotidiana es más extraña que la ficción para 75
mí y por eso parece nimia en mis relatos: yo la veo extraordinaria.
Paso una mirada sorprendida por el mundo y ella me revela su
intensidad y viceversa, según los casos. Para indagar° el mundo
empleo el diálogo con gente primaria que es la que más me interesa. No vacilo en preferir el diálogo con un obrero o un campesino 80
al diálogo con una intelectual o un hombre refinado...

indagar: search, investigate

La muerte ocupa en mis escritos lo que ocupa en la vida de los
hombres, es inútil que trate de evitarla.° Siempre espera en algún
sitio de mis relatos. Para evitarla hice vivir a los protagonistas en
el tiempo al revés: empezar la vida desde la muerte y morir en el 85
nacimiento pues en el momento culminante,° cuando creo evitarla, aparece con algún veneno o con un arma, o con alguna
treta.° Me preocupa como me preocupa Dios desde que existe mi
memoria.

evitarla: avoid it
culminante: culminating
treta: trick; thrust

Lo imprevisto también existe siempre por estrictos que parezcan los planes que uno se ha propuesto. Lo irracional y lo 90
inconciliable me parecen también inevitables. «La locura de
vivir en un cotidiano absurdo» aparece en la novela que estoy
escribiendo. El título, si puede despertar alguna curiosidad, será:

Los epicenos. Es lo mejor que he escrito y según mis cálculos será terminada a principios del año que viene. Mis compatriotas no aprecian mis libros excepto, tal vez, los jóvenes, porque soy demasiado argentina y represento al escribir todos nuestros defectos. Me salvo de las virtudes. Pero, quién no tiene virtudes de las cuales se salva y defectos atractivos... 95 100

Lectura

La casa de azúcar

Las supersticiones no dejaban vivir a Cristina. Una moneda° con la efigie° borrada, una mancha de tinta°, la luna vista a través de dos vidrios°, las iniciales de su nombre grabadas° por azar° sobre el tronco de un cedro° la enloquecían° de temor. Cuando nos conocimos llevaba puesto un vestido verde, que siguió usando hasta que se rompió, pues me dijo que le traía suerte y que en cuanto se ponía otro, azul, que le sentaba° mejor, no nos veíamos. Traté de combatir estas manías absurdas. Le hice notar que tenía un espejo roto en su cuarto y que por más que yo le insistiera en la conveniencia de tirar los espejos rotos al agua, en una noche de luna, para quitarse la mala suerte, lo guardaba; que jamás temió que la luz de la casa bruscamente se apagara, y a pesar de que fuera un anuncio seguro de muerte, encendía° con tranquilidad cualquier número de velas°; que siempre dejaba sobre la cama el sombrero, error en que nadie incurría°. Sus temores eran personales. Se infligía verdaderas privaciones; por ejemplo: no podía comprar frutillas en el mes de diciembre, ni oír determinadas músicas, ni adornar la casa con peces° rojos, que tanto le gustaban. Había ciertas calles que no podíamos cruzar, ciertas personas, ciertos cinematógrafos que no podíamos frecuentar. Al principio de nuestra relación, estas supersticiones me parecieron encantadoras, pero después empezaron a fastidiarme° y a preocuparme seriamente. Cuando nos comprometimos° tuvimos que buscar un departamento° nuevo, pues según sus creencias, el destino de los ocupantes anteriores influiría sobre su vida (en ningún momento mencionaba la mía, como si el peligro la amenazara sólo a ella y nuestras vidas no estuvieran unidas por el amor). Recorrimos° todos los barrios de la ciudad; llegamos a los suburbios más alejados,° en busca de un departamento que nadie hubiera habitado: todos estaban alquilados° o vendidos. Por fin encontré una casita en la calle Montes de Oca, 1 5 10 15 20 25 30

coin
effigy / ink
panes of glass / engraved / by chance / cedar / drove crazy
fit
lit
candles
became liable
fish
bother me
became engaged / house, apartment
examined, surveyed
distant
rented

que parecía de azúcar. Su blancura brillaba con extraordinaria luminosidad. Tenía teléfono y, en el frente, un diminuto jardín. Pensé que esa casa era recién construida, pero me enteré de° que en 1930 la había ocupado una familia, y que después, para alquilarla, el propietario le había hecho algunos arreglos. Tuve que hacer creer a Cristina que nadie había vivido en la casa y que era el lugar ideal: la casa de nuestros sueños. Cuando Cristina la vio, exclamó:

—¡Qué diferente de los departamentos que hemos visto! Aquí se respira olor a limpio. Nadie podrá influir en nuestras vidas y ensuciarlas con pensamientos que envician° el aire.

En pocos días nos casamos y nos instalamos allí. Mis suegros° nos regalaron los muebles del dormitorio, y mis padres los del comedor. El resto de la casa lo amueblaríamos de a poco. Yo temía que, por los vecinos, Cristina se enterara de mi mentira, pero felizmente hacía sus compras° fuera del barrio y jamás conversaba con ellos. Éramos felices, tan felices que a veces me daba miedo. Parecía que la tranquilidad nunca se rompería en aquella casa de azúcar, hasta que un llamado telefónico destruyó mi ilusión. Felizmente Cristina no atendió° aquella vez el teléfono, pero quizá lo atendiera en una oportunidad análoga. La persona que llamaba preguntó por la señora Violeta: indudablemente se trataba de la inquilina° anterior. Si Cristina se enteraba de que yo la había engañado, nuestra felicidad seguramente concluiría: no me hablaría más, pediría nuestro divorcio, y en el mejor de los casos tendríamos que dejar la casa para irnos a vivir, tal vez, a Villa Urquiza, tal vez a Quilmes, de pensionistas en alguna de las casas donde nos prometieron darnos un lugarcito para construir ¿con qué? (con basura, pues con mejores materiales no me alcanzaría el dinero) un cuarto y una cocina. Durante la noche yo tenía cuidado de descolgar el tubo°, para que ningún llamado inoportuno nos despertara. Coloqué un buzón° en la puerta de calle; fui el depositario de la llave, el distribuidor de cartas.

Una mañana temprano golpearon a la puerta y alguien dejó un paquete. Desde mi cuarto oí que mi mujer protestaba, luego oí el ruido del papel estrujado°. Bajé la escalera y encontré a Cristina con un vestido de terciopelo° entre los brazos.

—Acaban de traerme este vestido —me dijo con entusiasmo. Subió corriendo las escaleras y se puso el vestido, que era muy escotado°.

—¿Cuándo te lo mandaste hacer?

—Hace tiempo. ¿Me queda bien? Lo usaré cuando tengamos que ir al teatro, ¿no te parece?

—¿Con qué dinero lo pagaste?

—Mamá me regaló unos pesos.

me enteré de: I found out
envician: corrupt
suegros: in-laws
hacía sus compras: went shopping
atendió: answered
inquilina: resident
descolgar el tubo: take the receiver off the hook
buzón: mailbox
estrujado: crumpled
terciopelo: velvet
escotado: low cut

Me pareció raro, pero no le dije nada, para no ofenderla.
Nos queríamos con locura. Pero mi inquietud comenzó a molestarme, hasta para abrazar a Cristina por la noche. Advertí° que su carácter había cambiado: de alegre se convirtió en triste, de comunicativa en reservada, de tranquila en nerviosa. No tenía apetito. Ya no preparaba esos ricos postres°, un poco pesados, a base de cremas batidas° y de chocolate, que me agradaban°, ni adornaba periódicamente la casa con volantes° de nylon, en las tapas° de la letrina, en las repisas° del comedor, en los armarios°, en todas partes, como era su costumbre. Ya no me esperaba con vainillas a la hora del té, ni tenía ganas de ir al teatro o al cinematógrafo de noche, ni siquiera cuando nos mandaban entradas de regalo. Una tarde entró un perro en el jardín y se acostó frente a la puerta de calle, aullando°. Cristina le dio carne y le dio de beber y, después de un baño, que le cambió el color del pelo, declaró que le daría hospitalidad y que lo bautizaría con el nombre de Amor, porque llegaba a nuestra casa en un momento de verdadero amor. El perro tenía el paladar° negro, lo que indica pureza de raza.

Otra tarde llegué de improviso a casa. Me detuve en la entrada porque vi una bicicleta apostada° en el jardín. Entré silenciosamente y me escurrí° detrás de una puerta y oí la voz de Cristina.

—¿Qué quiere?—repitió dos veces.

—Vengo a buscar a mi perro—decía la voz de una muchacha—. Pasó tantas veces frente a esta casa que se ha° encariñado con ella. Esta casa parece de azúcar. Desde que la pintaron, llama la atención de todos los transeúntes°. Pero a mí me gustaba más antes, con ese color rosado y romántico de las casas viejas. Esta casa era muy misteriosa para mí. Todo me gustaba en ella: la fuente donde venían a beber los pajaritos; las enredaderas° con flores, como cornetas° amarillas; el naranjo. Desde que tengo ocho años esperaba conocerla a usted, desde aquel día en que hablamos por teléfono, ¿recuerda? Prometió que iba a regalarme un barrilete°.

—Los barriletes son juegos de varones.

—Los juguetes no tienen sexo. Los barriletes me gustaban porque eran como enormes pájaros: me hacía la ilusión de volar sobre sus alas. Para usted fue un juego prometerme ese barrilete; yo no dormí en toda la noche. Nos encontramos en la panadería°, usted estaba de espaldas y no vi su cara. Desde ese día no pensé en otra cosa que en usted, en cómo sería su cara, su alma, sus ademanes° de mentirosa. Nunca me regaló aquel barrilete. Los árboles me hablaban de sus mentiras. Luego fuimos a vivir a Morón, con mis padres. Ahora, desde hace una semana estoy de nuevo aquí.

Line numbers: 80, 85, 90, 95, 100, 105, 110, 115, 120

Glosses:
- Advertí: I noticed
- postres: desserts
- cremas batidas: whipped cream
- agradaban: pleased
- volantes: kites
- tapas: covers, lids
- repisas: mantelpiece; shelves
- armarios: closets
- aullando: howling
- paladar: palate, roof of the mouth
- apostada: placed
- escurrí: slipped, sneaked
- ha: has become
- transeúntes: passersby
- enredaderas: climbing plants
- cornetas: bugles
- barrilete: kite
- panadería: bakery
- ademanes: gestures

—Hace tres meses que vivo en esta casa, y antes jamás frecuenté estos barrios. Usted estará confundida.

—Yo la había imaginado tal como es. ¡La imaginé tantas veces! Para colmo° de la casualidad, mi marido estuvo de novio con usted. 125 | on top of that

—No estuve de novia sino con mi marido. ¿Cómo se llama este perro?

—Bruto.

—Llévenselo, por favor, antes que me encariñe con él. 130

—Violeta, escúcheme. Si llevo el perro a mi casa, se morirá. No lo puedo cuidar. Vivimos en un departamento muy chico. Mi marido y yo trabajamos y no hay nadie que lo saque a pasear.

—No me llamo Violeta. ¿Qué edad tiene?

—¿Bruto? Dos años. ¿Quiere quedarse con él? Yo vendría a visitarlo de vez en cuando, porque lo quiero mucho. 135

—A mi marido no le gustaría recibir desconocidos en su casa, ni que aceptara un perro de regalo.

—No se lo diga, entonces. La esperaré todos los lunes a las siete de la tarde en la plaza Colombia. ¿Sabe dónde es? Frente a la iglesia Santa Felicitas, o si no la esperaré donde usted quiera y a la hora que prefiera; por ejemplo, en el puente° de Constitución o en el parque Lezama. Me contentaré con ver los ojos de Bruto. ¿Me hará el favor de quedarse con él? 140 | bridge

—Bueno. Me quedaré con él. 145

—Gracias, Violeta.

—No me llamo Violeta.

—¿Cambió de nombre? Para nosotros usted es Violeta. Siempre la misma misteriosa Violeta.

Oí el ruido seco de la puerta y el taconeo° de Cristina, subiendo la escalera. Tardé un rato en salir de mi escondite y en fingir° que acababa de llegar. A pesar de haber comprobado la inocencia del diálogo, no sé por qué, una sorda° desconfianza comenzó a devorarme. Me pareció que había presenciado una representación de teatro y que la realidad era otra. No confesé a Cristina que había sorprendido la visita de esa muchacha. Esperé los acontecimientos, temiendo siempre que Cristina descubriera mi mentira, lamentando que estuviéramos instalados en ese barrio. Yo paseaba todas las tardes por la plaza que queda frente a la iglesia de Santa Felicitas, para comprobar si Cristina había acudido a la cita°. Cristina pareció no advertir mi inquietud. A veces llegué a creer que yo había soñado. Abrazando el perro, un día Cristina me preguntó: 150 155 160 | stamping made with heels | to pretend | silent | appointment

—¿Te gustaría que me llamara Violeta?

—No me gusta el nombre de las flores. 165

—Pero Violeta es lindo. Es un color.

—Prefiero tu nombre.

Un sábado, al atardecer°, la encontré en el puente de Constitución, asomada° sobre el parapeto de fierro. Me acerqué y no se inmutó°. 170

—¿Qué haces aquí?

—Estoy curioseando. Me gusta ver las vías° desde arriba.

—Es un lugar muy lúgubre° y no me gusta que andes sola.

—No me parece tan lúgubre. ¿Y por qué no puedo andar sola?

—¿Te gusta el humo negro de las locomotoras? 175

—Me gustan los medios de transporte. Soñar con viajes. Irme sin irme. «Ir y quedar y con quedar partirse».

Volvimos a casa. Enloquecido de celos (¿celos de qué? De todo), durante el trayecto apenas le hablé.

—Podríamos tal vez comprar alguna casita en San Isidro o en Olivos, es tan desagradable este barrio —le dije, fingiendo que me era posible adquirir una casa en esos lugares. 180

—No creas. Tenemos muy cerca de aquí el parque Lezama.

—Es una desolación. Las estatuas están rotas, las fuentes sin agua, los árboles apestados°. Mendigos°, viejos y lisiados° van con bolsas, para tirar o recoger basuras. 185

—No me fijo en° esas cosas.

—Antes no querías sentarte en un banco° donde alguien había comido mandarinas o pan.

—He cambiado mucho. 190

—Por mucho que hayas cambiado, no puede gustarte un parque como ése. Ya sé que tiene un museo con leones de mármol que cuidan la entrada y que jugabas allí en tu infancia, pero eso no quiere decir nada.

—No te comprendo —me respondió Cristina. Y sentí que me despreciaba°, con un desprecio que podía conducirla al odio. 195

Durante días, que me parecieron años, la vigilé, tratando de disimular mi ansiedad. Todas las tardes pasaba por la plaza frente a la iglesia y los sábados por el horrible puente negro de Constitución. Un día me aventuré a decir a Cristina: 200

—Si descubriéramos que esta casa fue habitada por otras personas, ¿qué harías, Cristina? ¿Te irías de aquí?

—Si una persona hubiera vivido en esta casa, esa persona tendría que ser como esas figuritas de azúcar que hay en los postres o en las tortas de cumpleaños: una persona dulce como el azúcar. Esta casa me inspira confianza, ¿será el jardincito de la entrada que me infunde tranquilidad? ¡No sé! No me iría de aquí por todo el oro del mundo. Además no tendríamos adónde ir. Tú mismo me lo dijiste hace un tiempo. 205

No insistí, porque iba a pura pérdida. Para conformarme pensé que el tiempo compondría las cosas. 210

atardecer: dusk
asomada: appearing
se inmutó: did not start, change
vías: tracks
lúgubre: mournful, lugubrious
apestados: infected
Mendigos: beggars
lisiados: lamed, injured
No me fijo en: I do not notice
banco: bench
despreciaba: scorned

Una mañana sonó el timbre° de la puerta de calle. Yo estaba afeitándome y oí la voz de Cristina. Cuando concluí de afeitarme, mi mujer ya estaba hablando con la intrusa°. Por la abertura° de la puerta las espié. La intrusa tenía una voz tan grave y los pies tan grandes que eché a reír. 215

—Si usted vuelve a ver a Daniel, lo pagará muy caro, Violeta.

—No sé quién es Daniel y no me llamo Violeta—respondió mi mujer.

—Usted está mintiendo. 220

—No miento. No tengo nada que ver° con Daniel.

—Yo quiero que usted sepa las cosas como son.

—No quiero escucharla.

Cristina se tapó° las orejas con las manos. Entré en el cuarto y dije a la intrusa que se fuera. De cerca le miré los pies, las manos y el cuello°. Entonces advertí que era un hombre disfrazado° de mujer. No me dio tiempo de pensar en lo que debía hacer; como un relámpago desapareció dejando la puerta entreabierta tras de sí. 225

No comentamos el episodio con Cristina; jamás comprenderé por qué; era como si nuestros labios hubieran estado sellados para todo lo que no fuese besos nerviosos, insatisfechos o palabras inútiles. 230

En aquellos días, tan tristes para mí, a Cristina le dio por cantar. Su voz era agradable, pero me exasperaba, porque formaba parte de ese mundo secreto, que la alejaba de mí. ¡Por qué, si nunca había cantado, ahora cantaba noche y día mientras se vestía o se bañaba o cocinaba o cerraba las persianas°! 235

Un día en que oí a Cristina exclamar con un aire enigmático:

—Sospecho° que estoy heredando la vida de alguien, las dichas° y las penas, las equivocaciones° y los aciertos°. Estoy embrujada°—fingí no oír esa frase atormentadora. Sin embargo, no sé por qué empecé a averiguar° en el barrio quién era Violeta, dónde estaba, todos los detalles de su vida. 240

A media cuadra° de nuestra casa había una tienda donde vendían tarjetas postales°, papel, cuadernos, lápices, gomas de borrar° y juguetes. Para mis averiguaciones, la vendedora de esa tienda me pareció la persona más indicada: era charlatana° y curiosa, sensible a las lisonjas°. Con el pretexto de comprar un cuaderno y lápices, fui una tarde a conversar con ella. Le alabé° los ojos, las manos, el pelo. No me atreví a pronunciar la palabra Violeta. Le expliqué que éramos vecinos. Le pregunté finalmente quién había vivido en nuestra casa. Tímidamente le dije: 245 250

—¿No vivía una tal Violeta?

Me contestó cosas muy vagas, que me inquietaron más. Al día siguiente traté de averiguar en el almacén° algunos otros detalles. Me dijeron que Violeta estaba en un sanatorio frenopático° y me dieron la dirección. 255

bell
intruder
opening
I have nothing to do with
covered
neck / disguised as
venetian blinds
I suspect
good fortune / mistakes / successes / bewitched / to ascertain, to find out / half a block / postcards / erasers
loquacious
flattery
praised
store
phrenopathic, insane

—Canto con una voz que no es mía —me dijo Cristina, renovando su aire misterioso—. Antes me hubiera afligido, pero ahora me deleita°. Soy otra persona, tal vez más feliz que yo. 260 pleases

Fingí de nuevo no haberla oído. Yo estaba leyendo el diario. De tanto averiguar detalles de la vida de Violeta, confieso que desatendía a Cristina.

Fui al sanatorio frenopático, que quedaba en Flores. Ahí pregunté por Violeta y me dieron la dirección de Arsenia López, su 265 profesora de canto.

Tuve que tomar el tren en Retiro, para que me llevara a Olivos. Durante el trayecto una tierrita me entró en un ojo, de modo que en el momento de llegar a la casa de Arsenia López, se me caían las lágrimas como si estuviese llorando. Desde la puerta 270 de calle oí voces de mujeres, que hacían gárgaras° con las escalas°, acompañadas de un piano, que parecía más bien un organillo.

gargling
scales

Alta, delgada, aterradora° apareció en el fondo de un corredor Arsenia López, con un lápiz en la mano. Le dije tímidamente 275 que venía a buscar noticias de Violeta.

dreadful, horrible

—¿Usted es el marido?

—No, soy un pariente —le respondí secándome los ojos con un pañuelo.

—Usted será uno de sus innumerables admiradores —me dijo, 280 entornando los ojos y tomándome la mano. Vendrá para saber lo que todos quieren saber, ¿cómo fueron los últimos días de Violeta? Siéntese. No hay que imaginar que una persona muerta, forzosamente haya sido pura, fiel, buena.

—Quiere consolarme —le dije. 285

Ella, oprimiendo mi mano con su mano húmeda, contestó:

—Sí. Quiero consolarlo. Violeta era no sólo mi discípula, sino mi íntima amiga. Si se disgustó conmigo, fue tal vez porque me hizo demasiadas confidencias y porque ya no podía engañarme. Los últimos días que la vi, se lamentó amargamente de su suerte. 290 Murió de envidia°. Repetía sin cesar: «Alguien me ha robado la vida, pero lo pagará muy caro. No tendré mi vestido de terciopelo, ella lo tendrá; Bruto será de ella; los hombres no se disfrazarán de mujer para entrar en mi casa sino en la de ella; perderé la voz, que transmitiré a esa garganta indigna; no nos abrazaremos 295 con Daniel en el puente de Constitución, ilusionados con un amor imposible, inclinados como antaño°, sobre la baranda de hierro, viendo los trenes alejarse».

envy

formerly

Arsenia López me miró en los ojos y me dijo:

—No se aflija. Encontrará muchas mujeres más leales. Ya sabe- 300 mos que era hermosa, pero ¿acaso la hermosura es lo único bueno que hay en el mundo?

Mudo, horrorizado, me alejé de aquella casa, sin revelar mi nombre a Arsenia López que, al despedirse° de mí, intentó abrazarme, para demostrar su simpatía. 305

Desde ese día Cristina se transformó, para mí, al menos, en Violeta. Traté de seguirla a todas horas, para descubrirla en los brazos de sus amantes. Me alejé tanto de ella que la vi como a una extraña. Una noche de invierno huyó. La busqué hasta el alba°.

Ya no sé quién fue víctima de quién, en esa casa de azúcar, 310 que ahora está deshabitada.

despedirse° to say goodbye to

alba° dawn

Análisis

1. ¿Cuáles son las supersticiones de Cristina? ¿Qué efecto tienen sobre ella? ¿Cómo trató de combatir «esas manías absurdas» el narrador? ¿Cuáles son las supersticiones del narrador?
2. Contraste el deseo de Cristina de vivir en un departamento nuevo con la realidad de la casa. ¿Qué nos indica de la personalidad de Cristina y la de su esposo?
3. Dice el narrador: «Parecía que la tranquilidad nunca se rompería en aquella casa de azúcar, hasta que un llamado telefónico destruyó mi ilusión». ¿Cómo destruyó la ilusión ese llamado?
4. ¿De qué tiene miedo el narrador? ¿Qué precauciones toma? ¿Qué nos sugiere de su personalidad?
5. Examine la explicación de Cristina sobre el vestido y la reacción del narrador.
6. El llamado telefónico y la llegada del vestido interrumpen la tranquilidad. ¿Qué función tiene el perro, el tercer acontecimiento imprevisto? ¿Qué conflictos y ambigüedades se relacionan con el perro?
7. Después de la visita de la muchacha, el narrador dice: «...no sé por qué, una sorda desconfianza comenzó a devorarme. Me pareció que había presenciado una representación de teatro y que la realidad era otra». ¿Por qué siente él esta desconfianza? ¿Qué podría ser la «otra realidad»?
8. A Cristina le gusta el nombre «Violeta» mientras que al narrador no le gusta ese nombre. Analice los motivos y los sentimientos de los dos.
9. ¿Cómo se puede explicar la presencia de Cristina en el puente de Constitución? Para ella, ¿qué simbolizaban los medios de transporte?

10. Examine la actitud celosa del narrador. ¿Qué intención tiene al tratar de manipular a Cristina? Describa la relación que tienen los dos. ¿Ha cambiado a través del cuento?
11. Analice la opinión que tiene Cristina de la casa. ¿Cómo imagina ella a los antiguos habitantes? ¿Por qué?
12. Examine la reacción de Cristina y su esposo ante la visita de la intrusa.
13. ¿Qué evidencia hay de que Cristina está heredando la vida de alguien? Compare esta nueva identidad con la vieja.
14. Analice el papel de Arsenia López y su explicación de la muerte de Violeta. ¿Qué importancia tiene la frase que repetía Violeta sin cesar?
15. Examine el proceso de alejamiento del narrador hacia Cristina. Explique la última frase del cuento: «Ya no sé quién fue víctima de quién, en esa casa de azúcar, que ahora está deshabitada».
16. ¿Con qué ambigüedades o dudas nos quedamos al final del cuento?
17. Examine la yuxtaposición de la verdad y la mentira en el cuento. ¿Quiénes mienten o a quiénes engañan? ¿Qué verdades esconden estas mentiras?
18. ¿Cómo se comunican los personajes de «La casa de azúcar»? ¿En qué sentido están aislados?
19. Explique por qué es irónico el título «La casa de azúcar»? ¿Por qué son irónicas las siguientes frases del cuento?
    a. Al ver la casa de azúcar por primera vez, Cristina exclama: «Aquí se respira olor a limpio. Nadie podrá influir en nuestras vidas y ensuciarlas con pensamientos que envician el aire».
    b. Al llegar el perro, «Cristina declaró que le daría hospitalidad y que lo bautizaría con el nombre de Amor porque llegaba a nuestra casa en un momento de verdadero amor».
    c. Al contestar la pregunta si se iría de la casa, Cristina dice: «Esta casa me inspira confianza, ¿será el jardincito de la entrada que me infunde tranquilidad? ¡No sé! No me iría de aquí por todo el oro del mundo».
20. En la «Selección autobiográfica», Silvina Ocampo hace unas declaraciones que figuran a continuación. ¿Qué relación hay entre estas frases y «La casa de azúcar»?
    a. «Es cierto que la realidad cotidiana es más extraña que la ficción para mí y por eso parece nimia en mis relatos: yo la veo extraordinaria.»

b. «La muerte ocupa en mis escritos lo que ocupa en la vida de los hombres, es inútil que trate de evitarla. Siempre espera en algún sitio de mis relatos.»

c. «Lo imprevisto también existe siempre por estrictos que parezcan los planes que uno se ha propuesto. Lo irracional y lo inconciliable me parecen también inevitables.»

Vocabulario

VERBOS

advertir(ie) — *to notice; to warn*
«Advertí que su carácter había cambiado...».

alejarse de — *to move away from; to withdraw*
«Mudo, horrorizado, **me alejé** de aquella casa...».

alquilar — *to rent*
«...después, para **alquilarla,** el propietario le había hecho algunos arreglos».

disfrazarse de — *to dress up as, to go in disguise*
«...los hombres no **se disfrazarán de** mujer para entrar en mi casa sino en la de ella...».

enterarse de — *to find out about*
«...pero **me enteré de** que en 1930 la había ocupado una familia...».

fijarse en — *to pay attention to*
«Mendigos, viejos y lisiados van con bolsas para tirar o recoger basuras. —No **me fijo** en esas cosas».

engañar — *to deceive*
«Si Cristina se enterara de que yo la **había engañado,** nuestra felicidad concluiría...».

fingir — *to pretend*
«Estoy embrujada —**fingí** no oír esa frase atormentadora».

encariñarse con — *to become fond of*
«Lléveselo, por favor, antes que **me encariñe con** él».

mentir (ie; i) — *to lie*
«Usted está **mintiendo.** —No **miento.** No tengo nada que ver con Daniel».

SUSTANTIVOS

el azar — *chance*
«...las iniciales de su nombre grabadas por **azar** sobre el tronco de un cedro.».

el barrilete — *kite*
«Prometió que iba a regalarme un **barrilete**».

el buzón — *mail box*
«Coloqué un **buzón** en la puerta de calle...».

el departamento — *apartment*
«...llegamos a los suburbios más alejados en busca de un **departamento** que nadie hubiera habitado...».

la inquilina — *resident*
«La persona que llamaba preguntó por la señora Violeta: indudablemente se trataba de la **inquilina** anterior».

la intrusa — *intruder*
«La **intrusa** tenía una voz tan grave y los pies tan grandes que eché a reír».

el puente — *bridge*
«Todas las tardes pasaba por la plaza frente a la iglesia y los sábados por el horrible **puente** de Constitución».

el terciopelo — *velvet*
«...encontré a Cristina con un vestido de **terciopelo**».

ADJETIVOS

cotidiano — *daily*
«Es cierto que la realidad **cotidiana** es más extraña que la ficción para mí».

imprevisto — *unforeseen, unexpected*
«Lo **imprevisto** también existe siempre, por estrictos que parezcan los planes que uno se ha propuesto».

PALABRAS PROBLEMÁTICAS

atender — *to answer the phone; to be attentive; to help (followed by a)*
«Felizmente Cristina no **atendió** aquella vez el teléfono, pero quizá lo **atendiera** en una oportunidad análoga».

asistir a	*to attend* Antes de casarse, los dos habían **asistido a** la universidad.
ayudar	*to help* El narrador quería que la vecina le **ayudara** a averiguar los detalles de la vida de Violeta.
desatender	*to ignore, not to attend to* «De tanto averiguar detalles de la vida de Violeta, confieso que **desatendía** a Cristina».
dejar	*to permit, allow; to leave behind* «Las supersticiones no **dejaban** vivir a Cristina». «...siempre **dejaba** sobre la cama el sombrero, error en que nadie incurría».
dejar de (+ infinitivo)	*to stop doing something* El narrador no **dejó de** sospechar de Cristina.
salir de	*to leave a place* «Tardé un rato en **salir de** mi escondite y en fingir que acababa de llegar».
tener que (+ infinitivo)	*to have to do something* **«Tuve que** tomar el tren en Retiro, para que me llevara a Olivos».
tener que ver con	*to have to do with* «—No miento. No **tengo** nada **que ver con** Daniel».
tratarse de	*to be a question or matter of* «La persona que llamaba preguntó por la señora Violeta: indudablemente **se trataba de** la inquilina anterior».
tratar de	*to try to* «Durante días, que me parecieron años, la vigilé, **tratando de** disimular mi ansiedad».
sonar	*to ring* «Una mañana **sonó** el timbre de la puerta de calle».
soñar con	*to dream about* «—Me gustan los medios de transporte. **Soñar con** viajes».

Ejercicios de vocabulario

A. Indique la palabra que por su significado no se relaciona con las otras.

1. atender; fijarse en; advertir; averiguar; encariñarse con
2. fingir; disfrazarse de; alquilar; engañar; mentir

B. Traduzca al español y complete con sus propias palabras; no es necesario que use solamente las palabras de la lista.

1. The intruder was looking for _______ when suddenly _______.
2. When he was a child, he liked kites because they reminded him of _______.
3. When I found out that my girlfriend/boyfriend was lying to me and was going out with someone else, I dressed up as _______ and pretended _______.
4. I'm mad! I just found out that the owner rented the apartment to the former resident for _______; I pay _______.

C. Resuma el cuento desde el punto de vista de Cristina, usando las palabras siguientes.

1. la superstición
2. el azar
3. el departamento
4. la inquilina
5. mentir
6. el llamado telefónico
7. atender
8. el buzón
9. el terciopelo
10. el perro
11. encariñarse con
12. el barrilete
13. el puente
14. fijarse en
15. disfrazarse de
16. la intrusa
17. averiguar
18. el sanatorio
19. alejarse de
20. la víctima

D. **Cristina y el psicólogo.** Imagine que usted es un/a psicólogo/a que entrevista a Cristina/Violeta en un sanatorio. Utilice las palabras siguientes para inventar las preguntas y las posibles respuestas de Cristina/Violeta. Haga usted los cambios necesarios.

1. creer / superstición / azar
2. Cuándo / engañar / mentir / su esposo
3. Quién / inquilina / departamento
4. Qué / significar / el llamado telefónico / el vestido de terciopelo / el perro

5. Cómo / la intrusa / disfrazarse
6. Por qué / fijarse / el barrilete / la intrusa
7. Por qué / ir / el puente

E. Complete con las palabras apropiadas.

1. El teléfono *suena* tanto que no me *deja* _______.
2. Su locura *tiene que ver con* _______.
3. Cuando *salgo con* mis amigos, *dejo de* _______.
4. De niño/a, *soñaba con* ser _______; ahora *trato de* _______.
5. Si me *dejas* voy a _______.
6. ¿El cuento «La casa de azúcar»? *Se trata de* _______.
7. Si no *asistiera a* la universidad, _______.

F. Preguntas personales. Conteste Ud. las preguntas siguientes y después hágaselas a otra persona de la clase.

1. Enumera algunos casos en que el *azar* desempeñe un papel grande en la vida cotidiana. ¿Ha afectado tu vida recientemente?
2. ¿Conoces a alguien que haya sido *víctima* de un crimen? ¿Hubo algún testigo? ¿Cómo reaccionó éste? *¿Atendió* a la *víctima?* ¿La ignoró? ¿Fue por la policía? *¿Se alejó* este testigo del crimen?
3. ¿Cuando niño/a, creías en San Nicolás o Santa Claus u otra figura imaginaria? ¿Cuándo *dejaste de* creer en él?

Después de leer

A. Actuaciones

Divídanse en grupos de tres, cuatro o cinco estudiantes. Cada grupo debe escoger una de las siguientes situaciones y adoptar los papeles. Después de 10 minutos, cada grupo actuará la situación delante de la clase. Después de la actuación, cada estudiante puede escribir un monólogo de un párrafo donde explique sus sentimientos.

1. *Lo imprevisto y sus consecuencias.* En «La casa de azúcar» ocurren por lo menos tres eventos imprevistos: la llegada del vestido de terciopelo, la llamada telefónica y la llegada de Bruto. Inventen un evento más y escriban un diálogo que incluya su significado, las reacciones de los personajes y las consecuencias.

2. *¿Quién es el asesino?* Imaginen que están en una fiesta grande y elegante. De repente, oyen un grito y corren todos al comedor donde encuentran muerto a uno de los invitados. Cada persona describirá su relación con la persona muerta y después la clase decidirá quién es el asesino. Todos deben incluir algún motivo para el crimen en sus presentaciones.

B. Encuestas

Divídanse en grupos de dos, tres o cuatro estudiantes. Háganse las preguntas que figuran a continuación. Después de 5 ó 10 minutos, cada estudiante informará a la clase sobre la realidad y la fantasía en la vida. Otros estudiantes deben interrumpir, hacer preguntas o añadir algo de su propia historia. Después de la presentación oral, cada estudiante puede resumir las ideas principales de su presentación en un párrafo escrito.

1. Describa un día reciente en su vida. ¿Cómo fue la «realidad cotidiana»? ¿Con qué soñó usted? ¿Qué temía? ¿Qué fantasías tenía? ¿Entró lo imprevisto de cualquier manera? ¿Cómo afectó su vida?
2. ¿Ha visto alguna película como *E.T.*, en donde lo sobrenatural o lo extraordinario se apodera de los personajes o altera su realidad? ¿Le gustan las películas de fantasía, horror, suspenso o ciencia ficción? Explique por qué le gustó o no una de esas películas.

C. Momentos decisivos

1. ¿Cómo reaccionaría usted si le empezaran a ocurrir incidentes raros en su casa o su trabajo? ¿Con quiénes hablaría? ¿Cómo se los explicaría?
2. ¿Qué haría usted si alguien empezara a usar su nombre o su identidad en su pueblo? ¿Por qué lo haría tal persona? ¿Cómo justificaría usted su propia identidad? ¿Cómo reaccionaría usted al conocer al impostor?
3. Si usted estuviera casada/o y se encontrara desilusionado/a con el matrimonio, ¿qué haría? ¿Con quién hablaría? ¿Qué acciones tomaría?

Reacción y revisión. Siga las instrucciones de la página 15.

D. Correspondencia

1. Imagine que usted es un/a adolescente que ha huido de su casa y le escribe a un/a amigo/a explicándole por qué se fue y cómo es su vida ahora.

2. Imagine que usted es Violeta/Cristina y le escribe a su esposo después de cinco años. Le explica por qué huyó, cómo ha sido su vida y cuál es su identidad verdadera.
3. Usted es el esposo de Cristina. Le escribe una carta a ella en la que incluye sus sentimientos, la justificación por sus acciones y sus deseos presentes.

E. Creación

Escriba un cuento corto con uno de los siguientes títulos:

1. «El día más ordinario y extraordinario de mi vida»
2. «El vestido de terciopelo»
3. «La inquilina disfrazada»
4. «El barrilete azul»
5. «La casa de ________»
6. Un final diferente para el cuento «La casa de azúcar»

F. Análisis literario

Escriba un ensayo de exposición donde analice lo siguiente:

1. El efecto de la imaginación sobre la realidad en «La casa de azúcar».
2. Cristina/Violeta: ¿dos personas distintas o la misma persona con una personalidad doble?
3. Una comparación entre «La casa de azúcar» y la película ________.
4. El papel de la mujer en «La casa de azúcar»: ¿la libertad o la opresión?
5. En la «Selección autobiográfica», Ocampo dice que «soy demasiado argentina y represento al escribir todos nuestros defectos». Analice a los protagonistas y describa sus defectos. ¿Son estos defectos regionales o universales?
6. Las semejanzas entre «La casa de azúcar» y un cuento de misterio y detectives. ¿Qué elementos tiene un cuento de este tipo? ¿Se encuentran en «La casa de azúcar»? ¿Quién es el detective? ¿Qué evidencia encuentra éste? ¿Qué misterio quiere resolver el lector? ¿Se resuelve todo el suspenso en el final del cuento? ¿Es típico este final?

G. Investigación

Con algunos compañeros, escoja uno de los siguientes temas y prepare una presentación breve para la clase.

1. En «La casa de azúcar» el personaje Violeta estaba en un sanatorio. ¿Qué síntomas sufría? Investigue las clases de

enfermedades mentales y los síntomas de éstas. ¿Cuáles son las causas y los tratamientos para los que sufren? Se podría informar a la clase también de una autobiografía escrita por alguien que se ha curado de una enfermedad mental.

2. Lea otro relato del libro *La furia y otros cuentos*, de Silvina Ocampo y compárelo con «La casa de azúcar».
3. Silvina Ocampo pertenece a una generación argentina de escritores famosos; muchos de éstos incluyeron sus obras en la revista literaria *El sur*. Investigue la vida y las obras de varios de estos escritores, como el esposo de Silvina Ocampo, Adolfo Bioy Casares, su hermana Victoria Ocampo o Jorge Luis Borges.
4. Examine los derechos de la mujer en la sociedad argentina a través de los años. Puede investigar la expresión de este tema en obras literarias e históricas o películas.

Capítulo 8

Gabriel García Márquez

Gabriel García Márquez's writing has been deeply influenced by the setting of the Caribbean coastal village of Aracataca, Colombia, where he was born in 1928. One of sixteen children of a telegraph operator, he was left by his mother to be brought up by his maternal grandparents. Aracataca was a muddy village, surrounded by banana plantations owned by American companies. Because of its coastal location, many traveling shows stopped there, an occurrence retold in "Un señor muy viejo con unas alas enormes". There, too, many old people spent hours recounting legends where fantasy, superstition, religion, and reality all merged. One such storyteller was his unpredictable grandmother, who spent hours telling him these magic tales. Until he was eight years old, García Márquez lived in a big house with her and his grandfather, his best friend and companion, whose company he still misses.

At the age of twelve, he went to Bogotá to study, first with the Jesuits and later at the university. He was depressed by the rain and cold of Bogotá and considered his years of study there as a punishment whose only relief were his books.

Never finishing his law degree at the university, García Márquez worked in the 1950's as a foreign correspondent in Rome and Paris for the Colombian newspaper El espectador. *In 1955 the Rojas Pinilla dictatorship closed the newspaper and he was left without a job or finances for about a year.* La hojarasca, *his first novel, was published that same year.*

In 1961, with $100 in his pocket, García Márquez began his self-exile in Mexico, where he still lives part of the year. Because he opposed the rightist Colombian regime and defended leftist governments, García Márquez chose to leave his homeland. He published many books—among them, El coronel no tiene quien le escriba *(1961) and* Los funerales de la Mamá Grande *(1962).* Cien años de soledad, *a chronicle of life in the imaginary Caribbean town of Macondo, was published in 1967. This masterpiece, which earned him the Nobel Prize in 1982, was cited by the Swedish Academy as being "one of the grandest novelistic riddles of our time". Translated into 30 languages, it has sold over ten million copies.*

Some of his later works include El otoño del patriarca *in 1974,* Crónica de una muerte anunciada *in 1981,* El amor en los tiempos de cólera *in 1985, and* El general en su laberinto *in 1989. The selection which appears here, "Un señor muy viejo con unas alas enormes" is one of seven short stories which appear in* La increíble historia de la cándida Eréndira y de su abuela desalmada, *published in 1972. This story illustrates the author's merging of reality and fantasy as he presents the inexplicable in his fiction.*

Antes de leer

A. Encuestas

Divídanse en grupos de dos, tres o cuatro estudiantes. Háganse las preguntas que figuran a continuación. Después de 5 ó 10 minutos, cada uno informará a la clase sobre las experiencias y las opiniones de otro estudiante de su grupo. Otros estudiantes de la clase deben interrumpir, hacer preguntas o añadir algo de su propia vida. Después de la presentación oral, cada estudiante debe resumir las ideas principales de su presentación en un párrafo escrito.

1. La realidad
   a. De niño/a, ¿ibas con frecuencia al circo? ¿Qué o quiénes te gustaban más? ¿Los acróbatas? ¿Los malabaristas *(jugglers)*? ¿Los animales? ¿Los payasos? ¿Soñabas con ser parte de un circo? ¿Cómo es que otras diversiones como la televisión compiten con atracciones como el circo?
   b. ¿Qué recuerdos tienes de tus abuelos u otro pariente viejo? ¿Qué relación tenías con estos parientes? ¿Cómo eran ellos? ¿Qué actividades compartían Uds.? ¿Te contaban chistes o historias fantásticas o verdaderas?
2. Lo imaginario
   a. Para ti, ¿qué quiere decir la palabra «milagro»? ¿Crees en los milagros? ¿Puedes nombrar unos o decir bajo qué circunstancias creerías en ellos?
   b. Si pudieras ser otro animal, ¿cuál serías? ¿Qué mundos podrías explorar? ¿Qué talentos o habilidades tendrías?

B. Actuaciones y reacciones: La visita inesperada

Divídanse en grupos de tres, cuatro o cinco estudiantes. Cada grupo debe actuar y reaccionar ante las siguientes situaciones. Incluyan la reacción personal y la de amigos y parientes. Una persona del grupo debe adoptar el papel de psicólogo y discutir lo positivo y lo negativo de cada situación.

1. En su último viaje al extranjero, Ud. ofreció su casa a una persona que conoció en un café. Ahora, Ud. recibe un telegrama de esta persona donde le informa que llega a su casa esta noche y va a quedarse con Ud. por un mes.
2. Ud. es recién casado/a. Su madre, que vive en otro estado, acaba de perder a su esposo. Por teléfono, ella les informa a Ud. y a su esposo/a que ha decidido vivir con Uds. permanentemente.
3. El Presidente de los Estados Unidos decide tener mejor contacto con el pueblo y anuncia que va a vivir con una típica familia norteamericana por una semana. Su familia es la que el Presidente ha escogido.
4. Ud. es soltero/a. Sus mejores amigos, Luis y Marta, mueren en un accidente. En su testamento, se descubre que ellos lo han escogido a Ud. como el / la tutor/a de sus dos hijos pequeños.

Selección autobiográfica

*Conversaciones con Gabriel García Márquez**

A.D.: Pero, ¿no crees que a pesar de esto el periodismo y el cine han dejado alguna influencia en tu obra? (1)

G.G.M.: ...Del periodismo, por otra parte, no aprendí el lenguaje económico y directo, como han dicho algunos críticos, sino ciertos recursos legítimos para que los lectores crean la historia. (5) A un escritor le está permitido todo, siempre que sea capaz de hacerlo creer. Eso, en general, se logra mejor con el auxilio° de ciertas técnicas periodísticas, mediante el apoyo° en elementos de la realidad inmediata...

A. D.: Esto nos lleva sin remedio a un aspecto de gran importancia dentro de la literatura de nuestro tiempo. (10) ¿Tú no te consideras un escritor comprometido?

G.G.M.: ...Esto me parece válido también para nosotros: los lectores latinoamericanos, creo yo, no necesitan que se les siga contando su propio drama de opresión e injusticia, porque ya (15) lo conocen de sobra° en su vida cotidiana, lo sufren en carne propia, y lo que esperan de una novela es que les revele algo nuevo.

auxilio: help
apoyo: support
de sobra: extra, in surplus

---

*Esta conversación con Armando Durán tuvo lugar en Barcelona, España, en junio de 1968.

Yo pienso que nuestra contribución para que América Latina tenga una vida mejor no será más eficaz escribiendo novelas bien intencionadas que nadie lee, sino escribiendo buenas novelas. A los amigos que se sientan obligados de buena fe a señalarnos normas para escribir, quisiera hacerles ver que esas normas limitan la libertad de creación y que todo lo que limita la libertad de creación es reaccionario. Quisiera recordarles, en fin, que una hermosa novela de amor no traiciona a nadie ni retrasa° la marcha del mundo, porque toda obra de arte contribuye al progreso de la humanidad, y la humanidad actual no puede progresar sino en un solo sentido. En síntesis, creo que el deber revolucionario del escritor es escribir bien. Ése es mi compromiso°.

A.D.: De acuerdo con esto, ¿cuál sería, según tú, la novela ideal?

G.G.M.: Una novela absolutamente libre°, que no sólo inquiete por su contenido político y social, sino por su poder de penetración en la realidad; y mejor aun si es capaz de voltear° la realidad al revés para mostrar cómo es del otro lado.

A.D.: ...Sinceramente, creo que el tratamiento de la realidad es uno de los problemas fundamentales que debemos plantearnos al hablar de formas narrativas.

G.G.M.: Lo único que sé sin ninguna duda es que la realidad no termina en el precio de los tomates. La vida cotidiana, especialmente en América Latina, se encarga de demostrarlo. El norteamericano F. W. Up de Graff, que hizo un fabuloso viaje por el mundo amazónico en 1894, vio, entre muchas otras cosas, un arroyo° de agua hirviendo°, un lugar hasta donde la voz humana provocaba aguaceros° torrenciales, una anaconda de 20 metros completamente cubierta de mariposas°. Antonio Pigafetta, que acompañó a Magallanes en la primera vuelta al mundo, vio plantas y animales y huellas° de seres humanos inconcebibles, de los cuales no se ha vuelto a tener noticia. En Comodoro Rivadavia, que es un lugar desolado al sur de la Argentina, el viento polar se llevó un circo entero por los aires y al día siguiente las redes° de los pescadores no sacaron peces del mar, sino cadáveres de leones, jirafas y elefantes. Hace unos meses, un electricista llamó a mi casa a las ocho de la mañana y tan pronto como le abrieron dijo: «Hay que cambiar el cordón de la plancha»°. Inmediatamente comprendió que se había equivocado de puerta, pidió excusas y se fue. Horas después, mi mujer conectó la plancha y el cordón se incendió°. No hay para qué seguir. Basta con leer los periódicos, o abrir bien los ojos, para sentirse dispuesto a gritar con universitarios franceses: «El poder para la imaginación».

A.D.: ¿Tanto?

retrasa: delays
compromiso: obligation, commitment
libre: free
voltear: turn upside down
arroyo / hirviendo: stream / boiling
aguaceros: downpours
mariposas: butterflies
huellas: traces, footprints
redes: nets
plancha: steam iron
se incendió: caught fire

G.G.M.: Acuérdate que la gran mayoría de las cosas de este mundo, desde las cucharas hasta los trasplantes de corazón, 65 estuvieron en la imaginación de los hombres antes de estar en la realidad. El socialismo estuvo en la imaginación de Carlos Marx antes de estar en la Unión Soviética. Estas verdades de Perogrullo conducen a la poesía, pues nos autorizan para creer que tal vez la tierra no es redonda, sino que empezó a serlo 70 cuando muchos hombres, por comodidad de la época, se imaginaron que lo era. Yo creo que este sistema de exploración de la realidad, sin prejuicios racionalistas, le abre a nuestra novela una perspectiva espléndida. Y no se crea que es un método escapista: tarde o temprano, la realidad termina por darle la 75 razón a la imaginación...

Lectura

Un señor muy viejo con unas alas enormes

Al tercer día de lluvia habían matado tantos cangrejos° dentro de 1 la casa, que Pelayo tuvo que atravesar su patio anegado° para tirarlos en el mar, pues el niño recién nacido había pasado la noche con calenturas° y se pensaba que era a causa de la pestilencia. El mundo estaba triste desde el martes. El cielo y el mar eran 5 una misma cosa de ceniza°, y las arenas de la playa, que en marzo fulguraban° como polvo de lumbre°, se habían convertido en un caldo de lodo y mariscos podridos°. La luz era tan mansa al mediodía, que cuando Pelayo regresaba a la casa después de haber tirado los cangrejos, le costó trabajo ver qué era lo que se 10 movía y se quejaba en el fondo del patio. Tuvo que acercarse mucho para descubrir que era un hombre viejo, que estaba tumbado boca abajo° en el lodazal°, y a pesar de sus grandes esfuerzos no podía levantarse, porque se lo impedían sus enormes alas°.

Asustado por aquella pesadilla°, Pelayo corrió en busca de 15 Elisenda, su mujer, que estaba poniéndole compresas al niño enfermo, y la llevó hasta el fondo del patio. Ambos observaron el cuerpo caído con un callado° estupor. Estaba vestido como un trapero°. Le quedaban apenas unas hilachas° descoloridas en el cráneo° pelado° y muy pocos dientes en la boca, y su lastimosa 20 condición de bisabuelo ensopado° lo había desprovisto de toda grandeza. Sus alas de gallinazo grande, sucias y medio

crabs
flooded
fever
ash
glowed / fire
rotten shellfish
face down / mudhole / wings
nightmare
quiet
rag dealer / ravelled threads / skull / bare / soaked

desplumadas° estaban encalladas° para siempre en el lodazal. Tanto lo observaron, y con tanta atención, que Pelayo y Elisenda se sobrepusieron muy pronto del asombro y acabaron por encontrarlo familiar. Entonces se atrevieron a hablarle, y él les contestó en un dialecto incomprensible pero con una buena voz de navegante. Fue así como pasaron por alto° el inconveniente de las alas, y concluyeron con muy buen juicio que era un náufrago solitario de alguna nave extranjera abatida° por el temporal. Sin embargo, llamaron para que lo viera a una vecina que sabía todas las cosas de la vida y la muerte, y a ella le bastó° con una mirada para sacarlos del error.

—Es un ángel—les dijo—. Seguro que venía por el niño, pero el pobre está tan viejo que lo ha tumbado la lluvia.

Al día siguiente todo el mundo sabía que en casa de Pelayo tenían cautivo un ángel de carne y hueso. Contra el criterio de la vecina sabia, para quien los ángeles de estos tiempos eran sobrevivientes fugitivos de una conspiración celestial, no habían tenido corazón para matarlo a palos°. Pelayo estuvo vigilándolo toda la tarde desde la cocina, armado con su garrote° de alguacil°, y antes de acostarse lo sacó a rastras° del lodazal y lo encerró con las gallinas en el gallinero° alambrado.° A media noche, cuando terminó la lluvia, Pelayo y Elisenda seguían matando cangrejos. Poco después el niño despertó sin fiebre y con deseos de comer. Entonces se sintieron magnánimos y decidieron poner al ángel en una balsa° con agua dulce y provisiones para tres días, y abandonarlo a su suerte en altamar°. Pero cuando salieron al patio con las primeras luces, encontraron a todo el vecindario frente al gallinero, retozando° con el ángel sin la menor devoción y echándole cosas de comer por los huecos° de las alambradas, como si no fuera una criatura sobrenatural sino un animal de circo.

El padre Gonzaga llegó antes de las siete alarmado por la desproporción de la noticia. A esa hora ya habían acudido curiosos menos frívolos que los del amanecer, y habían hecho toda clase de conjeturas sobre el porvenir° del cautivo. Los más simples pensaban que sería nombrado alcalde del mundo. Otros, de espíritu más áspero°, suponían que sería ascendido a general de cinco estrellas para que ganara todas las guerras. Algunos visionarios esperaban que fuera conservado como semental° para implantar en la tierra una estirpe° de hombres alados y sabios que se hicieran cargo del Universo. Pero el padre Gonzaga, antes de ser cura, había sido leñador° macizo°. Asomado° a las alambradas repasó en un instante su catecismo, y todavía pidió que le abrieran la puerta para examinar de cerca a aquel varón° de lástima que más bien parecía una enorme gallina decrépita entre las

moulted / stuck
overlooked
knocked down
it was enough for her
by beating
stick
constable / by dragging / coop / fenced with wire
raft
on the high seas
frolicking
holes, spaces
future
harsh
stud-horse
race, stock
woodcutter / solid / leaning out
male

gallinas absortas°. Estaba echado en un rincón, secándose al sol las alas extendidas, entre las cáscaras de frutas y las sobras° de desayunos que le habían tirado° los madrugadores°. Ajeno a las impertinencias del mundo, apenas si levantó sus ojos de anticuario y murmuró algo en su dialecto cuando el padre Gonzaga entró en el gallinero y le dio los buenos días en latín. El párroco° tuvo la primera sospecha de su impostura al comprobar que no entendía la lengua de Dios ni sabía saludar a sus ministros. Luego observó que visto de cerca resultaba demasiado humano: tenía un insoportable olor de intemperie°, el revés de las alas sembrado° de algas parasitarias y las plumas° mayores maltratadas por vientos terrestres, y nada de su naturaleza miserable estaba de acuerdo con la egregia° dignidad de los ángeles. Entonces abandonó el gallinero, y con un breve sermón previno a los curiosos contra los riesgos° de la ingenuidad°. Les recordó que el demonio tenía la mala costumbre de recurrir a artificios de carnaval para confundir a los incautos. Argumentó que si las alas no eran el elemento esencial para determinar las diferencias entre un gavilán° y un aeroplano, mucho menos podían serlo para reconocer a los ángeles. Sin embargo, prometió escribir una carta a su obispo°, para que éste escribiera otra a su primado y para que éste escribiera otra al Sumo Pontífice°, de modo que el veredicto final viniera de los tribunales más altos. Su prudencia cayó en corazones estériles°. La noticia del ángel cautivo se divulgó con tanta rapidez, que al cabo de pocas horas había en el patio un alboroto° de mercado, y tuvieron que llevar la tropa con bayonetas para espantar° el tumulto que ya estaba a punto de tumbar la casa. Elisenda, con el espinazo torcido° de tanto barrer basura de feria, tuvo entonces la buena idea de tapiar° el patio y cobrar cinco centavos por la entrada para ver al ángel.

Vinieron curiosos hasta de la Martinica. Vino una feria ambulante° con un acróbata volador°, que pasó zumbando° varias veces por encima de la muchedumbre°, pero nadie le hizo caso porque sus alas no eran de ángel sino de murciélago sideral°. Vinieron en busca de salud los enfermos más desdichados del Caribe: una pobre mujer que desde niña estaba contando los latidos de su corazón y ya no le alcanzaban los números, un jamaiquino que no podía dormir porque lo atormentaba el ruido de las estrellas, un sonámbulo° que se levantaba de noche a deshacer dormido las cosas que había hecho despierto, y muchos otros de menor gravedad. En medio de aquel desorden de naufragio que hacía temblar° la tierra, Pelayo y Elisenda estaban felices de cansancio, porque en menos de una semana atiborraron° de plata los dormitorios, y todavía la fila° de peregrinos° que esperaban turno para entrar llegaba hasta el otro lado del horizonte.

amazed
leftovers
thrown / early-risers
parish priest
outdoors
sowed with / feathers
eminent
risks / naiveté
sparrow-hawk
bishop
His Holiness the Pope
futile
uproar
frighten
twisted spine
wall in
travelling / flying / buzzing / crowd
space bat
sleepwalker
tremble
filled
line / pilgrims

El ángel era el único que no participaba de su propio acontecimiento°. El tiempo se le iba en buscar acomodo en su nido° prestado, aturdido° por el calor de infierno de las lámparas de aceite y las velas° de sacrificio que le arrimaban° a las alambradas. Al principio trataron de que comiera cristales de alcanfor°, que de acuerdo con la sabiduría de la vecina sabia, era el alimento específico de los ángeles. Pero él los despreciaba, como despreció sin probarlos los almuerzos papales que le llevaban los penitentes, y nunca se supo si fue por ángel o por viejo que terminó comiendo nada más que papillas de berenjena°. Su única virtud sobrenatural parecía ser la paciencia. Sobre todo en los primeros tiempos, cuando lo picoteaban° las gallinas en busca de los parásitos estelares que proliferaban en sus alas, y los baldados° le arrancaban° plumas para tocarse con ellas sus defectos, y hasta los más piadosos° le tiraban piedras tratando de que se levantara para verlo de cuerpo entero. La única vez que consiguieron alterarlo° fue cuando le abrasaron° el costado° con un hierro de marcar novillos°, porque llevaba tantas horas de estar inmóvil que lo creyeron muerto. Despertó sobresaltado°, despotricando° en lengua hermética° y con los ojos en lágrimas, y dio un par de aletazos que provocaron un remolino° de estiércol° de gallinero y polvo lunar, y un ventarrón de pánico que no parecía de este mundo. Aunque muchos creyeron que su reacción no había sido de rabia sino de dolor, desde entonces se cuidaron de no molestarlo°, porque la mayoría entendió que su pasividad no era la de un héroe en uso de buen retiro sino la de un cataclismo en reposo.

El padre Gonzaga se enfrentó a la frivolidad de la muchedumbre con fórmulas de inspiración doméstica, mientras le llegaba un juicio terminante sobre la naturaleza del cautivo. Pero el correo de Roma había perdido la noción de la urgencia. El tiempo se le iba en averiguar° si el convicto tenía ombligo°, si su dialecto tenía algo que ver con el arameo°, si podía caber° muchas veces en la punta de un alfiler°, o si no sería simplemente un noruego con alas. Aquellas cartas de parsimonia habrían ido y venido hasta el fin de los siglos, si un acontecimiento providencial no hubiera puesto término a las tribulaciones del párroco.

Sucedió° que por esos días, entre muchas otras atracciones de las ferias errantes del Caribe, llevaron al pueblo el espectáculo triste de la mujer que se había convertido en araña° por desobedecer a sus padres. La entrada para verla no sólo costaba menos que la entrada para ver al ángel, sino que permitían hacerle toda clase de preguntas sobre su absurda condición, y examinarla al derecho y al revés, de modo que nadie pusiera en duda la verdad

115 120 125 130 135 140 145 150 155

event / nest
dazed
candles / brought close / camphor
eggplant
pecked
crippled / plucked
pious
upset him / seared side / steer
startled / raving / mysterious / whirlwind / manure
bother him
find out / navel
Aramaic / fit
pin
It happened
spider

del horror. Era una tarántula espantosa° del tamaño° de un carnero° y con la cabeza de una doncella° triste. Pero lo más desgarrador° no era su figura de disparate°, sino la sincera aflicción con que contaba los pormenores° de su desgracia:° siendo casi 160 una niña se había escapado de la casa de sus padres para ir a un baile, y cuando regresaba por el bosque después de haber bailado toda la noche sin permiso, un trueno° pavoroso° abrió el cielo en dos mitades, y por aquella grieta° salió el relámpago° de azufre° que la convirtió en araña. Su único alimento eran las bolitas de 165 carne molida que las almas caritativas quisieran echarle en la boca. Semejante espectáculo, cargado de tanta verdad humana y de tan temible escarmiento°, tenía que derrotar sin proponérselo al de un ángel despectivo° que apenas se dignaba mirar a los mortales. Además los escasos milagros que se le atribuían al 170 ángel revelaban un cierto desorden mental, como el del ciego que no recobró la visión pero le salieron tres dientes nuevos, y el del paralítico que no pudo andar pero estuvo a punto de ganarse la lotería, y el del leproso a quien le nacieron girasoles° en las heridas°. Aquellos milagros de consolación que más bien parecían 175 entretenimientos de burla°, habían quebrantado° ya la reputación del ángel cuando la mujer convertida en araña terminó de aniquilarla. Fue así cómo el padre Gonzaga se curó para siempre del insomnio, y el patio de Pelayo volvió a quedar tan solitario como en los tiempos en que llovió tres días y los cangrejos cami- 180 naban por los dormitorios.

dreadful, frightful / size / lamb / maiden / heartbreaking / absurd thing / particulars / misfortune / clap of thunder / terrifying / crack / flash of lightning / brimstone
punishment
contemptuous
sunflowers
wounds
ridicule / shattered

Los dueños de la casa no tuvieron nada que lamentar. Con el dinero recaudado° construyeron una mansión de dos plantas°, con balcones y jardines, y con sardineles° muy altos para que no se metieran los cangrejos del invierno, y con barras de hierro 185 en las ventanas para que no se metieran los ángeles. Pelayo estableció además un criadero de conejos muy cerca del pueblo y renunció para siempre a su mal empleo de alguacil, y Elisenda se compró unas zapatillas satinadas de tacones° altos y muchos vestidos de seda tornasol° de los que usaban las señoras más 190 codiciadas en los domingos de aquellos tiempos. El gallinero fue lo único que no mereció atención. Si alguna vez lo lavaron con creolina y quemaron las lágrimas de mirra° en su interior, no fue por hacerle honor al ángel, sino por conjurar la pestilencia de muladar° que ya andaba como un fantasma° por todas partes 195 y estaba volviendo vieja la casa nueva. Al principio, cuando el niño aprendió a caminar, se cuidaron de que no estuviera muy cerca del gallinero. Pero luego se fueron olvidando del temor y acostumbrándose a la peste, y antes de que el niño mudara los dientes se había metido a jugar dentro del gallinero, cuyas 200 alambradas podridas se caían a pedazos. El ángel no fue menos

collected / floors
brick walls
heels
iridescent
drops of myrrh
dungheap / ghost

displicente° con él que con el resto de los mortales, pero soportaba las infamias más ingeniosas con una mansedumbre° de perro sin ilusiones. Ambos contrajeron la varicela° al mismo tiempo. El médico que atendió al niño no resistió a la tentación 205 de auscultar° al ángel, y le encontró tantos soplos° en el corazón y tantos ruidos en los riñones°, que no le pareció posible que estuviera vivo. Lo que más le asombró, sin embargo, fue la lógica de sus alas. Resultaban tan naturales en aquel organismo completamente humano, que no podía entenderse por qué no 210 las tenían también los otros hombres.

disagreeable, fretful
meekness / chickenpox
listen with a stethoscope / puffs / kidneys

Cuando el niño fue a la escuela, hacía mucho tiempo que el sol y la lluvia habían desbaratado° el gallinero. El ángel andaba arrastrándose por acá y por allá como un moribundo sin dueño. Lo sacaban a escobazos° de un dormitorio y un momento des- 215 pués lo encontraban en la cocina. Parecía estar en tantos lugares al mismo tiempo, que llegaron a pensar que se desdoblaba, que se repetía a sí mismo por toda la casa, y la exasperada Elisenda gritaba fuera de quicio° que era una desgracia vivir en aquel infierno lleno de ángeles. Apenas si podía comer, sus ojos de 220 anticuario se le habían vuelto tan turbios que andaba tropezando con los horcones°, y ya no le quedaban sino las cánulas° peladas de las últimas plumas. Pelayo le echó encima una manta y le hizo la caridad de dejarlo dormir en el cobertizo°, y sólo entonces advirtieron que pasaba la noche con calenturas delirando en 225 trabalenguas° de noruego viejo. Fue ésa una de las pocas veces en que se alarmaron, porque pensaban que se iba a morir, y ni siquiera la vecina sabia había podido decirles qué se hacía con los ángeles muertos.

destroyed
kicked with a broom
out of joint
beams / stems
outhouse
tongue-twister

Sin embargo, no sólo sobrevivió a su peor invierno, sino que 230 pareció mejor con los primeros soles. Se quedó inmóvil muchos días en el rincón más apartado del patio, donde nadie lo viera, y a principios de diciembre empezaron a nacerle en las alas unas plumas grandes y duras, plumas de pajarraco° viejo, que más bien parecían un nuevo percance° de la decrepitud. Pero él debía 235 conocer la razón de esos cambios, porque se cuidaba muy bien de que nadie los notara, y de que nadie oyera las canciones de navegantes que a veces cantaba bajo las estrellas. Una mañana, Elisenda estaba cortando rebanadas° de cebolla para el almuerzo, cuando un viento que parecía de alta mar se metió en la cocina. 240 Entonces se asomó por la ventana, y sorprendió al ángel en las primeras tentativas del vuelo. Eran tan torpes, que abrió con las uñas un surco de arado° en las hortalizas° y estuvo a punto de desbaratar el cobertizo con aquellos aletazos indignos que resbalaban en la luz y no encontraban asidero° en el aire. Pero logró 245

big bird
mishap
slices
furrow of a plough / vegetable gardens / support

ganar altura. Elisenda exhaló un suspiro de descanso, por ella y por él, cuando lo vio pasar por encima de las últimas casas , sustentándose de cualquier modo con un azaroso° aleteo de buitre° senil. Siguió viéndolo hasta cuando acabó de cortar la cebolla, y siguió viéndolo hasta cuando ya no era posible que lo pudiera ver, porque entonces ya no era un estorbo° en su vida, sino un punto imaginario en el horizonte del mar. 250

risky / vulture

hindrance

Análisis

1. «A un escritor le está permitido todo, siempre que sea capaz de hacerlo creer. Eso en general, se logra mejor con el auxilio de ciertas técnicas periodísticas, mediante el apoyo en elementos de la realidad inmediata...», dice García Márquez en la «Selección autobiográfica». Analice Ud. la descripción del ángel y la de la mujer araña. ¿Cuáles son los detalles que dan más realidad a estos personajes? Explique.
2. Al principio del cuento se dice que «el mundo estaba triste desde el martes» a causa de la lluvia. Busque y analice otros ejemplos del efecto del tiempo sobre la salud física y mental de los personajes en este cuento.
3. El pueblo acude a la vecina y al cura para poder entender la existencia del viejo. ¿Cómo es la reacción del pueblo ante la solución o interpretación de estas dos personas? ¿Qué quiere el pueblo del ángel?
4. Estudie las acciones del padre Gonzaga y de la Iglesia en relación al viejo. ¿Qué sugiere el autor al describir la burocracia religiosa?
5. Pelayo y Elisenda demuestran diversas reacciones ante el ángel a través del cuento. ¿Cómo se aprovechan del ángel? ¿En qué tienen interés? Describa el carácter de estas personas. ¿Son presentadas conforme a la realidad?
6. Busque Ud. ejemplos donde el ángel demuestra tener cualidades humanas y donde parece ser un organismo grotesco. ¿Quiere el autor sólo pintar un cuadro curioso o es que tiene algún mensaje sobre la humanidad para el lector?
7. Pelayo y Elisenda se sienten aislados del resto del pueblo por tener al cautivo con ellos. El viejo, también, está aislado de todos. Examine el aislamiento y la soledad de los tres.

8. Analice la última frase del cuento: «Siguió viéndolo hasta cuando acabó de cortar la cebolla, y siguió viéndolo hasta cuando ya no era posible que lo pudiera ver, porque entonces ya no era un estorbo en su vida, sino un punto imaginario en el horizonte del mar». ¿Cómo percibe Elisenda al ángel cuando él está con ella? ¿Qué indica esta frase sobre el efecto de la estancia del ángel en la vida de Elisenda y Pelayo? ¿Lo llegan a comprender alguna vez?
9. ¿Acepta el pueblo al viejo como algo completamente distinto de la realidad? ¿Qué tratan de hacer Pelayo y Elisenda para poder explicar su existencia? ¿Cambian los personajes a causa de la visita del viejo? ¿Aprenden algo? ¿Es su intransigencia una cualidad universal?
10. ¿Qué significa el título? ¿Cómo ilustra el tema de lo inexplicable al combinar la realidad y la imaginación?
11. «Al tercer día de lluvia habían matado tantos cangrejos dentro de la casa, que Pelayo tuvo que atravesar su patio anegado para tirarlos en el mar...» es un ejemplo de la exageración que García Márquez utiliza mucho en este cuento. Busque otros ejemplos en el cuento. ¿Con qué propósito utiliza el autor esta exageración?
12. El sentido cómico es un elemento importante en «Un señor con unas alas enormes». Ilustre Ud. este sentido cómico con algunos ejemplos del cuento. ¿De qué manera revela este sentido cómico la actitud del autor hacia el pueblo y los personajes? ¿Es al mismo tiempo triste y cómico este cuento? Explique.
13. En la «Selección autobiográfica», García Márquez menciona que nuestra realidad contiene muchos elementos y acontecimientos que son fantásticos e inexplicables. Al leer estas palabras del autor y los ejemplos que él nos proporciona, ¿es más fácil aceptar el acontecimiento del ángel? Después de leer este cuento, ¿se puede entender mejor la realidad? Comente.

Vocabulario

VERBOS

asombrar *to amaze, astonish*
«Lo que más le **asombró,** sin embargo, fue la lógica de sus alas».

despreciar *to scorn, despise, reject*
«Pero él los **despreciaba,** como **despreció** sin probarlos los almuerzos papales que le llevaban los penitentes...».

mantener — *to maintain, sustain, keep*
El alguacil tiene que trabajar para **mantener** a sus hijos.

soportar — *to stand, endure, hold up*
«El ángel no fue menos displicente con él... pero **soportaba** las infamias más ingeniosas con una mansedumbre de perro sin ilusiones».

suceder — *to happen, occur*
«**Sucedió** que por esos días, entre muchas otras atracciones de las ferias errantes del Caribe...».

tirar — *to throw, hurl, drop*
«Estaba echado en un rincón... entre las cáscaras de frutas y las sobras de desayunos que le habían **tirado** los madrugadores».

triunfar — *to succeed, triumph*
Por su talento artístico, este hombre va a **triunfar** en la vida.

tumbar — *to knock down, knock over*
«Seguro que venía por el niño, pero el pobre está tan viejo que lo ha **tumbado** la lluvia.»

SUSTANTIVOS

el ala (f.) — *wing*
«...y a pesar de sus grandes esfuerzos no podía levantarse, porque se los impedían sus enormes **alas**».

la alambrada — *wire netting, wire fence*
«...se había metido a jugar dentro del gallinero, cuyas **alambradas** podridas se caían a pedazos».

el alguacil — *constable, bailiff, governor*
«Pelayo estableció además un criadero de conejos... y renunció para siempre a su mal empleo de **alguacil**».

la araña — *spider*
«...llevaron al pueblo el espectáculo triste de la mujer que se había convertido en **araña** por desobedecer a sus padres».

el cangrejo — *crab, crayfish*
«Al tercer día habían matado tantos **cangrejos** dentro de la casa...».

el gallinero — *henhouse, coop*
«...y lo encerró con las gallinas en el **gallinero** alambrado».

el lodazal — *muddy place, mudhole*
«Tuvo que acercarse mucho para descubrir que era un hombre viejo, que estaba tumbado boca abajo en el **lodazal...»**.

la muchedumbre — *crowd, multitude*
«El padre Gonzaga se enfrentó a la frivolidad de la **muchedumbre** con fórmulas de inspiración doméstica...».

la pesadilla — *nightmare*
«Asustado por aquella **pesadilla,** Pelayo corrió en busca de Elisenda...».

la pluma — *feather, (feather) pen*
«...el revés de las alas sembrado de algas parasitarias y las **plumas** mayores maltratadas por vientos terrestres...».

el ruido — *noise*
«El médico... le encontró tantos soplos en el corazón y tantos **ruidos** en los riñones, que no le pareció posible que estuviera vivo».

ADJETIVOS

alambrado — *fenced with wire*
«...y lo encerró con las gallinas en el gallinero **alambrado»**.

callado — *quiet, silent, reticent*
«Ambos observaron el cuerpo caído con un **callado** estupor».

cautivo — *captive, prisoner*
«La noticia del ángel **cautivo** se divulgó con tanta rapidez...».

encallado — *stuck, stranded, bogged down*
«Sus alas de gallinazo grande, sucias y medio desplumadas, estaban **encalladas** para siempre en el lodazal».

podrido — *rotten, bad, putrid*
«...y antes de que el niño mudara los dientes se había metido a jugar dentro del gallinero, cuyas alambradas **podridas** se caían a pedazos».

PALABRAS PROBLEMÁTICAS

el cura *priest*
«Pero el padre Gonzaga, antes de ser **cura**, había sido leñador...».

la cura *cure*
En su laboratorio, el científico investigaba **la cura** para la varicela.

curarse *to become cured*
«Fue así como el padre Gonzaga **se curó** para siempre del insomnio...».

aguantar *to tolerate, to withstand*
Declarando que no lo podía **aguantar** más al ángel, Elisenda pidió ayuda a Dios.

apoyar *to support in principle, to stand by*
El pueblo no **apoya** al cura en sus proyectos.

mantener *to maintain, to sustain, to support financially*
El alguacil tiene que trabajar para **mantener** a sus hijos.

soportar *to stand, to endure, to hold up physically*
«El ángel no fue menos displicente con él... pero **soportaba** las infamias más ingeniosas con una mansedumbre de perro...».
La columna de la derecha **soporta** casi todo el edificio.

tolerar *to tolerate*
Pelayo y Elisenda pudieron **tolerar** al ángel porque éste les trajo mucho dinero.

insoportable *intolerable, unbearable*
«...el ángel tenía un **insoportable** olor de intemperie...».

pedir *to ask for*
«...y todavía **pidió** que le abrieran la puerta para examinar...».

preguntar *to ask a question*
El pueblo le **preguntaba** al cura sobre la identidad del ángel.

la pregunta *question*
«...sino que permitían hacerle toda clase de **preguntas** sobre su absurda condición...».

quedar — *to stay, to remain*
«...y el patio de Pelayo volvió a **quedar** tan solitario...».

quedarle — *to remain, to have left in your possession*
«**Le quedaban** apenas... muy pocos dientes en la boca...».

quedarse — *to stay, to remain in a place, to remain behind*
El ángel **se quedó** en el patio de Elisenda por muchos días.

Ejercicios de vocabulario

A. Consulte la lista de vocabulario y complete las oraciones. Haga los cambios apropiados.

1. Hay un olor horrible en el refrigerador porque hay varias frutas _______.
2. Para reírse de él, la gente lo _______ cada vez que él trata de pararse.
3. No me gusta ir a los lugares populares donde _______ hace demasiado ruido.
4. La vieja vive sola porque _______ a todos los que tratan de ser sus amigos.
5. El pajarito no puede volar porque tiene un _______ herida.

B. Indique la palabra que por su significado no se relaciona con las otras.

1. aguantar / tolerar / mantener
2. alambrada / pluma / ala
3. araña / cangrejo / alguacil

C. Escoja la palabra apropiada en las oraciones siguientes.

1. La mujer araña insistió que no quería (quedarse / quedarle) así por el resto de su vida.
2. El coche no puede moverse de la arena porque está (encallado / cautivo).
3. Los parientes de su esposa se van a morir de hambre si Felipe no los (mantiene / soporta).

D. Traduzca al español las oraciones siguientes.

1. The crowd's questions astonished the constable.
2. After throwing the angel in the coop, they kept him captive.
3. Did you ask the priest to cure the angel?

E. Preguntas personales. Conteste Ud. las preguntas siguientes y después, hágaselas a otra persona de la clase.

1. ¿Qué es lo que tú *aguantas* de tu mejor amigo?
2. ¿Te gusta *pedir* favores a la gente?
3. ¿Existirá *la cura* para el cáncer algún día?
4. ¿Cuánto dinero *te queda* después de las vacaciones?
5. ¿A qué candidato *apoyas* para presidente?

Después de leer

A. Situaciones

Divídanse en grupos de dos, tres o cuatro estudiantes según la situación. Cada estudiante debe adoptar uno de los papeles. Después de diez minutos, cada grupo actuará su situación delante de la clase.

1. La directora del programa «Los ricos y los famosos» entrevista a Elisenda y a Pelayo. Ella les hace muchas preguntas sobre el origen de su riqueza y los cambios en su vida después de hacerse ricos.
2. Hay un programa en la televisión que se dedica a entrevistar gente extraña y a investigar acontecimientos increíbles. Se presenta al ángel y a la mujer araña en este programa.
3. Después de la partida del ángel, Elisenda sigue viéndolo por todas partes; ella no puede pensar en nadie más que en el ángel. Siguiendo los consejos de su esposo y sus amigos, ella visita a un/a psicólogo/a para tratar de resolver su problema.
4. El padre Gonzaga y la vecina tienen una discusión sobre el origen y el trato del ángel.

B. Debates y discusión: El juicio del pueblo

En una corte de justicia, Ud. y sus compañeros juzgan las acciones del pueblo según su conducta con el ángel. Uds. decidirán si le espera un buen futuro a este pueblo.

C. Momentos decisivos

Imagine que Ud. puede tener tres deseos. ¿Qué desearía Ud.? Qué consecuencias tendrían estos deseos en su vida o en la vida de los demás? ¿Cómo justificaría Ud. estos deseos ante otras personas? Imagine también que Ud. puede otorgar tres deseos a otra persona. ¿Qué deseos le otorgaría y por qué?

Reacción y revisión. Siga las instrucciones de la página 15.

D. Correspondencia

1. De visita en el pueblo de Elisenda y Pelayo, Ud. tiene la oportunidad de ver al ángel y a la mujer araña. Escriba una tarjeta postal a sus amigos sobre lo que ha visto.
2. Elisenda tiene familia en un pueblo lejano. Ella les escribe una carta a sus parientes sobre lo ocurrido con el ángel.
3. Según el cuento, hay mucha correspondencia entre el padre Gonzaga y el Sumo Pontífice. Escriba una carta del padre Gonzaga y la respuesta del Sumo Pontífice.

E. Creación

1. En el cuento, se menciona que el ángel habló algunas veces en un idioma que no entendían los demás. Imagine que el ángel ahora puede hablar español. Escriba un monólogo de él dirigido al pueblo.
2. Escriba un cuento original: La visita de un personaje raro e imaginario a mi pueblo.
3. Como folclorista, Ud. escribe una canción popular sobre la llegada del ángel al pueblo.

F. Análisis literario

1. A través del cuento, García Márquez expone varios problemas universales. Explique cómo expone el autor uno de los aspectos siguientes:
   a. la superstición
   b. la pobreza
   c. la falta de comunicación
   d. los desastres naturales
   e. la cura de las enfermedades
   f. el prejuicio y la discriminación
   g. el papel de la religión
2. El libro de donde viene este cuento empezó como un proyecto para escribir un libro de cuentos para niños. Examine las semejanzas entre este cuento y un cuento infantil. Si es posible, haga una comparación entre este cuento y un cuento infantil que Ud. conozca.
3. En el cuento, hay muchos ejemplos de la humanización y la deshumanización del ángel. Examine estos ejemplos y el propósito del autor para presentarlos.

4. Examine otro personaje fantástico o mítico con alas, como por ejemplo, Ícaro. ¿Qué representaba éste? Compare el papel de Ícaro con el del ángel.
5. Elisenda, Pelayo y el ángel sienten aislamiento. Examine este sentimiento de los tres. ¿Qué tienen en común? ¿Existe alguna solución para eliminar este aislamiento? ¿Qué perspectiva nos presenta García Márquez sobre este problema universal?
6. Se presenta al ángel como «un náufrago solitario». Haga una comparación entre esta representación y la de otro «náufrago solitario» en una obra histórica o de ficción.
7. En sus cuentos «La casa de azúcar» y «Un señor muy viejo con unas alas enormes», Silvina Ocampo y García Márquez hacen la pregunta: ¿Qué es la realidad? ¿Cómo la contestan los personajes en los dos cuentos? ¿Qué visión de la realidad nos presentan los dos autores?

G. Investigación

Con algunos compañeros, escoja uno de los siguientes temas y prepare una presentación breve para la clase.

1. Hay muchos estudios sobre el efecto del tiempo sobre la salud física y mental. Busque información sobre uno de estos estudios.
2. Investigue el papel de la Iglesia en Latinoamérica. ¿Cómo ha cambiado en los años recientes? ¿Qué diferentes puntos de vista existen?
3. En el cuento «Un señor muy viejo con unas alas enormes», García Márquez nos presenta la crueldad de un pueblo ante un evento extraordinario. Sin embargo, en el cuento «El ahogado más hermoso del mundo», otro cuento de la misma colección, el autor nos presenta la generosidad de un pueblo ante otro evento extraordinario. Lea este cuento y haga una comparación entre los dos cuentos.

Unidad V

Los hombres y las mujeres
¿Armonía o conflicto?

El conflicto entre los hombres y las mujeres, ¿es inevitable? ¿A qué se debe? ¿Cómo se resuelve? ¿Y la armonía? ¿Es posible lograrla? ¿Hay que aceptar las diferencias o tratar de borrarlas?

Somos todos individuos únicos pero pertenecemos a nuestras comunidades. ¿Qué significa ser hombre o mujer en nuestra sociedad? ¿Qué estereotipos o creencias afectan nuestros papeles en la sociedad?

Nacemos mujer o hombre, pero ¿cómo se desarrolla nuestra identidad sexual? ¿Qué factores la determinan? ¿Nuestra gerencia genética? ¿Nuestra familia? ¿El ambiente alrededor de nosotros?

Para usted, ¿existen rasgos masculinos o femeninos? Si existen, ¿cuáles son y cómo se originan? Para usted, ¿los hombres o las mujeres se comunican de maneras diferentes? ¿Deben tener papeles diferentes en la sociedad? ¿Se debe caracterizar la relación entre los hombres y las mujeres en términos de conflicto o armonía?

Capítulo 9

Rosario Ferré

A distinguished writer of poetry, essays, literary criticism, and fiction, Rosario Ferré, was born in 1940, in Ponce, Puerto Rico. After graduating from Manhattanville College in New York, she received her Master's Degree in Hispanic Literature from the University of Puerto Rico, and her Ph.D. from the University of Maryland.

Ferré founded and directed the literary magazine, Zona de carga y descarga, *from 1972–1975, where her literary work first appeared. Her first book,* Papeles de Pandora, *a collection of six narrative poems and fourteen short stories, received the Puerto Rican Ateneo Prize in 1976. Ferré has mastered the imaginative art of storytelling with several short story collections. Three of these, written in the framework of children's literature, are* El medio pollito, *1978,* Los cuentos de Juan Bobo, *1981 and* La mona que le pisaron la cola, *1981. Another collection,* Fábulas de la garza desangrada, *1982, consists of poetic fables dealing with feminist issues. In addition to fiction, Ferré has also written literary criticism;* Sitio a Eros, *1980, 1986, is a collection of fourteen essays featuring feminist criticism. More recently, she has written* Maldito amor, *1986,* Sonatinas, *1989,* El árbol y sus sombras, *1989, and the essay "El coloquio de las perras", a modern day parody of Cervantes' novel.*

Although Ferré comes from a powerful bourgeois Puerto Rican family, she is known for her criticism of social class and sexual stereotypes. The following story, "La muñeca menor", from Papeles de Pandora, *criticizes women's roles in a class conscious society which stifles and dehumanizes women.*

Antes de leer

A. Encuestas

Divídanse en grupos de dos, tres o cuatro estudiantes. Háganse estas preguntas. Después de 5 ó 10 minutos, cada estudiante informará a la clase sobre la información que recibió de su grupo sobre la niñez.

1. De niño/a, ¿con qué jugabas? ¿los bloques? ¿las muñecas? ¿los camiones? ¿En qué juegos imaginarios participabas? ¿Para qué les sirven los juegos imaginarios a los niños? ¿Por qué son importantes? ¿Qué valores reflejan? Cuando seas padre o madre, ¿vas a dejar que tus niños jueguen con pistolas o muñecas «Barbie»? ¿Por qué sí o por qué no?
2. ¿Qué personaje horrible de un cuento o una película te asustaba cuando eras niño/a? ¿Por qué le tenías miedo? ¿Cómo era la apariencia de este personaje? ¿Qué actos cometía? ¿Qué lo motivaba? ¿La avaricia? ¿La venganza? ¿La crueldad? ¿Ganaba esa figura o perdía contra un personaje heroico y bueno? ¿Había una moraleja o una lección en la historia de este personaje?

B. Armonía y conflicto en la clase

Evalúe las afirmaciones siguientes. ¿Son ciertas, falsas o una combinación de las dos? Explíquele su respuesta a otro/a compañero/a de la clase.

1. Las mujeres son más débiles que los hombres.
2. Las guerras existen por la agresividad natural de los hombres.
3. La honra de la familia reside en la mujer.
4. Las mujeres buscan más la armonía que el conflicto.
5. Los hombres son menos sensibles que las mujeres.
6. En nuestra sociedad, todos nosotros, hombres y mujeres, gozamos de los mismos derechos y oportunidades.
7. En nuestra sociedad, se le juzga a la mujer por su apariencia más que al hombre.

Selección autobiográfica

*Conversando con Rosario Ferré**

T.M.F: ¿Cuándo escribiste «La muñeca menor?» 1
R.F.: Pues ése es mi primer cuento y lo escribí hace unos once o doce años.
T.M.F: ¿Está inspirado en alguna historia leída, escuchada o es un cuento totalmente inventado? 5
R.F.: No, la anécdota original de ese cuento yo se la escuché contar a una tía.
T.M.F: ¿Y en tu cuento tú recreas esa anécdota, tal como te la contaron?
R.F.: No, claro que no. Aquella anécdota me sirvió de inspiración, de base, de punto de partida, pero «La muñeca menor» no es la anécdota. 10
T.M.F: ¿Por qué no nos cuentas lo que recuerdas de la historia original? Creo que sería interesante comparar ambas versiones, ¿no te parece? 15
R.F.: Bueno, si lo quieres. Según esa tía, la historia había tenido lugar en una lejana hacienda de caña°, a comienzos de este siglo, y su heroína era una parienta lejana° suya que hacía muñecas rellenas° de miel. Aparentemente, la parienta esa había sido víctima de su marido, un borrachín° que luego de abandonarla y dilapidar° su fortuna la había echado de la casa. Entonces la familia de mi tía la ayudó ofreciéndole techo y sustento°, a pesar de que para aquellos tiempos la hacienda de caña en que vivían estaba al borde de la ruina. La pobre mujer, para corresponder a aquella generosidad, se dedicó a hacerles muñecas rellenas de miel a las hijas de la familia. 20 25
T.M.F: Y ese detalle, el de la miel, lo usas para las muñecas de boda...
R.F.: Sí, aunque en mi cuento eso también funciona como una metáfora. 30
T.M.F: ¿Metáfora que hace referencia a la «luna de miel», quizás?
R.F.: Quizás. En fin, según el cuento, poco después de su llegada a la hacienda, a esa parienta —que aún era joven y hermosa— se le había empezado a hinchar° la pierna derecha sin motivo aparente y sus familiares decidieron mandar llamar al médico del pueblo cercano para que la examinara. Este, un joven sin escrúpulos y recién graduado de una universidad extranjera, primero la sedujo y luego decidió tratarla como lo haría un 35

caña: sugar plantation
lejana: distant
rellenas: filled with
borrachín: drunk
dilapidar: squander
sustento: room and board
hinchar: swell

*Selección de una entrevista entre Teresa Méndez-Faith y Rosario Ferré en *Contextos*.

curandero°, condenándola a vivir inválida en un sillón°, mientras él le sacaba sin compasión todo el poco dinero que ella tenía. No te voy a repetir aquí el resto de la historia que me hizo mi tía aquella tarde porque eso está en «La muñeca menor».

quack / rocking chair

T.M.F: ¿Qué es lo que más te impactó o impresionó de esa anécdota?

R.F.: La imagen de aquella mujer, sentada en su balcón años enteros frente al cañaveral°, con el corazón roto. Lo que más me conmovió fue esa resignación absoluta con la cual, en nombre de amor, aquella mujer se había dejado explotar° durante años.

sugar plantation

exploit

T.M.F: ¿Se menciona la «chágara» en la anécdota original?

R.F.: No, eso es invención mía.

T.M.F: ¿Existen realmente las «chágaras»?

R.F.: Bueno, sí y no. La chágara de «La muñeca menor» es un animal fantástico, por supuesto. Pero la palabra «chágara» sí existe. Es una voz taína° que significa «camarón° de río». Ahora, el animal de mi cuento es totalmente fantástico, producto de mi imaginación y de la de quienes lean el cuento, ya que cada lector puede visualizar esa chágara como se la imagine.

Indian tribe from Puerto Rico / shrimp

T.M.F: Dime, ¿hay algún elemento autobiográfico en «La muñeca menor»?

R.F.: Autobiográfico en el sentido estricto de la palabra, no, pero en un sentido más general, en un contexto cultural, quizás sí. El cuento tiene lugar en una hacienda y hasta hace cuarenta o cincuenta años Puerto Rico subsistía a base del azúcar. Pero yo nunca viví en una hacienda, aunque la tía que me contó la anécdota y otros parientes de mi madre sí vivieron en haciendas.

T.M.F: ¿Te identificas parcialmente con la tía inválida de tu cuento?

R.F.: Sí, yo creo que mi identificación con la mujer que inspiró ese personaje (aquella extraña parienta de la anécdota original) ha influenciado profundamente en el tema o los temas de mi cuento.

T.M.F: ¿Puedes explicar un poco más eso?

R.F.: Es que yo creo que al escribir sobre sus personajes, un escritor escribe siempre sobre sí mismo, o sobre posibles vertientes° de sí mismo. En el caso de «La muñeca menor», por un lado yo había reconstruido, en la desventura° de la tía inválido, mi propia desventura amorosa, y por otro lado, al darme cuenta de sus debilidades —su pasividad, su conformidad, su terrible resignación— la había destruido en mi nombre. Aunque es posible que también la haya salvado.

outpourings

misfortune

Lectura

La muñeca menor

La tía vieja había sacado desde muy temprano el sillón al balcón que daba al cañaveral como hacía siempre que se despertaba con ganas de hacer una muñeca. De joven se bañaba a menudo en el río, pero un día en que la lluvia había recrecido la corriente en cola° de dragón había sentido en el tuétano° de los huesos una mullida° sensación de nieve. La cabeza metida en el reverbero° negro de las rocas, había creído escuchar, revolcados con el sonido del agua, los estallidos° del salitre° sobre la playa y pensó que sus cabellos habían llegado por fin a desembocar° en el mar. En ese preciso momento sintió una mordida° terrible en la pantorrilla°. La sacaron del agua gritando y se la llevaron a la casa en parihuelas° retorciéndose° de dolor.

El médico que la examinó aseguró que no era nada, probablemente había sido mordida por una chágara° viciosa. Sin embargo pasaron los días y la llaga° no cerraba. Al cabo de un mes el médico había llegado a la conclusión de que la chágara se había introducido dentro de la carne blanda de la pantorrilla, donde había evidentemente comenzado a engordar. Indicó que le aplicaran un sinapismo° para que el calor la obligara a salir. La tía estuvo una semana con la pierna rígida, cubierta de mostaza° desde el tobillo° hasta el muslo°, pero al finalizar el tratamiento se descubrió que la llaga se había abultado° aún más, recubriéndose de una substancia pétrea° y limosa° que era imposible tratar de remover sin que peligrara° toda la pierna. Entonces se resignó a vivir para siempre con la chágara enroscada° dentro de la gruta° de su pantorrilla.

Había sido muy hermosa, pero la chágara que escondía bajo los largos pliegues° de gasa° de sus faldas° la había despojado° de toda vanidad. Se había encerrado en la casa rehusando a todos sus pretendientes°. Al principio se había dedicado a la crianza de las hijas de su hermana, arrastrando° por toda la casa la pierna monstruosa con bastante agilidad. Por aquella época la familia vivía rodeada de un pasado que dejaba desintegrar a su alrededor con la misma impasible musicalidad con que la lámpara de cristal del comedor se desgranaba° a pedazos sobre el mantel° raído°de la mesa. Las niñas adoraban a la tía. Ella las peinaba, las bañaba y les daba de comer. Cuando les leía cuentos se sentaban a su alrededor y levantaban con disimulo° el volante°

1 · 5 · 10 · 15 · 20 · 25 · 30 · 35

- 5 tail / marrow
- fluffy / play, reflection
- explosions / saltpeter / flow into
- 10 bite
- calf of the leg
- stretcher / writhing
- imaginary creature
- 15 wound
- mustard plaster
- 20 mustard
- ankle / thigh
- enlarged
- stony / slimy
- endangered
- 25 coiled up
- cavity
- folds / gauze / skirts / stripped
- 30 suitors
- dragging
- 35 was wearing away / tablecloth / frayed
- pretense / ruffle

almidonado° de su falda para oler el perfume de guanábana° madura que supuraba° de la pierna en estado de quietud.

Cuando las niñas fueron creciendo la tía se dedicó a hacerles muñecas para jugar. Al principio eran sólo muñecas comunes, con carne de guata° de higuera° y ojos de botones perdidos. Pero con el pasar del tiempo fue refinando su arte hasta ganarse el respeto y la reverencia de toda la familia. El nacimiento de una muñeca era siempre motivo de regocijo° sagrado, lo cual explicaba el que jamás se les hubiese ocurrido vender una de ellas, ni siquiera cuando las niñas eran ya grandes y la familia comenzaba a pasar necesidad. La tía había ido agrandando el tamaño° de las muñecas de manera que correspondieran a la estatura° y a las medidas° de cada una de las niñas. Como eran nueve y la tía hacía una muñeca de cada niña por año, hubo que separar una pieza de la casa para que la habitasen exclusivamente las muñecas. Cuando la mayor cumplió diez y ocho años había ciento veintiséis muñecas de todas las edades en la habitación. Al abrir la puerta, daba la sensación de entrar en un palomar°, o en el cuarto de muñecas del palacio de las tzarinas, o en un almacén donde alguien había puesto a madurar una larga hilera° de hojas de tabaco. Sin embargo, la tía no entraba en la habitación por ninguno de estos placeres, sino que echaba el pestillo° a la puerta e iba levantando amorosamente cada una de las muñecas canturreándoles° mientras las mecía°. Así eras cuando tenías un año, así cuando tenías dos, así cuando tenías tres, reviviendo la vida de cada una de ellas por la dimensión del hueco° que le dejaban entre los brazos.

El día que la mayor de las niñas cumplió diez años, la tía se sentó en el sillón frente al cañaveral y no se volvió a levantar jamás. Se balconeaba días enteros observando los cambios de agua de las cañas y sólo salía de su sopor° cuando la venía a visitar el doctor o cuando se despertaba con ganas de hacer una muñeca. Comenzaba entonces a clamar° para que todos los habitantes de la casa viniesen a ayudarla. Podía verse ese día a los peones de la hacienda haciendo constantes relevos° al pueblo como alegres mensajeros incas, a comprar cera°, a comprar barro de porcelana, encajes°, agujas°, carretes° de hilos° de todos los colores. Mientras se llevaban a cabo estas diligencias°, la tía llamaba a su habitación a la niña con la que había soñado esa noche y le tomaba las medidas. Luego le hacía una mascarilla de cera que cubría de yeso° por ambos lados como una cara viva dentro de dos caras muertas; luego hacía salir un hilillo rubio interminable por un hoyito en la barbilla°. La porcelana de las manos era siempre translúcida; tenía un ligero tinte marfileño° que contrastaba con la blancura granulada de las caras de biscuit°. Para hacer el cuerpo, la tía enviaba al

starched
custard apple / festered
stuffing / fig tree
happiness
size
height
measurements
pigeon coop
row
bolt, latch
humming to them / rocked
hole, void
lethargy
cry out for
trips
wax
lace / needles / spools / thread / errands
plaster
point of the chin
ivory-like
unglazed ceramic

jardín por veinte higueras relucientes. Las cogía con una mano y con un movimiento experto de la cuchilla las iba rebanando° una a una en cráneos° relucientes de cuero° verde. Luego las inclinaba en hilera contra la pared del balcón, para que el sol y el aire secaran los cerebros° algodonosos° de guano gris. Al cabo de algunos días raspaba° el contenido con una cuchara y lo iba introduciendo con infinita paciencia por la boca de la muñeca.

Lo único que la tía transigía° en utilizar en la creación de las muñecas sin que estuviese hecho por ella, eran las bolas de los ojos. Se los enviaban por correo desde Europa en todos los colores, pero la tía los consideraba inservibles° hasta no haberlos dejado sumergidos durante un número de días en el fondo de la quebrada° para que aprendiesen a reconocer el más leve movimiento de las antenas de las chágaras. Sólo entonces los lavaba con agua de amoníaco y los guardaba, relucientes como gemas, colocados sobre camas de algodón, en el fondo de una lata° de galletas holandesas. El vestido de las muñecas no variaba nunca, a pesar de que las niñas iban creciendo. Vestía siempre a las más pequeñas de tira° bordada° y a las mayores de broderí°, colocando en la cabeza de cada una el mismo lazo° abullonado° y trémulo de pecho de paloma.

Las niñas empezaron a casarse y a abandonar la casa. El día de la boda la tía les regalaba a cada una la última muñeca dándoles un beso en la frente y diciéndoles con una sonrisa: «Aquí tienes tu Pascua° de Resurrección». A los novios los tranquilizaba asegurándoles que la muñeca era sólo una decoración sentimental que solía colocarse sentada, en las casas de antes, sobre la cola° del piano. Desde lo alto del balcón la tía observaba a las niñas bajar por última vez las escaleras° de la casa sosteniendo en una mano la modesta maleta° a cuadros de cartón° y pasando el otro brazo alrededor de la cintura° de aquella exuberante muñeca hecha a su imagen y semejanza, calzada con zapatillas de ante°, faldas de bordados nevados y pantaletas° de valenciennes°. Las manos y la cara de estas muñecas, sin embargo, se notaban menos transparentes, tenían la consistencia de la leche cortada°. Esta diferencia encubría otra más sutil: la muñeca de boda no estaba jamás rellena de guata, sino de miel°.

Ya se habían casado todas las niñas y en la casa quedaba sólo la más joven cuando el doctor hizo a la tía la visita mensual acompañado de su hijo que acababa de regresar de sus estudios de medicina en el norte. El joven levantó el volante de la falda almidonada y se quedó mirando aquella inmensa vejiga° abotagada° que manaba° una esperma° perfumada por la punta de sus escamas° verdes. Sacó su estetoscopio y la auscultó° cuidadosamente. La tía pensó que auscultaba la respiración de la chágara

(line numbers: 85, 90, 95, 100, 105, 110, 115, 120, 125)

slicing
skulls / skin, leather
brains / cottony
scraped
compromised
useless
brook, ravine
tin can
strip / embroidered / type of embroidered cloth / bow / full
Easter
tail end, end seat
stairs
suitcase / checkered cardboard / waist
buckskin
bloomers / ruffles
curdled
honey
blister
swollen / flowed with / sperm / scales / examined

para verificar si todavía estaba viva, y cogiéndole la mano con cariño se la puso sobre un lugar determinado para que palpara° (130) el movimiento constante de las antenas. El joven dejó caer la falda y miró fijamente al padre. Usted hubiese podido haber curado esto en sus comienzos, le dijo. Es cierto, contestó el padre, pero yo sólo quería que vinieras a ver la chágara que te había pagado los estudios durante veinte años. (135)

En adelante fue el joven médico quien visitó mensualmente a la tía vieja. Era evidente su interés por la menor y la tía pudo comenzar su última muñeca con amplia anticipación. Se presentaba siempre con el cuello almidonado, los zapatos brillantes y el ostentoso alfiler de corbata° oriental del que no tiene donde (140) caerse muerto°. Luego de examinar a la tía se sentaba en la sala recostando° su silueta de papel dentro de un marco° ovalado, a la vez que le entregaba a la menor el mismo ramo de siemprevivas° moradas. Ella le ofrecía galletitas de jengibre° y cogía el ramo quisquillosamente° con la punta de los dedos como quien (145) coge el estómago de un erizo° vuelto al revés. Decidió casarse con él porque le intrigaba su perfil° dormido, y porque ya tenía ganas de saber cómo era por dentro la carne de delfín°.

El día de la boda la menor se sorprendió al coger la muñeca por la cintura y encontrarla tibia°, pero lo olvidó en seguida, (150) asombrada ante su excelencia artística. Las manos y la cara estaban confeccionadas con delicadísima porcelana de Mikado. Reconoció en la sonrisa entreabierta y un poco triste la colección completa de sus dientes de leche. Había, además, otro detalle particular: la tía había incrustado° en el fondo de las pupilas de (155) los ojos sus dormilonas° de brillantes.

El joven médico se la llevó a vivir al pueblo, a una casa encuadrada dentro de un bloque de cemento. La obligaba todos los días a sentarse en el balcón, para que los que pasaban por la calle supiesen que él se había casado en sociedad. Inmóvil dentro de (160) su cubo de calor, la menor comenzó a sospechar que su marido no sólo tenía el perfil de silueta de papel sino también el alma. Confirmó sus sospechas al poco tiempo. Un día él le sacó los ojos a la muñeca con la punta del bisturí° y los empeñó por un lujoso reloj de cebolla con una larga leontina° Desde entonces la (165) muñeca siguió sentada sobre la cola del piano, pero con los ojos bajos.

A los pocos meses el joven médico notó la ausencia de la muñeca y le preguntó a la menor qué había hecho con ella. Una cofradía° de señoras piadosas° le había ofrecido una buena suma (170) por la cara y las manos de porcelana para hacerle un retablo° a la Verónica° en la próxima procesión de Cuaresma°. La menor le contestó que las hormigas° habían descubierto por fin que la

- palpara: touched
- alfiler de corbata: tie pin
- no tiene donde caerse muerto: very poor
- recostando / marco: leaning / frame
- siemprevivas / jengibre / quisquillosamente: forget-me-nots / ginger / carefully
- erizo: porcupine
- perfil: profile
- delfín: dolphin
- tibia: warm
- incrustado: embedded
- dormilonas: stud earrings
- bisturí: scalpel
- leontina: watch chain
- cofradía / piadosas: organization / pious
- retablo: altarpiece
- Verónica / Cuaresma: St. Veronica / Lent
- hormigas: ants

muñeca estaba rellena de miel y en una sola noche se la habían devorado. «Como las manos y la cara eran de porcelana de Mikado, dijo, seguramente las hormigas las creyeron hechas de azúcar, y en este preciso momento deben de estar quebrándose° los dientes, royendo° con furia dedos y párpados en alguna cueva subterránea». Esa noche el médico cavó toda la tierra alrededor de la casa sin encontrar nada.

Pasaron los años y el médico se hizo millonario. Se había quedado con toda la clientela del pueblo, a quienes no les importaba pagar honorarios exorbitantes para poder ver de cerca a un miembro legítimo de la extinta aristocracia cañera. La menor seguía sentada en el balcón, inmóvil dentro de sus gasas y encajes, siempre con los ojos bajos. Cuando los pacientes de su marido, colgados de collares°, plumachos° y bastones°, se acomodaban cerca de ella removiendo los rollos de sus carnes satisfechas con un alboroto° de monedas, percibían a su alrededor un perfume particular que les hacía recordar involuntariamente la lenta supuración de una guanábana. Entonces les entraban a todos unas ganas irresistibles de restregarse° las manos como si fueran patas°.

Una sola cosa perturbaba la felicidad del médico. Notaba que mientras él se iba poniendo viejo, la menor guardaba la misma piel aporcelanada y dura que tenía cuando la iba a visitar a la casa del cañaveral. Una noche decidió entrar en su habitación para observarla durmiendo. Notó que su pecho° no se movía. Colocó delicadamente el estetoscopio sobre su corazón y oyó un lejano rumor de agua. Entonces la muñeca levantó los párpados° y por las cuencas° vacías de los ojos comenzaron a salir las antenas furibundas° de las chágaras.

175 / 180 / 185 / 190 / 195 / 200

quebrándose: breaking
royendo: eating
collares / plumachos / bastones: necklaces / feathers / canes
alboroto: noise
restregarse: scrub, rub
patas: legs of animals
pecho: chest
párpados: eyelids
cuencas: cavities
furibundas: furious

Análisis

1. Examine el momento en que la tía es mordida. ¿Qué relación hay entre este momento y los sentimientos de la tía antes de la mordida?
2. Como resultado de la llaga en la pierna, la tía se rehúsa a ver a sus pretendientes; todos parecen aceptar esta decisión de la tía. ¿Qué nos indican estas acciones sobre los valores de la sociedad?
3. ¿Qué importancia tienen todos los detalles y todo el trabajo y esmero de la tía para hacer una muñeca? ¿Por qué le es tan importante este trabajo a la tía?

4. ¿Por qué tenía la tía que «tranquilizar a los novios» sobre el tamaño de las muñecas? ¿Qué puede significar esta necesidad de «tranquilizarlos»? ¿Por qué pueden ser estas muñecas la «Pascua de Resurrección»?
5. La tía pone los ojos de las muñecas en el río para que ellos «reconozcan las chágaras» ¿Por qué es necesario poder «reconocerlas»?
6. ¿Qué importancia tiene que las muñecas de matrimonio «pierdan la transparencia»? ¿Qué relación hay entre esta «pérdida de transparencia» y el efecto del matrimonio en la mujer?
7. Las muñecas de novia de las sobrinas están rellenas de miel. ¿Qué connotaciones tiene la miel? ¿Qué relación hay entre estas muñecas rellenas de miel y la típica «luna de miel» de los recién casados? ¿Qué puede simbolizar la posibilidad de que la última muñeca haya sido devorada por las hormigas?
8. El médico joven expresa sorpresa al enterarse de que su padre podría haber curado a la tía. ¿Qué aprende el joven de esta experiencia? ¿Qué nos indica esto de la actitud de estos dos hombres hacia las mujeres?
9. Aprovechándose de que el pueblo está dispuesto a pagar dinero «sólo por verla a la sobrina», el médico joven gana popularidad y riqueza. ¿Qué visión nos presenta la autora del pueblo y su actitud hacia la clase social?
10. ¿Qué importancia tiene la juventud eterna de la sobrina?
11. Ninguna mujer en el cuento tiene nombre ni identidad afuera de su papel en la familia. ¿Por qué? ¿Qué nos quiere indicar Ferré sobre el papel femenino?
12. Examine la sensualidad de dos de las descripciones del cuento. Considere los olores, los sonidos, lo táctil, lo visual y los sabores. ¿Qué temas ayudan a desarrollar estos elementos en cada descripción?
13. Hay una atmósfera de putrefacción o decaimiento a través del cuento. Examine esta atmósfera y su relación con la visión de la sociedad que nos ofrece Ferré.
14. En la «Selección autobiográfica», Ferré narra el hilo de la historia en que se basa el cuento «La muñeca menor». Examine el desarrollo de esta historia original en el cuento de Ferré.
15. Analice las imágenes de encierro, parálisis, repetición y estancamiento. ¿Cómo contribuyen al retrato de la sociedad que nos ofrece Ferré?

16. Se mezclan lo ordinario y lo extraordinario en el cuento. ¿Qué efecto tiene esta combinación? ¿Qué intención puede tener Ferré al narrar el cuento sobre una chágara, una criatura imaginaria?
17. Se representa a la tía como la diosa de la venganza. Examine los aspectos rituales y míticos de sus acciones y motivaciones. ¿Cómo la tratan los demás? ¿Qué sentimientos le transmite a su sobrina a través de la muñeca?
18. La sociedad de este cuento padece de corrupción e hipocresía. Considere estos elementos entre otros: los médicos que no curan, el público que juzga por las apariencias, la avaricia y el dominio sobre los otros.
19. Compare el principio y el final del cuento. ¿Qué relación hay entre los dos? ¿Qué importancia tiene que al principio una chágara muerde a la tía y al final una chágara se prepara a atacar al médico?
20. Examine el cuento en términos de estos opuestos: la felicidad y la tristeza, el amor y el odio, la vida y la muerte, el bien y el mal, el pasado y el presente, la realización y la pérdida de identidad. ¿Qué mensaje nos transmite Ferré a través de estos opuestos?
21. En la «Selección autobiográfica», Ferré enumera las debilidades de la tía: «su pasividad, su conformidad, su terrible resignación». ¿Cómo se manifiestan estas debilidades en el cuento? ¿Hasta qué punto puede superarlas la tía?
22. Ferré declara también que su «propia desventura amorosa» le hizo identificarse con la tía inválida. ¿Cómo se presentan aquí las relaciones entre los hombres y las mujeres? ¿Hay armonía o conflicto?

Vocabulario

VERBOS

arrastrar — *to drag*
«Al principio se había dedicado a la crianza de las hijas de su hermano, **arrastrando** por toda la casa la pierna monstruosa con bastante agilidad».

auscultar — *to examine*
«Sacó su estetoscopio y la **auscultó** cuidadosamente».

coger — *to seize; to catch*
«El día de la boda la menor se sorprendió al **coger** la muñeca por la cintura y encontrarla tibia...».

colocar — *to place; to arrange*
«Colocó delicadamente el estetoscopio sobre su corazón y oyó un lejano rumor de agua».

despojar — *to rob; to deprive of*
«...la chágara... la había **despojado** de toda vanidad».

encerrarse — *to lock oneself up; to go into seclusion*
«Se había encerrado en la casa rehusando a todos sus pretendientes».

guardar — *to guard; to keep; to store*
«Notaba que mientras él se iba poniendo viejo, la menor **guardaba** la misma piel aporcelanada y dura...».

morder — *to bite*
«El médico que la examinó aseguró que no era nada, probablemente había sido **mordida** por una chágara viciosa».

perturbar — *to bother*
«Una sola cosa **perturbaba** la felicidad del médico».

rebanar — *to slice*
«Las cogía con una mano y con un movimiento experto de la cuchilla las iba **rebanando»**.

sacar — *to take out; to draw out, to pull out*
«Sacó su estetoscopio y la auscultó cuidadosamente».

seguir — *to follow; to continue*
«La menor **seguía** sentada en el balcón, inmóvil dentro de sus gasas y encajes...».

sospechar — *to suspect*
«...la menor comenzó a **sospechar** que su marido no sólo tenía el perfil de silueta de papel sino también el alma».

vengarse de — *to take revenge on*
La tía **se vengó del** médico por medio de la hija menor.

SUSTANTIVOS

el alma — *soul*
«...la menor comenzó a sospechar que su marido no sólo tenía el perfil de silueta de papel sino también el **alma**».

la bola — *ball*
«Lo único que la tía transigía en utilizar en la creación de las muñecas sin que estuviese hecho por ella, eran las **bolas** de los ojos».

el cañaveral — *sugar plantation*
«...la menor guardaba la misma piel aporcelanada y dura que tenía cuando la iba a visitar a la casa del **cañaveral**».

la cera — *wax*
«Luego le hacía una mascarilla de **cera** que cubría de yeso por ambos lados...».

la crianza — *rearing, upbringing*
«Al principio se había dedicado a la **crianza** de las hijas de su hermana...».

la cuenca — *socket of the eye; river basin; wooden bowl*
«Entonces la muñeca levantó los párpados y por las **cuencas** vacías de los ojos comenzaron a salir las antenas furibundas de las chágaras».

el encaje — *lace*
«La menor seguía sentada en el balcón inmóvil dentro de sus gasas y **encajes,** siempre con los ojos bajos».

la hilera — *file, row, line*
«Luego las inclinaba en **hilera** contra la pared del balcón...».

el hilo — *thread*
«Podía verse ese día a los peones de la hacienda haciendo constantes relevos al pueblo... a comprar barro de porcelana, encajes, agujas, carretes de **hilos** de todos los colores».

la hormiga — *ant*
«La menor le contestó que las **hormigas** habían descubierto por fin que la muñeca estaba rellena de miel...».

el hueco *gap, space, hole*
«Así eras cuando tenías un año... reviviendo la vida de cada una de ellas por la dimensión del **hueco** que le dejaban entre los brazos».

la luna de miel *honeymoon*
Los novios salieron para su **luna de miel** sin la muñeca.

la medida *measure, measurement*
«La tía había ido agrandando el tamaño de las muñecas de manera que correspondieran a la estatura y a las **medidas** de cada una de las niñas».

la miel *honey*
«La muñeca de boda no estaba jamás rellena de guata, sino de **miel»**.

la mordida *bite*
«En ese preciso momento sintió una **mordida** terrible en la pantorrilla».

el muslo *thigh*
«La tía estuvo una semana con la pierna rígida, cubierta de mostaza desde el tobillo hasta el **muslo».**

la pantorrilla *calf of the leg*
«En ese preciso momento sintió una mordida terrible en la **pantorrilla»**.

el perfil *profile*
«Decidió casarse con él porque le intrigaba su **perfil** dormido...».

el pretendiente *suitor*
«Se había encerrado en la casa rehusando a todos sus **pretendientes»**.

el río *river*
«De joven se bañaba a menudo en el **río...»**.

el tamaño *size*
«La tía había ido agrandando el **tamaño** de las muñecas de manera que correspondieran a la estatura y a las medidas de cada una de las niñas».

la venganza *revenge*
¿En qué consistía la **venganza** de la tía por la crueldad del médico?

ADJETIVOS

furibundo *furious*
«...y por las cuencas vacías de los ojos comenzaron a salir las antenas **furibundas** de las chágaras».

sutil *subtle*
«Esta diferencia encubría otra más **sutil:** la muñeca de boda no estaba jamás rellena de guata, sino de miel».

PALABRAS PROBLEMÁTICAS

crecer *to grow*
«Cuando las niñas fueron **creciendo** la tía se dedicó a hacerles muñecas para jugar».

criar *to raise*
La tía se dedicó a **criar** a sus sobrinas.

levantar *to raise, lift up*
«El joven **levantó** el volante de la falda almidonada...».

levantarse *to get up, to raise oneself up*
«...la tía se sentó en el sillón frente al cañaveral y no **se** volvió a **levantar** jamás».

aplicar *to apply, to put on*
«Indicó que le **aplicaran** un sinapismo para que el calor la obligara a salir».

aplicación *application; effort, diligence*
La **aplicación** de la mostaza no le curó la llaga a la tía.

solicitar *to solicit; to apply for*
El médico **solicitó** la ayuda de su hijo menor.

la solicitud *application*
El/la estudiante llenó tres **solicitudes** para varios puestos.

mayor *greater, larger, older, greatest, largest, oldest*
«El día que la **mayor** de las niñas cumplió diez años, la tía se sentó en el sillón frente al cañaveral...».

menor *smaller, lesser, younger, smallest, least, youngest, minor*
«Era evidente su interés por la **menor...»**.

principal *principal, renowned, famous*
La actividad **principal** de la tía era fabricar muñecas.

mejor — *better, best*
Sólo utilizaba la **mejor** porcelana para las manos.

peor — *worse, worst*
Lo **peor** era que el médico podría haber curado la llaga en sus comienzos.

la punta — *point, tip*
«...y cogía el ramo quisquillosamente con la **punta** de los dedos...».

el punto — *period, stop, point, dot, stitch*
La tía hizo innumerables **puntos** en el broderí de las muñecas.

Ejercicios de vocabulario

A. Cierto o falso. Indique usted si las frases son ciertas o falsas. Si son falsas, corríjalas.

1. El *pretendiente* de la hija *menor auscultó* a la tía sólo una vez.
2. La tía hacía todas las muñecas del mismo *tamaño.*
3. Después de que la chágara *mordió* la *pantorrilla* de la tía, la tía *se encerró* en su casa.
4. El médico *sospechaba* que no era cierto que las *hormigas* hubieran devorado la *miel* de la muñeca.
5. La hija *menor* le *sacó* los ojos a la muñeca y los vendió.
6. Aunque la tía *seguía* las instrucciones del médico, no se curaba.

B. La «receta» para hacer una muñeca. Imagine que la tía le da instrucciones para hacer una muñeca para una hija que se casa. Utilizando el vocabulario de abajo, complete las instrucciones.

medidas	colocar	guardar	yeso
miel	rebanar	encajes	hilos

1. Tómele las _______ a la niña.
2. Compre barro de porcelana, carretes de _______ y _______.
3. Haga una mascarilla de *cera* y cúbrala de _______.
4. *Coja* veinte higueras y _______las.
5. Ponga las *bolas* en el fondo de la quebrada, lávelas y _______las en el fondo de una lata.
6. Llene las últimas muñecas con _______.
7. En su casa nueva, _______ la muñeca sobre la cola del piano.

C. Antónimos. Escoja, entre las palabras de la primera columna, el antónimo de cada una de las palabras de la segunda columna. Indique el número correspondiente en los espacios en blanco.

1. sacar	_____ tranquilo
2. furibundo	_____ obvio
3. vengarse	_____ meter
4. el alma	_____ perdonar
5. sutil	_____ el cuerpo

D. Asociaciones. ¿Qué palabras de la primera columna asocia Ud. con cada una de las palabras de la segunda columna? Indique el número correspondiente en los espacios en blanco.

1. despojar	_____ molestar
2. perturbar	_____ la cuenca
3. arrastrar	_____ examinar
4. la bola	_____ robar
5. auscultar	_____ moverse despacio
6. perfil	_____ niños
7. crianza	_____ silueta

E. Preguntas personales. Conteste las preguntas siguientes y después hágaselas a otra persona de la clase.

1. ¿Quién o quiénes te *criaron* a ti? ¿Qué papel tuvieron tus hermanos *mayores* en tu crianza? ¿Qué se debe hacer para *criar* bien a un/a niño/a? ¿Tuviste un papel en la *crianza* de tus hermanos *menores?*
2. ¿En qué clases *levantas* más la mano? ¿Por qué? ¿Haces preguntas o expresas tu punto de vista? ¿A qué hora prefieres *levantarte?* ¿Cuándo tienes que *levantarte* por la mañana?
3. ¿Cuántas *solicitudes* tuviste que llenar antes de asistir a la universidad? ¿Qué fue lo *peor* para *solicitar?* ¿Qué era lo *principal* que te preguntaban?
4. Cuando tomas sol, ¿te *aplicas* una loción bronceadora? ¿Te olvidas de volver a hacer las *aplicaciones* o las haces a menudo? Si se te quema la piel, ¿qué te *aplicas?*
5. ¿Conoces a alguien que haga *puntos* muy finos, que pueda coser muy bien? ¿Sabes coser?

Después de leer

A. Acusaciones y justificaciones

Divídanse en grupos de dos, tres o cuatro estudiantes según la situación y el número de estudiantes en la clase. Cada estudiante debe adoptar uno de los papeles. Después de diez minutos, cada grupo actuará su situación delante de la clase.

1. El médico viejo recibe una citación para justificar sus acciones ante el tribunal médico de Puerto Rico. ¿De qué lo acusan? ¿Cómo se justifica él?
2. Un grupo feminista secuestra al médico joven para obligarlo a enfrentarse a sus acciones y las consecuencias de éstas. ¿De qué lo acusan? ¿Cómo se justifica él?
3. El mismo grupo feminista se encuentra con la sobrina. ¿De qué la acusan? ¿Cómo se justifica ella?
4. Hay un juicio donde la policía culpa a la tía de planear el ataque del médico. ¿Por qué la acusan? ¿Cómo se justifica ella?

B. Debates y discusión: La armonía y el conflicto en la sociedad

Fórmense en grupos de cuatro o cinco estudiantes. Imaginen que están en un tribunal donde hay que debatir los casos que figuran a continuación. Uds. pueden adoptar los papeles de cliente, abogado, fiscal, juez, miembros del jurado, reportero, etc. ¿Cuáles son los derechos y los principios en conflicto en cada caso? Al final, todos deben decidir y votar por cierta decisión.

1. Una universidad privada y militar para hombres, que recibe fondos públicos, no quiere que se matricule una mujer.
2. Un colegio que se especializa en las ciencias y las matemáticas no quiere dejar entrar a unos chicos en un programa especial para las chicas.
3. Unas mujeres que son soldados y pilotos quieren volar en situaciones de combate en una guerra. La administración militar no quiere permitirlo.

C. Momentos decisivos

El matrimonio de su mejor amigo/a tiene los mismos problemas que el matrimonio de la sobrina con el médico. ¿Qué haría Ud.? ¿Podría o debería interferir en la vida privada de ellos? ¿Si lo hiciera, ¿qué les aconsejaría?

Reacción y revisión. Siga las instrucciones de la página 15.

D. Correspondencia

1. Para criticar al pueblo donde ocurre la historia, Ud. escribe una carta al periódico de este pueblo.
2. Va a haber una junta de mujeres en el pueblo de la historia. Ya que Ud. está encargado/a de la publicidad de esta junta, Ud. decide usar el ejemplo de «La muñeca menor». ¿Qué incluye Ud. en la publicidad?
3. Sintiéndose culpable por sus acciones pasadas, el médico viejo escribe una carta a sus futuros nietos. Ellos no leerán esta carta hasta después de la muerte del médico.

E. Creación

1. Escriba Ud. la escena inmediatamente después de la escena final de «La muñeca menor». ¿Qué hace la chágara? ¿Cómo reaccionan la tía, el esposo y la sobrina?
2. Escriba Ud. un diálogo entre la sobrina de «La muñeca menor» y las protagonistas de los poemas «Kinsey Report» de Rosario Castellanos. ¿Qué cuentan de su vida? ¿Qué consejos se dan?
3. La sobrina de «La muñeca menor» se vuelve poetisa y escribe un soneto de lamentación. ¿De qué se lamenta ella? Incluya imágenes sensoriales.

F. Análisis literario

Escriba un ensayo de exposición donde analice lo siguiente:

1. El símbolo de la chágara tiene una doble función: la de reprimir a las mujeres y la de castigar a los hombres. Examine los ejemplos donde se menciona la chágara en el cuento. ¿Qué mensaje nos transmite la autora a través del símbolo de esta criatura imaginaria?
2. Examine la metáfora de la muñeca y la situación de la mujer en la sociedad descrita en el cuento. ¿Cómo es la vida de la mujer? ¿Nos presenta Ferré alguna solución?
3. Ferré nos presenta el papel femenino y el masculino a través de dos generaciones. Examine estos papeles en cada generación. ¿Hay diferencias entre las dos generaciones? ¿Qué futuro se puede esperar?
4. Analice el retrato de la sociedad puertorriqueña que nos presenta Ferré. ¿Qué actitudes demuestra esta sociedad hacia las mujeres? ¿Qué importancia tienen la clase social y el dinero?

5. En este cuento se presentan muchos símbolos como «la muñeca», «la chágara», «la miel», «el río», «la llaga», etc. Examine estos símbolos y analice la relación entre éstos y los temas del cuento.
6. Examine la pintura de Goya al principio de este capítulo. ¿Qué semejanzas hay entre la imagen de la mujer de Goya y la de la sobrina sentada en el balcón o la de la muñeca sentada en la cola del piano? Goya nació en 1746 mientras que Ferré nació en 1940. ¿Cómo ha cambiado el papel femenino en la sociedad a través de los siglos?
7. Compare los estereotipos sexuales que nos presenta Ferré con los que nos presenta Castellanos en sus poemas de «Kinsey Report».
8. La chágara de «La muñeca menor» de Ferré y el ángel de «Un señor muy viejo con unas alas enormes» de García Márquez son criaturas imaginarias. Examine cómo estos autores las usan para ilustrar su visión de la sociedad.

G. Investigación

Con algunos compañeros, escoja uno de los siguientes temas y prepare una presentación breve para la clase.

1. Ferré comenta que su cuento «tiene lugar en una hacienda y hasta hace cuarenta o cincuenta años Puerto Rico subsistía a base del azúcar». Investigue la economía y la sociedad de Puerto Rico de hace 50 años. ¿Cómo se refleja en «La muñeca menor»?
2. «La bella durmiente» es otra obra de *Papeles de Pandora*. Examine y compare los estereotipos sexuales de esta novela corta con los de «La muñeca menor».
3. Los cuentos de Ferré como «Juan Bobo va a oír misa» o «Pico Rico Mandorico» presentan los males sociales a través de un foco infantil. Compare la crítica social que se presenta en uno de estos cuentos con la de «La muñeca menor».
4. Muchas escritoras latinoamericanas han analizado los papeles masculinos y femeninos en la sociedad. Escriba una comparación entre estos papeles en una de esas obras con los papeles en la obra de Ferré.

Capítulo 10

Sergio Vodanovic

Sergio Vodanovic nació en Chile en 1926. Es abogado, profesor, dramaturgo y periodista. Sus numerosas obras incluyen: El príncipe azul, *1947;* Deja que los perros ladren, *1959 (ganador del Premio Municipal de Drama en Chile);* El senador no es honorable, *1952;* Mi mujer necesita marido, *1953;* La cigüeña también espera, *1955;* Viña: Tres comedias en traje de baño, *1964;* Los fugitivos, *1965;* Perdón... ¡estamos en guerra!, *1966 y* Nos tomamos la universidad, *1971. «La gente como nosotros» es una de las tres piezas de la trilogía,* Viña...Tres comedias en traje de baño*; las otras dos son «El delantal blanco» y «Los exiliados». El drama «La gente como nosotros» sirve de tribunal y foro donde los personajes debaten, evalúan y se juzgan a sí mismos, a los demás y a su sociedad.*

Antes de leer

A. Encuestas

Divídanse en grupos de dos, tres o cuatro estudiantes. Háganse estas preguntas. Después de 5 ó 10 minutos, cada estudiante informará a la clase de las respuestas de sus compañeros. Después de la presentación oral, cada estudiante puede resumir las ideas principales de su presentación en un párrafo escrito.

1. **Las apariencias y los estereotipos**
   a. ¿Cuál es tu primera reacción al ver a:
      1. un mendigo en la calle?
      2. un hombre / una mujer con un uniforme de mecánico sucio?

3. una pareja vestida muy elegantemente?
4. un/a motociclista con ropa raída y una chaqueta de cuero?
5. un/a estudiante vestido/a de ropa muy *«preppie»?*

b. ¿Crees que esta primera reacción es válida? ¿Qué indica sobre tu propio carácter y valores humanos? En nuestra sociedad, ¿qué importancia tiene la apariencia o la ropa de cada persona? ¿Cómo se visten los estudiantes aquí o en otra escuela? ¿Qué revela su manera de vestirse?

c. ¿Alguna vez te ha juzgado alguien por tu apariencia? ¿Qué ropa llevabas? ¿Cómo reaccionó la persona?

2. **El dinero y el materialismo**

a. Tú te ganas la lotería. ¿Estarías contento/a? ¿Por qué sí o por qué no? ¿Qué harías con tu ganancia? ¿Crees que cambiarías tu vida, tu carácter o tu vida o tu círculo de amigos?

b. ¿Crees que nuestra sociedad es materialista? ¿Qué evidencia hay? ¿Cómo juzgamos a los otros y a nosotros mismos? ¿Te consideras a ti mismo/a una persona materialista?

3. **La comunicación y la soledad**

a. ¿Por qué existen tantos grupos de ayuda mutua en nuestra sociedad? ¿Qué buscan los participantes? ¿Por qué no pueden recibir esta ayuda de sus amigos o parientes?

b. ¿Cómo se escapa la gente de la soledad? ¿Qué papel tienen las drogas o el sexo en la búsqueda de la intimidad?

Selección autobiográfica

*Conversando con Sergio Vodanovic**

T.M.F: «La gente como nosotros» es una de las tres obras cortas que usted incluye en su trilogía titulada *Viña.* ¿Qué nos puede decir de la génesis de esas obritas? (1)

S.V.: La verdad es que es una pregunta siempre bastante riesgosa° la que usted hace porque los recuerdos se entremezclan con (5) ideas posteriores y uno nunca tiene mucha claridad de cómo y cuándo nació una obra. Sin embargo, respecto a *Viña,* creo que tengo ciertos puntos claros. Recuerdo que en esa época (verano del 63 ó 64) estábamos bastante pobres, mi señora y

°riesgosa: risky

*Selección de una entrevista entre Teresa Méndez-Faith y Sergio Vodanovic en *Contextos.*

yo, y en la misma circunstancia estaban algunos amigos. Un día decidimos tomarnos unas pequeñas vacaciones, irnos de paseo a descansar y a divertirnos por un fin de semana, con dos parejas más de amigos, y nos fuimos a Viña. Cada uno se alojó° en distintas casas de amigos o de parientes que teníamos por allá, y fue en ese fin de semana donde yo creo que encontré a cada uno de los personajes de *Viña*.

T.M.F: ¿Por qué no nos cuenta algunos detalles de aquella experiencia, de cómo y dónde «encontró» a los personajes de «La gente como nosotros»?

S.V.: Bueno, con mucho gusto. Le decía que habíamos salido un *weekend* con dos parejas más, dispuestos a pasarlo bien°. Ese viernes de noche nos fuimos al puerto, Valparaíso, y fuimos a todos los cabarets que estaban abiertos (y que eran muchos porque era época de vacaciones) y la verdad es que nos cansamos de ver *strip-tease*. Llegamos muy de madrugada al último cabaret. Se llamaba «La Ronda» y estaba en la plaza de Valparaíso. Yo quise ir a «La Ronda» porque semanas atrás había visto, en la portada° de una revista, una fotografía que me había impresionado mucho. Mostraba el momento en que una strip-teasera se iba a sentar en silla y alguien de un grupo de muchachos patoteros° le quitaba la silla. El fotógrafo había captado justo el momento en que la pobre strip-teasera se caía al suelo. Había mucho de frialdad de parte de los muchachos y había una actitud de auténtica congoja° y de ridículo en la strip-teasera que caía semidesnuda.

T.M.F: Ese episodio aparece en «La gente como nosotros».

S.V.: Exacto... y así nace Freddy. A diferencia de los otros personajes de *Viña*, a él no lo vi esa vez, pero sí estaba en esa fotografía de la portada de la revista. Freddy era el que le había quitado la silla a la strip-teasera. En fin, yo tengo la costumbre de observar... y estábamos en «La Ronda» cuando me llamó la atención una pareja de personas mayores, un hombre y una mujer en una mesa cercana a la nuestra, que no se hablaban ni una palabra. Por su ropa y sus modales° daban la impresión de ser gente pudiente°, de la alta sociedad. Esas dos personas son la pareja mayor de «La gente como nosotros».

T.M.F: Sólo falta Carola... ¿la «encontró» también esa noche?

S.V.: Sí, esa madrugada. Allí estábamos, en «La Ronda», cuando de pronto apareció una chica a hacer *strip-tease*, pero una chica que se notaba que no era artista, que era una aficionada° que de alguna manera se había metido en esto. Era una chica rubia y bonita pero que no tenía la menor idea de cómo bailar o cómo quitarse la ropa. Nadie la miraba. Yo empecé a mirarla porque me puse a pensar por qué esta chica estaba haciendo *strip-tease* cuando evidentemente no era strip-teasera. Me impresionó mucho toda esa escena y lo que pasó después. Cuando terminó, estaba totalmente desnuda pero nadie la aplaudió. Es que nadie

alojó°: stayed
pasarlo bien°: to have a good time
portada°: front cover
patoteros°: of the street
congoja°: anguish
modales°: manners
pudiente°: wealthy
aficionada°: amateur

la estaba mirando tampoco. Me dio la impresión de que a ella le costaba un poco hacer lo que estaba haciendo. De pronto se agachó° de una forma bastante absurda, tomó sus ropas y con la ropa en la mano se fue. Y así fue como encontré a Carola. 60

crouched down

T.M.F: Ahora, luego de «encontrar» a esos cuatro personajes, ¿los juntó usted en «La gente...» con algún propósito o alguna intención particular?

S.V.: No, cuando yo escribo generalmente no escribo buscando una tesis, tratando de expresar ciertas ideas, sino que simplemente investigo posibilidades. Para mí, escribir es una forma de preguntarse «qué sucedería si...». Y la verdad es que con respecto a «La gente como nosotros» me empecé a preguntar qué pasaría si esa pareja tan extraña (que había visto en «La Ronda»), esa pareja mayor que no se hablaba, tuviera que encontrarse con esa strip-teasera y con ese muchacho que le había quitado la silla a la chica de la fotografía. Al principio no encontraba el lugar apropiado para el encuentro pero después se me ocurrió la idea de un taxi colectivo que quedaba en pana° a altas horas de la noche o a la madrugada. Y bueno, así nació «La gente como nosotros». 65 70 75

broken-down

T.M.F: ¿Qué lugar emocional o intelectual ocupa esta obrita en el resto de su producción teatral? ¿Hay algún cariño especial por ella?

S.V.: Curiosa pregunta... y digo «curiosa» porque si usted me hubiera hecho esta pregunta hace un año, le habría contestado que más que cariño había casi una situación de rechazo especial por «La gente...». Por razones más bien relacionadas con las puestas en escena°, actuaciones° y direcciones que había visto, en general débiles, no estaba satisfecho con dicha obra. En todo caso, *Viña* sí es una de mis obras más queridas. Sin embargo, mi apreciación con respecto a «La gente...» cambió totalmente cuando el año que acaba de terminar (1983) fui a Nueva York (que me encanta y adonde voy cada vez que puedo) y uno de esos pequeños teatros de off-off-off-Broadway había decidido dar *Viña* en inglés. Y curiosamente, de las tres obritas, «La gente como nosotros» era la que inmediatamente tomó mayor calidad dramática y donde sus actores (la mayoría norteamericanos o latinos que habían vivido mucho tiempo en Estados Unidos) la entendían y la transmitían muy bien. Personalmente creo que de las tres obras de *Viña,* «La gente como nosotros» es tal vez la pieza° más clara y más accesible a un público norteamericano o no hispano en general. (Por ejemplo, en «El delantal blanco», la relación patrona-empleada —esa relación de mando que tiene una patrona con una empleada tal como se entiende en Latinoamérica y tal como no se entiende en los Estados Unidos— es algo que siempre ha causado problemas y que nunca han podido entenderlo bien las actrices norteamericanas. 80 85 90 95 100

stagings / performances

drama

Lectura

La gente como nosotros

PERSONAJES

FREDDY

CAROLA

EL SEÑOR

LA SEÑORA

ACTO ÚNICO

Un claro° al margen del camino de Viña del Mar a Limache. Algunos troncos° cortados y algunos arbustos° son los únicos elementos escenográficos. Es de noche. Al abrirse el telón°, la escena está vacía.

Después de un momento entran el SEÑOR y la SEÑORA. Ella, de aproximadamente cincuenta años, viste un abrigo de verano y lleva su bolso en la mano. Su actitud general es de fría indiferencia. El SEÑOR viste terno° oscuro y se le observa molesto por las circunstancias en que se halla.

Luego entra FREDDY, de veintitrés años, con paso displicente° y las manos en los bolsillos°. Viste con rebuscada° elegancia, sus modales° y gestos revelan cierta ordinariez°.

Después de FREDDY entrará CAROLA, dieciocho años, su actitud es de concentración en sí misma.

clearing
logs / shrubs
theater curtain
three-piece suit
aloof; unpleasant
pockets / researched; affected / manners / lack of manners

FREDDY

¡Bien! Aquí podremos esperar que el chófer arregle la «pana»°. Menos mal que hay luna... Estos taxis colectivos son una calamidad; desde que salí de Viña me di cuenta que algo andaba mal. *(Mira su reloj y comprueba que está detenido.)* ¿Qué horas son? *(Nadie le contesta. Se dirige directamente al* SEÑOR.) ¿Podría decirme la hora?

breakdown of a car

EL SEÑOR

(Quien, junto a la SEÑORA, *se ha apartado de los otros dos.)* Las dos y cuarto.

FREDDY

(Pone su reloj a la hora.) No es hora para hacer «picnic». ¿Creerán ustedes que esto me pasa de puro tonto°? Pude haberme vuelto a Limache en un Impala de un amigo, pero no quise. Él se

foolish

enojó, pero yo soy porfiado°. A los amigos hay que demostrarles que es uno el que manda, de lo contrario se está frito°. ¿No es cierto? *(Nadie le responde.* FREDDY *se amohína° y principia a silbar° un ritmo bailable mientras inspecciona el lugar. De vez en cuando mirará a* CAROLA, *como tratando de reconocerla.)* 30

obstinant, stubborn
you're done for
gets annoyed / whistle

LA SEÑORA

No me gusta ese tipo.

EL SEÑOR

No podía elegir a los demás pasajeros.

LA SEÑORA

Si nos quisieran asaltar...

EL SEÑOR

¡Bah!

LA SEÑORA

Tú te empeñaste° en ir a Viña en el auto a pesar de que sabías perfectamente que estaba fallando°. 35

insisted
was breaking down

EL SEÑOR

Hace meses que fallaba.

LA SEÑORA

Y, justamente, tuvo que pararse esta noche. Justo a la salida del Casino... Yo quería venir.

EL SEÑOR

No vuelvas a empezar. 40

LA SEÑORA

¿Yo volver a empezar? Yo no hablo. Hace tiempo que no hablo. Perdí la costumbre.

FREDDY

(A CAROLA.*)* ¡Ya está! Ahora me acuerdo. *Se acerca* CAROLA *y la indica maliciosamente con su índice.)* En «La Ronda» ¿No es cierto? (CAROLA *hace como si no hubiera oído y mira hacia el otro lado.)* ¡No hay de qué avergonzarse°! 45

to be ashamed

CAROLA

¡Yo no me avergüenzo!

FREDDY

¿Y por qué no me contestas?

CAROLA

No tengo ganas°.

I don't feel like it

FREDDY

(Imitándola desabridamente°.) ¡No tengo ganas! Las ínfulas° que te das y pensar que te he visto en pelota°. *(El* SEÑOR *y la* SEÑORA *miran extrañados hacia* Carola.) 50

tastelessly; harshly / airs, false importance / naked

CAROLA

¡Media gracia°!

joke

FREDDY

¿O no hablas con desconocidos? Si es por eso, me puedo presentar. *(Le extiende la mano.)* Freddy Salamanca, a sus órdenes. 55 (CAROLA *le toma la mano y vuelve a mirar en otra dirección.)* ¿Y tú? ¿Cómo te llamas? Creo que ni siquiera te anunciaron.

CAROLA

Carola.

FREDDY

(Riéndose abiertamente de súbito.) Dime..., ¿te dolió mucho?

CAROLA

¿Qué? 60

FREDDY

Cuando te quité la silla y te caíste.

CAROLA

(Reaccionando enojada.) ¿Fue usted?

FREDDY

¡Ésa sí que estuvo buena! *(Se dirige al* SEÑOR *y la* SEÑORA.) Oigan, oigan esto, que es bien bueno. Yo estaba con Tito en «La Ronda». Tito es mi amigo el del Impala, feo como el demonio, 65 pero podrido° en plata°, y, de pronto, aparece en la pista°, en medio del «show», nuestra amiga *(indica a* CAROLA) para hacer un «strip tease». Nosotros estábamos en primera fila°, justo detrás de ella, y cuando Carola se fue a sentar para bajarse los calzones° yo, con el pie, quité la silla y Carola fue a dar al suelo... ¡La que 70 se armó! ¡Fue de película! *(A* CAROLA.) ¿Te enojaste mucho?

rotten / money / track
front row
panties

CAROLA

(Molesta.) No.

FREDDY

¿No estás enojada conmigo?

CAROLA

No.

FREDDY

Los artistas tienen que soportar todo. Se deben a su público. 75 Después de todo, lo pasan harto bien°.

very well

CAROLA

¡Mejor lo pasan ustedes!

FREDDY

¿Nosotros? ¿Y quiénes somos nosotros?

CAROLA

Usted lo sabe bien.

FREDDY

¿Qué quieres decir? 80

CAROLA

Antonio, el anunciador, me dijo quiénes eran ustedes, los que me habían quitado la silla.

FREDDY

¿Antonio? Que se calle ése, que también tiene su historia.

CAROLA

Yo no sé para qué van al «strip tease»...; si fueran hombres siquiera los que se desvistieran°... 85

got undressed

FREDDY

(Picado.) ¿Crees que no soy hombre?

CAROLA

¡Claro que no!

FREDDY

Te podría mostrar cien señoras que te podrían decir cómo soy yo.

CAROLA

(Despectiva.) ¡Señoras! 90

FREDDY

Señoras, sí, y señoras decentes... ¿O crees tú que me voy a estar gastando con señoritas?

CAROLA

¿Por qué no?

FREDDY

Se enamoran, se quieren casar; en cualquier momento uno les hace una guagua°... ¡Y se terminó Freddy! Además..., con las señoritas ni na, ni na°... 95

a baby (in Chile)

no pasa nada, no se gana nada

CAROLA

Ni na, ni na ¿qué?

FREDDY

(Hace con los dedos como si contara billetes.) ¡Money! *(Lo pronuncia en español, igual que se escribe.)* ¿O tú crees, también, que las

mejores cosas de la vida son gratis°? No, señor. Hay que pagarlas 100 free
y a mí me pagan. No debo ser tan inservible°, entonces. useless

CAROLA

(Desafiante°.) ¿Los hombres también? defiant

FREDDY

(Igual.) También.

CAROLA

Debiera darle vergüenza siquiera°. (FREDDY *la mira y sonríe irónicamente. Enciende un cigarrillo y se aleja tratando de mostrar su molestia°. En el diálogo anterior, el* SEÑOR *y la* SEÑORA *han permanecido inmóviles, sin mirar a* FREDDY *y* CAROLA, *pero obviamente han escuchado su conversación.)* 105 at least annoyance

LA SEÑORA

Anda a ver si el chófer arregló la «pana».

EL SEÑOR

¿No lo ves desde aquí? Todavía está metido de cabeza en el motor. 110

LA SEÑORA

Nunca en mi vida oí tantas indecencias° juntas. obscenities

EL SEÑOR

Ni yo.

LA SEÑORA

La gente como nosotros...

EL SEÑOR

Sí. 115

LA SEÑORA

¿Sí, qué?

EL SEÑOR

Lo que tú dijiste: «La gente como nosotros...»

LA SEÑORA

Yo no terminé mi frase.

EL SEÑOR

De todos modos tenías razón.

LA SEÑORA

Una tiene que quedarse en «pana» en un camino y de noche 120
para enterarse de° las obscenidades que ocurren al lado nuestro. to find out

EL SEÑOR

Otra cosa es verlo en películas o en el teatro o en los diarios.

LA SEÑORA

¿Qué diarios?

EL SEÑOR

Esos con letras rojas que se ven en los kioskos. Yo no los leo.

LA SEÑORA

Haces bien. 125

EL SEÑOR

La gente como nosotros...

LA SEÑORA

Sí. Tienes razón.

FREDDY

Acercándose nuevamente a CAROLA *en plan de cordialidad.)* ¿Por qué estás enojada? ¿Te ha ido mal?

CAROLA

(Después de una pausa.) Sí. 130

FREDDY

Tal vez yo te podría ayudar. «La Ronda» no es el único cabaret de Viña. Yo soy amigo de un señor que es dueño de dos en el puerto°. Si quieres, te recomiendo. — port

CAROLA

Parece que no sirvo.

FREDDY

¿No sirves? Eres joven, tienes buen cuerpo..., ¿por qué no ibas 135 a servir?

CAROLA

No sé. No les gusto. Me silban.

FREDDY

¿Vives en Limache?

CAROLA

Cerca. Casi al llegar.

FREDDY

¿Y qué hacías antes? 140

CAROLA

Nada. Mi papá es viudo°. Se pierde por meses. Yo cosía° pero no me gusta coser. Quiero viajar, salir en las revistas, ser alguien... ¿Y qué posibilidad tenía para lograrlo? Un día fui a Viña a ver a un amigo, le conté lo que me pasaba y me llevó donde Antonio. Me contrató° para el verano..., me pareció que 145 era fácil...

widower / to sew

hired

FREDDY

Dime... ¿No te dio vergüenza la primera vez?

CAROLA

Más vergüenza me daba cuando me veían en Limache con el vestido viejo y parchado°. *(Mostrando su ropa)* Esto me lo compré con el primer sueldo. Es bonito, ¿no es cierto? 150

patched

FREDDY

(Guiñándole° un ojo.) Toca esta tela°. Es «palm beach» inglés. Cuesta como ochenta escudos el metro. *(Se queda un momento pensativo.)* Sí. Yo sé lo que es eso. Andar con los pantalones parchados y que la gente te mire y no te vea.

winking at her / material

CAROLA

Pero a ti te va bien. Te pagan. 155

FREDDY

¿Y a ti no? ¿Te empelotas° acaso por bolitas de dulce?

you undress

CAROLA

Pero no les gusto, me pifian°. Todas las noches me pifian. Y se ríen de mí, como lo hiciste tú cuando me quitaste la silla.

boo

FREDDY

¡No es para tanto!

CAROLA

¡No es para tanto! ¿Y qué es para tanto? Tú no sabes lo que es 160 tener que desvestirse todas las noches delante de gente que tú ni sabes quiénes son. Y, al final, agacharte° a recoger° tu ropita del suelo y salir a poto pelado° en medio de la gente que conversa y bebe... ¡Y a nadie le importa! ¡Ni miran siquiera! Y hay esas mujeres elegantes que te observan con curiosidad, como si uno 165 fuera un monstruo o algo así, como si ellas no estuvieran desnudas debajo de sus vestidos. ¡Tú no sabes lo que es! *(Esconde la cara en las manos por un momento.)*

bend down / to pick up / bare-bottomed

FREDDY

Tú crees que a ti te sucede lo peor porque no sabes nada. A ti, al menos, te humillan en tu piel. Nadie se mete dentro de ti. Te 170 usan, si, pero para exhibirte en una vitrina°. A mí me revuelven por dentro, me sacan todo, me registran, me humillan... y me pagan.

show window

CAROLA

Pero te quieren.

FREDDY

¿Me quieren? ¿Quiénes? 175

CAROLA

Tu amigo el del Impala..., las señoras ésas, las decentes.

FREDDY

¡Las señoras decentes! Las señoras decentes me usan como un trapo viejo[54], mientras yo tengo que fingir° que las admiro, que me gustan, que las deseo. Ellas no necesitan fingir. Ellas pagan. Y Tito sabe que él es el dueño del Impala, que es él quien me compra los ternos de ochenta escudos el metro. Y a él no le importa que un día yo tenga asco°, o que esté cansado, o que sienta necesidad de aire puro, de respirar y de vivir... Él es el dueño del Impala, él es el que tiene la plata. Es feo, feo como el diablo, pero tiene el Impala y tiene la plata. ¿Sabes lo que pienso hacer? Juntar yo mi platita, tener yo mi auto y, después, ser yo el que pague a muchachos como yo, a los que vea con buena pinta° y con los pantalones parchados o a chiquillas como tú, bonitas, pero con la falda descosida°.

an old rag / pretend

180

disgust, loathing

185

aspect, looks

unstitched

CAROLA

Mi papá decía algo parecido...

FREDDY

¿Que tu papá también...?

190

CAROLA

¡No! Cómo se te ocurre. Es que me acordé de cuando era chica. Mi mamá todavía vivía. Mi padre era un artista. Tallaba° figuras en madera, un huaso° bailando, una lavandera, cosas así. Lo que tallaba el papá se lo compraba un gringo para venderlo en Santiago. El gringo vivía lo más bien de lo que ganaba con el trabajo de mi papá, pero como era inteligente le pagaba poco, lo suficiente para que pudiéramos comer. Así no había ninguna posibilidad de que mi papá se fuera a Santiago a vender sus figuras en la misma parte que las vendía el gringo.

carved

peasant

195

FREDDY

¿Y eso qué tiene que ver°?

200 has to do with

CAROLA

Que mi papá quería ahorrar°, tener algo de plata para poder ir a Santiago, pero no pensaba trabajar más, sino que iba a contratar a otros para que hicieran las figuras. Y también les iba a pagar poco y se iba a dar la gran vida, igual que el gringo.

save

FREDDY

¿Y...?

205

CAROLA

No le resultó. Se puso a tomar, el gringo se aburrió y por ahí anda el viejo. Hasta preso° ha estado...

in jail

FREDDY

No lo supo hacer.

CAROLA

No. No es eso. Uno cree que puede hacerlo, pero no... Hay gente que nace para aprovechar y otros para que lo aprovechen... 210 ¡Qué daría yo por tener harta plata, sentarme en la mesa de un cabaret y hacer que todas las señoras que van a divertirse viéndome a mí, se fueran sacando la ropa una a una. ¡Esa sí que sería fiesta! Pero no, es lindo pensarlo, pero no sucederá. A muchas de ellas, sólo las han visto desnudas el marido y el doctor. 215

FREDDY

El marido, el doctor... ¡y Freddy!

CAROLA

No todas son como las que conoces.

FREDDY

Todas son iguales.

CAROLA

¡Qué sabes tú!

FREDDY

Si no lo sé yo..., ¿quién? 220

CAROLA

Tal vez sea como tú dices, sería un consuelo para uno, pero mucho más consuelo es pensar que no es así, que las hay diferentes... *(Baja la voz.)* Oye... Mira esa señora..., ¿crees tú...?

FREDDY

¡Seguro! *(La* SEÑORA, *quien, junto al* SEÑOR, *ha estado oyendo en silencio, fingiendo no interesarse en la conversación de los jóvenes,* 225 *vuelve la vista hacia ellos al sentirse aludida, en digna actitud, para volver luego a su posición de fingida indiferencia.)*

CAROLA

¡Chita°! ¡Parece que está oyendo! (FREDDY y CAROLA *siguen hablando en voz baja.)*

°hush!

LA SEÑORA

¿Y tú permites? 230

EL SEÑOR

¿Qué?

LA SEÑORA

Tu oíste.

EL SEÑOR

Yo no oigo.

La Señora

Oíste.

El Señor

Oí, pero no tienen por qué saber que oí. 235

La Señora

Me han insultado.

El Señor

Haz cuenta° que no has oído.

pretend

La Señora

Pero oí.

El Señor

La gente como nosotros...

La Señora

¿Qué hay con la gente como nosotros? 240

El Señor

No saben de esas cosas. Es otro mundo.

La Señora

¿Te parece?

El Señor

¿Cómo? ¿Qué quieres decir?

La Señora

No debieras estar tan seguro.

El Señor

¿Seguro de qué? 245

La Señora

De que ese hombre no me ha reconocido.

El Señor

¿Quién? ¿Ése? Si es la primera vez que te ve.

La Señora

¿Cómo lo sabes?

El Señor

Lo sé... ¡Y basta!

La Señora

No me habrían faltado motivos para solicitar sus..., sus servicios. 250

El Señor

¿Vas a empezar?

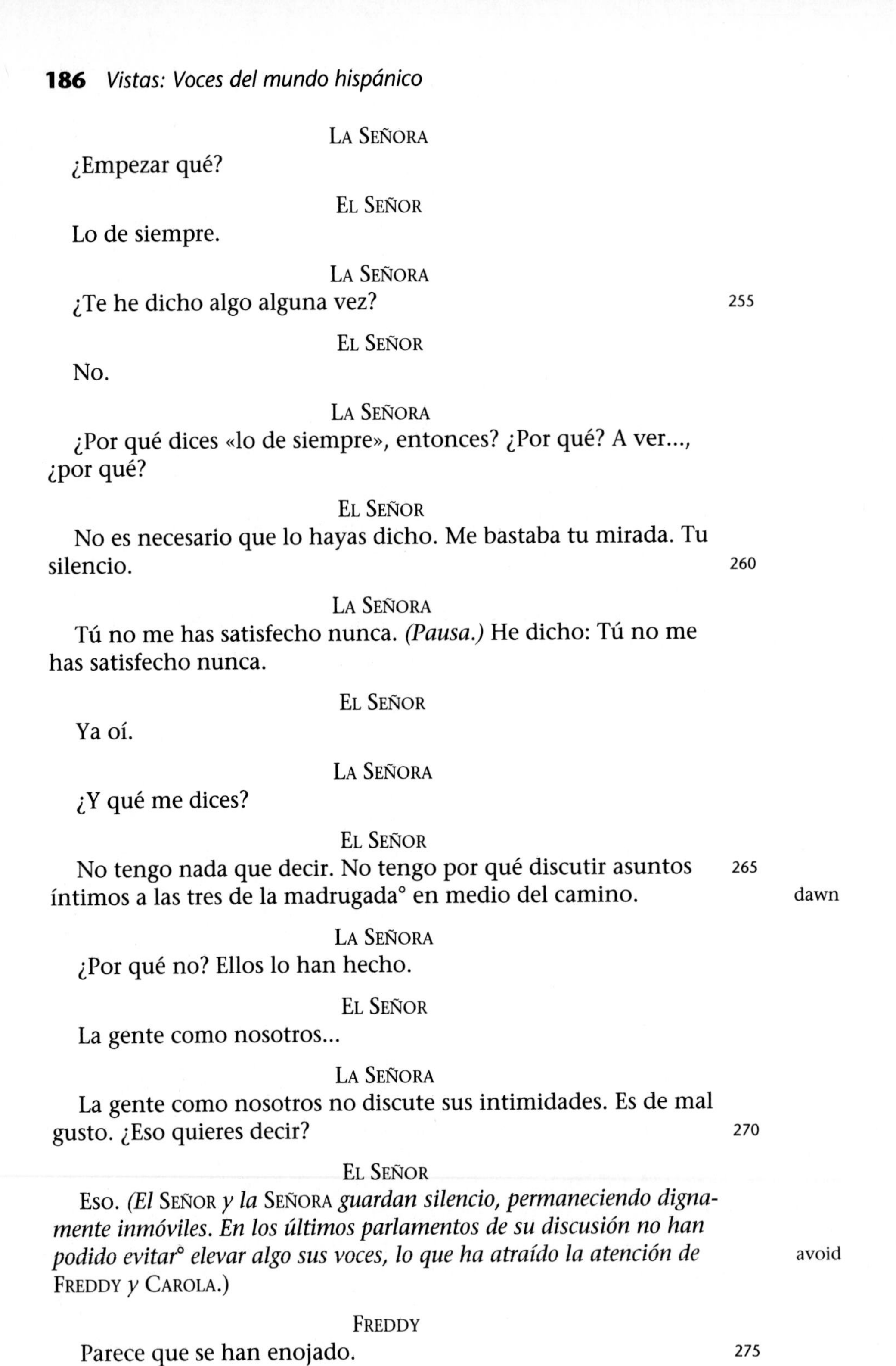

LA SEÑORA

¿Empezar qué?

EL SEÑOR

Lo de siempre.

LA SEÑORA

¿Te he dicho algo alguna vez? 255

EL SEÑOR

No.

LA SEÑORA

¿Por qué dices «lo de siempre», entonces? ¿Por qué? A ver..., ¿por qué?

EL SEÑOR

No es necesario que lo hayas dicho. Me bastaba tu mirada. Tu silencio. 260

LA SEÑORA

Tú no me has satisfecho nunca. *(Pausa.)* He dicho: Tú no me has satisfecho nunca.

EL SEÑOR

Ya oí.

LA SEÑORA

¿Y qué me dices?

EL SEÑOR

No tengo nada que decir. No tengo por qué discutir asuntos 265 íntimos a las tres de la madrugada° en medio del camino.

dawn

LA SEÑORA

¿Por qué no? Ellos lo han hecho.

EL SEÑOR

La gente como nosotros...

LA SEÑORA

La gente como nosotros no discute sus intimidades. Es de mal gusto. ¿Eso quieres decir? 270

EL SEÑOR

Eso. *(El* SEÑOR *y la* SEÑORA *guardan silencio, permaneciendo dignamente inmóviles. En los últimos parlamentos de su discusión no han podido evitar° elevar algo sus voces, lo que ha atraído la atención de* FREDDY *y* CAROLA.*)*

avoid

FREDDY

Parece que se han enojado. 275

CAROLA

Pero no se pelean. Son ricos. Saben comportarse. Sólo cuando se curan° dicen groserías. Me gustaría ser como esa señora. Debe sentirse tan segura.

get drunk (Chile)

FREDDY

¿Tú como ella?

CAROLA

Poder mirar así, sintiéndose la dueña... 280

FREDDY

Yo he estado en la cama con más de veinte señoras como ésa.

CAROLA

Pero estoy segura que hasta en la cama siguen siendo las dueñas.

FREDDY

Sí. Tienen plata. Pueden comprar y uno sólo sabe vender. Y el que compra siempre está en ventaja°. Sabe regatear° y hasta 285 puede devolver la mercancía.

advantage / to bargain

CAROLA

Eso no te debe haber pasado a ti.

FREDDY

¡Claro que no! ¿Cómo me van a devolver?

CAROLA

Oye..., si uno se comportara igual que ellos, sentiría lo mismo.

FREDDY

¿De dónde sacaste eso? 290

CAROLA

¿No has hecho la prueba con una sonrisa?

FREDDY

¿Te está fallando...?

CAROLA

Es una cosa que me enseñó una señora viejita que estuvo de allegada° en mi casa. Mira, cuando tú estás triste, lo mejor es sonreír, sonreír aunque no tengas ganas. Y resulta que uno prin- 300 cipia a sonreír y la sonrisa se contagia por dentro y la pena se va y te sientes contenta. Yo creo que, a lo mejor, si los imitamos a ellos, hasta podremos sentirnos iguales.

was a boarder

FREDDY

¡Las cosas que se te ocurren...!

CAROLA

Hagamos la prueba. Ponte así. *(Imitan la posición estatuaria del* SEÑOR *y la* SEÑORA. FREDDY *se tienta de la risa y contagia a* CAROLA.) No. Sin reírse. A ver quién aguanta° más. *(Se mantienen erguidos° e inmóviles en una caricatura del* SEÑOR *y la* SEÑORA. *La* SEÑORA *se separa súbitamente de su marido y da un paso en dirección a* Freddy.) 305

can stand / straight

EL SEÑOR

(Deteniéndola.) ¿Adónde vas? 310

LA SEÑORA

Voy a hablar con él.

EL SEÑOR

¿Qué le vas a decir?

LA SEÑORA

Quiero anotar su número de teléfono.

EL SEÑOR

¿Estás loca?

LA SEÑORA

¿No has pagado tú, acaso? 315

EL SEÑOR

Pero...

LA SEÑORA

No es mía la culpa°.

blame

EL SEÑOR

¿Mía?

LA SEÑORA

Sí.

EL SEÑOR

Bien. Hablemos. 320

LA SEÑORA

Si te cuesta tanto...

EL SEÑOR

Hablemos.

LA SEÑORA

Te escucho.

EL SEÑOR

No hablaré sólo yo. Tú también.

LA SEÑORA

Yo ya te lo dije. 325

El Señor

¿Y qué más?

La Señora

(Después de una breve pausa, abriendo lentamente la represión de tanto tiempo.)...día a día, noche a noche, veinte años han pasado. No, veinticinco. Veintiocho, para ser más exacta. Yo esperaba. Sabía que el matrimonio no era sólo eso. Pero sabía, también, que el matrimonio era eso. Eso principalmente. Y quedaba esperando. Tenías excusas: dolor de cabeza, cansancio, sueño. Y el tiempo pasaba. A veces, sucedía. Así como una obligación que hay que cumplir. Igual que pagar impuestos° o hacer un trabajo tedioso. Pero nunca te entregaste° al amor, nunca supe lo que era sentirse en los brazos de un hombre que me hacía olvidar..., olvidar que era yo misma. Tú, a veces, llegabas tarde. Yo sabía dónde andabas y me preguntaba qué era lo que te hacía ir a otras mujeres, qué podías aspirar de ellas, qué te daban. *(Con un leve gesto hacia* Freddy *y* Carola.) A ésos, al menos, les pagan por ser humillados. Yo no recibí pago alguno. Lo reclamo ahora.

330 335 340

taxes

surrendered yourself

El Señor

No has dicho nada nuevo.

La Señora

¿Lo sabías?

El Señor

¿Cómo no iba a saberlo?

La Señora

¿Por qué no me hablaste nunca, entonces? 345

El Señor

La gente como nosotros...

La Señora

Sí, ya sé. ¡Qué triste es ser como nosotros!

El Señor

¿Tengo necesidad yo de decir mi parte?

La Señora

¡Ah!, ¿también tienes algo que decir?

El Señor

¿No lo sabes? 350

La Señora

No.

El Señor

En eso te llevo ventaja. Al menos, yo conocía tu discurso.

LA SEÑORA

Di el tuyo, entonces.

EL SEÑOR

Un hombre necesita dar su amor, necesita que su amor sea deseado, buscado. Yo esperaba, esperaba un signo, una señal, 355 algo que me dijera que me estabas esperando. Pero ahí estabas tú, reclamando un derecho, con tu camiseta°, tu pelo en desorden, tu vientre° impúdicamente° inflado. Ningún gesto. Nada, tenías marido y él debía cumplir con su deber. Y yo llegaba hasta ti con la frustración de sentirse una presa° y no un hombre; un 360 funcionario y no un amante. Y yo cumplía. Tarde y mal, pero cumplía. Pero nunca me deseaste. ¡Tú no sabes lo que es sentir que no se tiene necesidad de uno!

undershirt

belly / shamelessly

prey

LA SEÑORA

(Lentamente, después de una pausa.) ¿Era necesario que se nos echara a perder el auto y que tuviéramos que tomar este taxi 365 colectivo y que el taxi quedara en «pana» y que esta gente dijera lo que dijeron de nosotros, después de veintiocho años, para que habláramos de estas cosas?

EL SEÑOR

Era necesario.

LA SEÑORA

Hemos perdido nuestras vidas. 370

EL SEÑOR

Tugal, tugal..., salir a buscar°.

a line used in hide-and-seek

LA SEÑORA

Muy tarde ya. (FREDDY *y* CAROLA, *cansados de su posición prorrumpen en risas.)*

FREDDY

¿Sabes?

CAROLA

¿Qué? 375

FREDDY

Tú me gustas. Tienes lo mismo que yo, lo que yo tengo muy adentro.

CAROLA

Yo no soy siempre así.

FREDDY

Yo tampoco.

CAROLA

Me hubiera gustado conocerte cuando tenías los pantalones parchados. 380

FREDDY

Y yo a ti, con el vestido descosido.

CAROLA

(Tocando el «palm beach» de FREDDY.) Ochenta escudos el metro.

FREDDY

(Tocando el vestido de CAROLA.) Lo pagaste con tu primer sueldo por bailar desnuda. 385

CAROLA

Es tarde ya.

FREDDY

Sí. Muy tarde.

CAROLA

¿Qué podemos hacer?

FREDDY

Seguir, seguir igual. *(Ambos quedan pensativos, en silencio.)* 390

EL SEÑOR

¿Qué podemos hacer?

LA SEÑORA

Seguir, seguir igual. *(Ambos quedan pensativos, en silencio. Ahora son los cuatro que permanecen pensativos.)*

CHOFER

(Fuera.) ¡Eh, vengan, ya está listo el auto! *(Ninguno parece oírlo, nadie se mueve de inmediato. El* SEÑOR *se vuelve y cabizbajo° hace mutis° y luego, igual lo hacen la* SEÑORA *y después de ella,* CAROLA. FREDDY *queda un instante solo, se vuelve para iniciar el mutis y desaparece mientras silba una triste melodía.)* 395

cabizbajo: head down
mutis: leaves

FIN DE
«LA GENTE COMO NOSOTROS»

Análisis

1. ¿Qué significa el título, «La gente como nosotros»? ¿Qué implican los Señores al repetir esta frase a lo largo de toda la obra?
2. ¿Cómo se visten los personajes? ¿Qué revelan de sí mismos?
3. ¿Qué efecto o importancia tiene el hecho de que la acción tenga lugar por la noche en una carretera desconocida?
4. Examine cómo se hablan Freddy y Carola. Al empezar a hablarse, Freddy tutea a Carola inmediatamente mientras que Carola no lo hace hasta más tarde. ¿Cuándo ocurre este cambio específicamente? ¿Por qué?
5. Según Freddy, ¿cuál es la obligación de los artistas? ¿Es igual la relación entre artista / público y Freddy / clientes?
6. Freddy tiene «señoras decentes» como clientas mientras que la Señora juzga la conversación entre Freddy y Carola como una multitud de «indecencias». ¿Qué definición o definiciones de la «decencia» tienen los cuatro personajes?
7. ¿Qué relación establecen Freddy y Carola entre la vergüenza, la desnudez y la pobreza? ¿Presenta el autor alguna moraleja o crítica aquí?
8. En un momento, Freddy usa la palabra «money» al explicar su filosofía de la vida. En otro momento, Carola indica que un «gringo» se aprovechaba de su padre. ¿Qué pueden indicar estas palabras sobre su actitud hacia los norteamericanos?
9. ¿Cómo se puede interpretar la reacción de los Señores al fingir que no oyen la conversación entre los jóvenes? ¿Qué revela esta actitud sobre su carácter?
10. ¿Qué significado tiene el hecho de que los Señores no tienen nombre específico en contraste con Carola y Freddy?
11. Compare las dos conversaciones: la de los Señores entre sí y la que tienen Freddie y Carola. ¿De qué hablan? ¿Cómo se hablan? ¿Cómo reacciona cada pareja a la conversación de la otra?
12. ¿Qué significa la frase «Seguir, seguir igual» al ser repetida por las dos parejas? ¿Qué mensaje presenta Vodanovic aquí? ¿Cree usted que los personajes pueden seguir iguales después de lo que les ha ocurrido?
13. ¿En qué experiencias y personas se basa el drama «La gente como nosotros»? ¿Qué propósito tenía Vodanovic para escribir el drama?

Vocabulario

VERBOS

aprovechar — *to take advantage of*
«Hay gente que nace para **aprovechar** y otros para que lo **aprovechen**».

arreglar — *to fix*
«Aquí podremos esperar que el chófer **arregle** la 'pana'».

comportarse — *to behave*
«Pero no se pelean. Son ricos. Saben **comportarse**».

desvestirse — *to undress*
«...si fueran hombres siquiera los que **se desvistieran**».

enojarse — *to get angry*
«El **se enojó,** pero yo soy porfiado».

fallar — *to break, to fail*
«Tú te empeñaste en ir a Viña en el auto a pesar de que sabías perfectamente que estaba **fallando**».

mandar — *to order, to send*
«A los amigos hay que demostrarles que es uno el que **manda...**».

pararse — *to stop*
«Y, justamente, tuvo que **pararse** esta noche».

quitar — *to take away*
«Antonio, el anunciador, me dijo quiénes eran ustedes, los que me habían **quitado** la silla».

reírse de — *to laugh at*
«Y **se ríen de** mí, como lo hiciste tú cuando me quitaste la silla».

silbar — *to whistle*
«No les gusto. Me **silban**».

tener ganas de — *to feel like, want to*
«-¿Y por qué no me contestas?-»
-No **tengo ganas**».

SUSTANTIVOS

la plata — *money*
«Tito es mi amigo, el del Impala, feo como el demonio, pero podrido en **plata»**.

la tela — *cloth*
«Toca esta **tela.** Es 'palm beach' inglés».

ADJETIVOS

molesto — *uncomfortable, annoying*
«El SEÑOR viste terno oscuro y se le observa **molesto** por las circunstancias en que se halla».

parchado — *patched*
«Más vergüenza me daba cuando me veían en Limache con el vestido viejo y **parchado»**.

PALABRAS PROBLEMÁTICAS

de darse cuenta — *to realize*
«...desde que salí de Viña **me di cuenta de** que algo andaba mal».

realizar — *to fulfill, to make real*
El padre de Carola nunca **realizó** su sueño de ser escultor famoso.

malo, mal (before noun [m.]) — *bad (adjective)*
«Es de **mal** gusto».

mal — *poorly, not well (adverb)*
«...desde que salí de Viña me di cuenta de que algo andaba **mal**».

libre — *free*
Freddie y Carola querían quedar **libres** de la pobreza y el desprecio de los demás.

gratis — *free of charge, for nothing*
«¿O tú crees, también, que las mejores cosas de la vida son **gratis»**?

volver — *to return (to a place)*
«Pude haberme **vuelto** a Limache en un Impala de un amigo, pero no quise».

volver a (+ infinitive) — *to do something again*
«Carola le toma la mano y **vuelve a** mirar en otra dirección».

revolver *to revolve; to stir up; to mix up; to turn over*
«A mí me **revuelven** por dentro, me sacan todo, me registran, me humillan... y me pagan».

volverse *to turn around; to turn; to become*
«Freddy queda un instante solo, **se vuelve** para iniciar el mutis y desaparece mientras silba una triste melodía».

Ejercicios de vocabulario

A. Su reacción personal. ¿Cómo reaccionaría usted en las siguientes situaciones? Puede utilizar las expresiones que figuran debajo de la lista de situaciones pero no necesita limitarse a ellas.

1. Su coche *falla* en la carretera por la noche.
2. Su hija de dos años *se desviste* por completo en la biblioteca.
3. Un hombre / una mujer le *silba* mientras usted camina en la calle.
4. Alguien le *quita* la silla y usted se cae al suelo.
5. Los maestros le dicen que sus hijos *se han comportado mal* en la escuela.
6. Usted gana mucha *plata* en la lotería.

(No) me siento molesto/a...
(No) me enojo...
(No) tengo ganas de...
Me vuelvo...
Me doy cuenta de que...
Vuelvo a...
Me río de ...

B. Complete usted las frases siguientes con las palabras apropiadas de la lista de vocabulario.

1. Carola necesitaba comprar _______ porque su vestido estaba _______.
2. Si no _______ los libros a la biblioteca, le _______ una carta y le hacen una multa.
3. Si el mecánico no _______ el coche, el coche va a _______ en el camino.
4. Los señores _______ que Freddy y Carola están escuchando su conversación.
5. Debemos _______ las oportunidades que la universidad nos ofrece.

C. Traduzca al español las palabras en cursiva.

1. At the end of the play, the characters *turn* and leave the stage. ________
2. Do you think that Freddy and Carola *will meet* each other *again?* ________
3. What dreams do you hope *to realize?* ________
4. Can you imagine a world *free* of class distinctions? ________
5. Have things gone *badly* for you today? Have you had a *bad* day? ________, ________
6. If you don't *return* the videos today, you won't be charged. The second day is *free.*
7. I *did not realize* that. ________, ________, ________.

D. Preguntas personales. Conteste Ud. las preguntas siguientes y después hágaselas a otra persona de la clase.

1. *¿Silbas* bien o *mal?* ¿Conoces a alguien que *silbe* bien?
2. ¿ Cómo te gustan los huevos? *¿Revueltos?* ¿Fritos?
3. ¿Cómo te sientes si *vuelves a cometer* el mismo error?
4. ¿Cuándo has tenido que *mandar?* ¿En qué circunstancias has seguido los mandatos de otros?

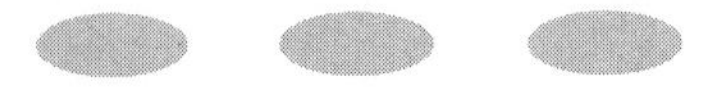

Después de leer

A. Usted es filósofo

Con otra persona de la clase, encuentre usted estas citas en la obra. Examínenlas. ¿Quién las dijo? ¿Qué filosofía de la vida nos presentan? ¿Están ustedes de acuerdo con estas ideas? ¿Por qué sí o por qué no?

1. «A los amigos hay que demostrarles que es uno el que manda»
2. «Los artistas tienen que soportar todo»
3. «Hay gente que nace para aprovechar y otros para que lo aprovechen»
4. «La gente como nosotros no discute sus intimidades»
5. «Pero no se pelean. Saben comportarse. Sólo cuando se curan dicen groserías»
6. «Mira, cuando tú estás triste, lo mejor es sonreír, sonreír aunque no tengas ganas»

7. «¡Qué triste es ser como nosotros!»
8. «Seguir, seguir igual»

B. Usted es psicoanalista

Fórmense en grupos de cinco personas. Cada uno tomará el papel de uno de los personajes de la obra de teatro o de un/a psicoanalista que quiere ayudarlos a resolver sus conflictos. El/la psicoanalista les leerá las palabras siguientes y los «personajes» expresarán sus reacciones. Luego el/la psicoanalista le sugerirá a cada persona lo que debe hacer para resolver los problemas que tiene.

1. desnudarse
2. fingir
3. sonreír
4. esperar
5. pagar
6. la plata
7. la ropa
8. la vergüenza
9. la decencia
10. el gusto

C. Actuaciones

1. **Una escena preferida.** Divídanse en grupos de cuatro, tomen los papeles de los cuatro personajes, escojan una sección del drama, memorícenla y preséntensela al resto de la clase. Después explíquenle a la clase por qué escogieron ustedes esta sección del drama. ¿Qué aprendieron al prepararla y al presentarla a la clase?
2. **Una escena más.** Divídanse en grupos de cuatro e imagínen que los personajes se ven el próximo día en la playa, Viña del Mar. Inventen juntos la nueva escena. ¿Se hablarán? ¿Se formarán en parejas? ¿Algo habrá cambiado en su vida o todo seguirá igual? Después, presenten la escena al resto de la clase.

D. Momentos decisivos

Imagine su vida en 15 años. ¿Qué decisiones profesionales habrá hecho? ¿Se habrá casado? ¿Tendrá usted niños? ¿Dónde y cómo vivirán usted y su familia o sus amigos? ¿Será miembro de cierta clase social o económica? Si no puede o no quiere imaginar su vida en 15 años, ¿por qué no? ¿Qué busca usted en la vida? ¿Qué aspiraciones tiene usted?

Reacción y revisión. Siga las instrucciones de la página 15.

E. Correspondencia

1. Uno de los cuatro personajes le escribe una carta a un/a amigo/a íntimo/a en que le revela sus problemas, sus tristezas, sus motivaciones y sus esperanzas para el futuro.
2. En la corte de divorcio, la Señora de «La gente como nosotros» y la sobrina de «La muñeca menor» se conocen. Entonces deciden escribirse para comparar sus vidas antes y después del divorcio.

F. Creación

1. Escriba usted otro final u otra escena de «La gente como nosotros». Podría tener lugar inmediatamente después o unos años más tarde.
2. Los personajes de «La gente como nosotros» se basan en personas verdaderas que Vodanovic observó de vacaciones en Viña. Él quería explorar las posibilidades de lo que pasaría si estas cuatro personas se conocieran. Siguiendo este patrón, ¿cuáles serían las personas que a usted le gustaría que se conocieran en un drama? ¿Cómo se encontrarían? ¿Cuáles serían las posibilidades de tal encuentro?

G. Análisis literario

Escriba usted un ensayo de exposición donde analice lo siguiente:

1. La crítica social. ¿Cómo critica Vodanovic a la sociedad chilena? ¿Qué hipocresía se revela en su drama? ¿Critica a una clase más que a otra? ¿Por qué sí o no? ¿Hasta qué punto representan los personajes los valores de una clase? ¿Hasta qué punto son únicos y realistas? ¿Hasta qué punto culpan a los otros por sus acciones o aceptan la responsabilidad?
2. El sexo y los papeles de las mujeres y los hombres. ¿Cómo se tratan los hombres y las mujeres? ¿Qué papeles tienen en la sociedad? ¿Cómo se muestran respeto o desprecio? ¿Para qué sirven lo sexual o lo erótico en esa sociedad? ¿Qué relación tienen el dinero y el poder con la sexualidad?
3. Los personajes de esta obra vienen de diferentes clases sociales y económicas. Sin embargo, todos parecen sentirse solos o aislados. Examine estos ejemplos para exponer el tema de la soledad o el aislamiento.

4. El conflicto y la armonía. ¿Qué conflictos entre los personajes o de los personajes con sí mismos se presentan en el drama? ¿Qué se necesita para resolver los conflictos o para tener más armonía? ¿Son inevitables los conflictos? ¿Es posible la armonía? Los personajes a veces son crueles, egoístas, materialistas y vengativos. ¿En qué momentos se muestran honestos, compasivos, humildes o generosos? ¿Qué esperanza hay para ellos?
5. «La gente como nosotros» es parte de la trilogía *Viña:Tres comedias en traje de baño.* Viña es un lugar de veraneo adonde van los chilenos para estar de vacaciones, divertirse y escaparse de las presiones ordinarias de la vida. En cierta forma, al desvestirse y vestirse con traje de baño, se convierten en otras personas. En este drama se menciona mucho el desnudarse. Examine los sentidos figurativos y literales de esta acción. ¿Cómo se revelan verdaderamente?
6. A través de sus obras, Ferré y Vodanovic critican los estereotipos sexuales y la superficialidad en sus sociedades. Compare la presentación de estos temas en las dos obras.

H. Investigación

Con algunos compañeros, escoja uno de los siguientes temas y prepare una presentación breve para la clase.

1. Lea otro de los dos dramas de *Viña:Tres comedias en traje de baño* y compárelo a «La gente como nosotros».
2. Investigue la estructura social de Chile. ¿En qué se basa? ¿Qué divisiones sociales y económicas existen? ¿Son rígidas o se puede alcanzar otro nivel social por medio de la enseñanza o el éxito material?

Índice de palabras problemáticas

This is an index of the "palabras problemáticas" explained in each chapter. The roman numeral indicates the unit number; this is followed by the author's name in whose chapter the word can be found.

Vocabulario

This vocabulary includes contextual meanings of all words and idioms used in the text except cognates, diminutives, superlatives, and individual verb forms. If a verb has a stem change, the change is indicated in parentheses following the infinitive. For example, *advertir (ie, i)*. Gender is indicated for all nouns by the use of *m* for masculine and *f* for feminine.

A

abatido knocked down; humbled
abertura *(f.)* opening, hole
abnegado self-denying, unselfish
abolladura *(f.)* dent, bump
abono *(m.)* payment
abordar approach
abotagado bloated, swollen
abrasar to burn; to parch
abrazo *(m.)* hug, embrace
absorto amazed
abyecto degraded; wretched; servile
acabar con to put an end to
acariciar to caress
acarrear to cart; to transport
acaso perhaps
acercarse a to approach
acero *(m.)* steel
acertar (ie) to hit (the mark); to hit upon; to guess right
achicharrarse to make oneself smaller; to get burnt
aconsejar to advise
acontecimiento *(m).* event, happening
acostado reclining; in bed
acostumbrarse to get accustomed
acrisolado cleansed, purified
actas *(f.)* minutes of a meeting, documents
actuación *(f.)* performance
acudir a to go or come (to aid); to turn to for help
adelfa *(f.)* rosebay, oleander
adelgazar to lose weight; to become thin
ademán *(m.)* gesture
a deshora unexpectedly
adivinar to guess
adquirir (ie) to acquire
adular to flatter
advertir (ie, i) to notice; to warn
afán *(m.)* effort, hard work
afanarse to toil
afiche *(m.)* poster
aflojarse to slacken; to loosen; to let go
agacharse to stoop; to crouch; to cower
agarrar to seize, to grasp
agazapado crouching, squatting
agobiar to overwhelm
agradar to please; to be agreeable to
agregar to add
agrio sour; disagreeable
aguacero *(m.)* shower; downpour
aguantar to endure, to tolerate
aguardar to wait
aguarse to get watery; to become diluted
águila *(f.)* eagle
aguinaldo *(m.)* Christmas or New Year's gift
aguja *(f.)* needle
agujereado pierced, perforated
agujero *(m.)* hole; gully
ahogar to drown; to choke, to smother
ahorrar to save
airado angry
aislamiento *(m.)* isolation
ajeno another's
al alba at dawn
ala *(f.)* wing
alabar to praise
alacena *(f.)* cupboard, closet; booth, stall
alambrada *(f.)* wire netting, wire fence
alambrado fenced with wire
alambrista *(m.)* high wire artist
albedrío *(m.)* free will
alboroto *(m.)* uproar
albures *(m.)* chances; risks; puns
alcanfor *(m.)* camphor
alcaparra *(f.)* caper
alcoba *(f.)* bedroom
aldabonazo *(m.)* knock, knocking
aldea *(f.)* village
alejado removed; moved away from
alejarse de to move away; to withdraw
alfiler *(m.)* pin, brooch
algazara *(f.)* clamor; uproar
algodón *(m.)* cotton
algodonoso cottony
alguacil *(m.)* constable
aliento *(m.)* breath; encouragement
alivio *(m.)* relief, aid
aljibe *(m.)* cistern; reservoir
alma *(f.)* soul, spirit
almidonado starched
alojarse to stay

alquilar to rent; to hire
altamar *(m.)* high seas
alterar to upset
alternativa *(f.)* alternative, option; ceremony of becoming a full matador (bullfight)
altillo *(m.)* attic
alza *(f.)* rise
alzada *(f.)* height; appeal
amanecer to dawn, to begin to get light
amapola *(f.)* poppy
amargo bitter; painful
amarrado fastened; tied down
amarrar to tie, to fasten
amasar to knead, to mould; to arrange matters for some purpose
ambulante travelling
amenaza *(f.)* threat
amenazar to threaten
amistad *(f.)* friendship
amortiguar to mortify, deaden; to temper, to calm
amparar to protect; to shelter
anaconda *(f.)* anaconda, a large boa
ancho broad, wide
anclar to anchor
andrajoso in tatters
anegado flooded, inundated
ánfora *(f.)* two-handled jar
animar to animate; to encourage
anonadar to annihilate; to depress; to humiliate
ansia *(f.)* anxiety; anguish
antano last year; long ago
antifaz *(m.)* veil covering the face; mask
añadir to add; to increase
apagar to put out, to quench
apagarse to go out (lights)
aparato *(m.)* apparatus; machine
aparcero *(m.)* sharecropper
apariencia *(f.)* appearance, aspect
aparte *(m.)* aside (in theater)
apearse to alight; to get down
apestado infected; stinking
apodo *(m.)* nick-name
apostado something which has been staked or betted
apoyar to favour; to confirm; to support
apoyo *(m.)* support
apresuradamente quickly
apretado tight; difficult, arduous
apretar (ie) to clench; to compress
aprovecharse de to avail oneself, to take advantage of
apuntar to aim; to point out; to note
apurar to hurry; to clear up; to verify
arado plowed
araña *(f.)* spider
a rayas striped
arbusto *(m.)* shrub
arcilla *(f.)* clay
arco iris *(m.)* rainbow
arcón *(m.)* large chest, bin
arder to blaze, to burn
arena *(f.)* sand
arisco churlish, shy; harsh, rough
armario *(m.)* cabinet, wardrobe, closet
arrancar to pull out, to tear out; to start (motor); to pluck
arranque *(m.)* extirpation, wrench
arrastrar to drag along; to haul
arreglar to guide; to arrange, to adjust
arremolinado swirling
arrepentimiento *(m.)* repentance, regret
arrepentirse de (ie) to repent, to regret
arribar to arrive
arriesgado risked; dangerous
arrimar to bring close; to approach, to draw near
arrinconado distant, out of the way; forgotten
arrodillarse to kneel down
arrojar to dart; to fling, to hurl
arroyo *(m.)* rivulet, small river
arrullar to rock to sleep
asa *(f.)* handle
asco *(m.)* nausea; loathsomeness
a salvo without injury
asemejarse a resemble
asidero *(m.)* support
asiento *(m.)* chair; seat
asignatura *(f.)* subject of study
asno *(m.)* ass, donkey
asomado visible; appearing; leaning out
asombrar to amaze, to astonish
aspereza *(f.)* roughness
áspero rough
asustarse to become frightened
atado tied up
atascado stuck
ataúd *(m.)* coffin
atender a to attend to, to help
aterrado terrified
atesorar to hoard, to store up
atiborrar to fill
a tientas blindly
atrasarse to be delayed
atravesar (ie) to go through
atreverse to dare
atroz atrocious; awful
aturdido dazed
aumentar to increase
auscultar to listen with a stethoscope
auxilio *(m.)* aid, help
avergonzado ashamed
avergonzarse to be ashamed

averiguar to find out
azar *(m.)* chance, fate
azaroso risky
azotar to whip
azufre *(m.)* brimstone

B

baboso *(m.)* slob
bajar to go down; to take or carry down
bala *(f.)* bullet
baldado paralyzed, crippled
balsa *(f.)* raft
banco *(m.)* bank; bench
bandeja *(f.)* tray
bandera *(f.)* flag, banner
bando *(m.)* decree, proclamation; party, faction
baranda *(f.)* railing
barato cheap
barbilla *(f.)* point of the chin
bardo *(m.)* bard
barranca *(f.)* ravine, gorge
barrenar to drill
barrer to sweep; to sweep away
barrido swept
barrilete *(m.)* kite
barrio *(m.)* city district, suburb
barro *(m.)* mud; clay
bastar to suffice, to be enough
bastón *(m.)* cane
bata *(f.)* dressing gown
batido beaten
batirse to beat; to fight
belfo *(m.)* lip (animals)
bendecir to bless
bendición *(f.)* benediction, blessing
berenjena *(f.)* eggplant
besar to kiss
bieldo *(m.)* winnowing fork; rake
bienestar *(m.)* well-being; happiness
bisturí *(m.)* scalpel
blando soft; bland; mild, pleasing
blanquear to whiten
bobalicón *(m.)* nitwit
boca *(f.)* mouth
boca abajo face down
bocado *(m.)* mouthful
boda *(f.)* wedding, marriage
bola *(f.)* bunch, noisy group
bolero *(m.)* popular Spanish dance and song
bolsillo *(m.)* pocket
bordado embroidered
bordar to embroider
borrachín *(m.)* drunk
borrar to erase; to cross out
borrarse to become blurred
bosque *(m.)* wood, forest
botón *(m.)* button
bracero *(m.)* day-laborer
brazado *(m.)* armful
brazalete *(m.)* bracelet
brazo *(m.)* arm
brida *(f.)* bridle
brillar to shine
brillo *(m.)* luster, sparkle, shine
brincar to leap, to jump
brincotear to leap
brizna *(f.)* filament, string; fragment
broma *(f.)* prank, joke
brotar to spring up
bruma *(f.)* mist
buey *(m.)* ox, bullock
buitre *(m.)* vulture
bullir to boil, to bubble up; to move, to stir
burel *(m.)* bull
burla *(f.)* ridicule; trick, jest, practical joke
búsqueda *(f.)* search
butaca *(f.)* armchair
buzón *(m.)* letter-box, mailbox

C

cabizbajo crestfallen, downcast
caca *(f.)* excrement
cacharrito *(m.)* little pot
cadena *(f.)* chain
caja *(f.)* box
cajón *(m.)* large box, chest
cal *(f.)* lime
calado soaked; perforated
calados lacework
calentura *(f.)* fever
callado quiet, discreet; not speaking
callejón *(m.)* alley
caluroso warm, hot
calzar to put on gloves; to put on shoes
calzones *(m.)* panties
camarón *(m.)* shrimp
camión *(m.)* truck; school bus
camiseta *(f.)* undershirt
campaña *(f.)* bell
campesino *(m.)* countryman; peasant
campo *(m.)* countryside
camposanto *(m.)* burial ground, cemetery
canción de cuna *(f.)* lullaby
canela *(f.)* cinnamon
cangrejo *(m.)* crab
cansancio *(m.)* weariness, fatigue
cantar to sing
cantina *(f.)* bar, saloon
cantinela *(f.)* chant
canturrear hum, sing softly
cánula *(f.)* stem
caña *(f.)* sugar cane
cañaveral sugar plantation
cañón *(m.)* cannon; gun; cylindrical tube of pipe; quill (feather stem and pen)
capacete *(m.)* hood
capataz *(m.)* overseer, foreman
capaz capable; capacious, ample
capota *(f.)* hood; car hood
capote *(m.)* collarless cape
capricho *(m.)* whim
caracolear to prance about
carcajada *(f.)* guffaw, roar of laughter
cardo *(m.)* thistle
carecer to lack
cargado loaded, full

cargar to burden, load; to carry
carne *(f.)* meat; flesh
carnero *(m.)* lamb
carrete *(m.)* spool
carretera *(f.)* road
cartón *(m.)* cardboard
casarse con to marry with
cáscara *(f.)* shell, peel
casta *(f.)* race; class; quality, kind
castañetear to chatter
castaño *(m.)* chestnut tree
castigo *(m.)* punishment
cautivo *(m.)* captive, prisoner
cavar to dig
cayado *(m.)* stick
cebolla *(f.)* onion
cedro *(m.)* cedar
cegar (ie) to make or become blind
celda *(f.)* jail cell
celo *(m.)* zeal; envy
celos *(m.)* jealousy, suspicion
cenefa *(f.)* border; band, hem on a piece of cloth
ceniza *(f.)* ash
ceñido contracted, reduced, confined
cera *(f.)* wax; wax candles
cerca*(f.)* enclosure; hedge; fence
cerrado narrow-minded; dosed
cerradura *(f.)* closure; lock
cesar de to stop
chacal *(m.)* jackal
chal *(m.)* shawl
chaleco *(m.)* waistcoat, vest
charol *(m.)* lacquer; patent leather
chicano *(m.)* Mexican-American
chiflado mentally unstable, crazy
chistoso humorous, witty
choza *(f.)* hovel, hut, shanty
cicatriz *(f.)* scar
cielo *(m.)* sky; heaven
ciénaga *(f.)* swamp
cifra *(f.)* number
cima *(f.)* summit, top; height
cintura *(f.)* waist
cita *(f.)* appointment; citation, quotation
claro *(m.)* clearing; light in color
clavar to nail; to fasten in; to force in
clave *(f.)* key, code; keyboard
clavel *(m.)* carnation
clavo *(m.)* nail
cobarde *(m./f.)* coward
cobertizo *(m.)* outhouse
cobijar to cover; to protect; to shelter, to lodge
cobrar to recover; to collect
cobre *(m.)* copper; kitchen brass utensils
cocido boiled, baked, cooked; *(m.)* Spanish stew
código *(m.)* code of laws
cofradía *(f.)* sisterhood; brotherhood; guild
cofre *(m.)* trunk, chest; jewel box
cogido caught, held; gathered
cola *(f.)* tail; line (of people)
colcha *(f.)* coverlet, quilt
colchón *(m.)* mattress
cólera *(f.)* anger
coletazo *(m.)* unexpected lashing
colgarse (ue) to hang oneself
colina *(f.)* hill
colmado abundant, filled, heaped
colmo *(m.)* finishing, summit; extreme
colonia *(f.)* city district; colony
cómoda *(f.)* dresser
compartir to share
comportamiento *(m.)* conduct, behavior
comportarse to behave
comprobar (ue) to verify; to check; to prove
comprometer to involve; to embarrass, to put in an awkward position
comprometerse to promise, to bind oneself; to become engaged
comprometido involved, dedicated; engaged
compromiso *(m.)* obligation, commitment; engagement
con respecto a with respect to; with regard to
concordar (ue) to agree; to be in harmony
condenar to condemn
conejo *(m.)* rabbit; guinea pig
confiar to trust
confundido confused
congoja *(f.)* anguish
conmovedor touching, moving
conmover (ue) to move, to touch, to affect (with emotion)
consejo *(m.)* advice, counsel
constar to be on record
contratar to hire
contratista *(m./f.)* contractor
convenir (ie,i) to agree to; to be good for
convidar to invite
convivir to live together with others
corbata *(f.)* neck-tie
cordón *(m.)* cord; rope
corneta *(f.)* bugle, cornet
corona *(f.)* crown
corpiño *(m.)* corset-cover; waistcoat
correa *(f.)* leather strap
corrido *(m.)* popular ballad
cosecha *(f.)* harvest
coser ajeno to take in sewing
costado *(m.)* side
costal *(m.)* sack
costarle un ojo de la cara (ue) to cost one an arm and a leg
costumbre *(f.)* custom
cotidiano daily, every day
cráneo *(m.)* skull

crecer to grow
crepuscular twilight
criada *(f.)* maid
criado *(m.)* servant
criar to bring up, to rear, to educate
crin *(f.)* mane
criollo *(m.)* person of pure Spanish blood living in the Americas
cruce *(m.)* crossing; crossroads
crujido *(m.)* rustling; creak, creaking
cuadra *(f.)* hall; stable; city block; hut
cuadrilla *(f.)* group, troupe; quadrille, square dance
cuadro *(m.)* square; picture; frame; description, scene
cuajar to jell
cuchilla *(f.)* knife
cuchillo *(m.)* knife
cuello *(m.)* neck
cuenta *(f.)* account, bill, note
cuento de hadas *(m.)* fairy tale
cuentón gossipy; *(m.)* story-teller
cuero *(m.)* leather
culpa *(f.)* fault; sin; guilt; crime
culpabilidad *(f.)* guilt
cuna *(f.)* cradle
cura *(m.)* priest; *(f.)* cure
curarse to get drunk
cursi vulgar, shoddy

D

dar paso a to give way to, to give place to
dar a luz to give birth
darse cuenta de to realize
dato *(m.)* fact
de nuevo again
deber *(m.)* duty, obligation
debilidad *(f.)* weakness
delantal *(m.)* apron
delante de in front of
delatado betrayed
delfín *(m.)* dolphin
demorar to delay
departamento *(m.)* department; apartment
derecho *(m.)* right; duty; fee
derramar to spill
derrotar to dissipate; to break, to tear; to defeat
desabridamente tastelessly; harshly
desafiante defiant
desafío *(m.)* defiance
desahogo *(m.)* ease; freedom; relief
desaparecer to disappear
desarrollar to develop
desarrollo *(m.)* development
desasosegado uneasy
desatender to ignore
desazonado annoyed
desbaratado destroyed
desbordado overflowing
descalzo barefoot, shoeless
descaradamente shamelessly
descarga *(f.)* discharge
descargar to unload
descaro *(m.)* nerve
desconfiar to distrust; to lose confidence
descosido unstitched
descuidado careless, negligent; unaware
desde luego of course
desdén *(m.)* disdain
desempeñar to recover; to carry out one's obligations
desempeñar un papel to play a part
desencadenar to unleash; to let loose
desenlace *(m.)* dénouement; conclusion, end
desenterrar (ie) to disinter
desesperación *(f.)* despair
desesperarse to despair; to be troubled
desgarrado shameless; licentious
desgarrador heartbreaking; heart-rending
desgracia *(f.)* misfortune
desgranar to shell; to thrash, thresh
deslizar to slip, to slide; to act or speak carelessly
desmayarse to faint
desnudez *(f.)* nakedness
desobligar to forget one's obligation; to raise a person's spirits
desollado barefaced, brazen
despechado enraged
despectivo contemptuous
despedirse (i) to take leave; to say goodbye
despeinar to entangle; to disarrange the hair
despeñadero *(m.)* cliff
desperdiciar to waste
despiojarse to delouse oneself
desplegar (ie) to unfold; to put forth, to display
desplumado moulted
despotricar to rave
despreciado scorned, despised
despreciar to scorn, to despise
desprendimiento *(m.)* unfastening, unloosening
desvalido helpless
desvelo *(m.)* lack of sleep; vigilance; anxiety; uneasiness
dibujar to draw, to sketch, to outline
dicha *(f.)* happiness; good luck
diestro right; expert; dexterous
dilecto loved, beloved
diligencia *(f.)* errand
diosa *(f.)* goddess
disculpa *(f.)* excuse
diseñar to draw, to design, to sketch
disfrazarse to masquerade, to go in disguise
disfrutar to benefit by; to enjoy

disimular to feign, to pretend; to hide
disimulo *(m.)* dissimulation
disparate *(m.)* absurd thing
disparo *(m.)* shot
dispensar to dispense, to exempt; to pardon; to deal out
displicente disagreeable; aloof
disponerse a to be willing to, to get ready to
dispositivo *(m.)* device, mechanism; gadget
doblarse to double; to give in
doble *(m.)* step in a Spanish dance; double
doler (ue) to feel pain
doncella *(f.)* maiden
dormilona *(f.)* earring
dudoso doubtful
dueño *(m.)* owner
dulce sweet; gentle, meek
dulzura *(f.)* sweetness
durar to last, to endure
durazno *(m.)* peach
dureza *(f.)* hardness, roughness

E

echar fuego to be very angry
echar to throw; to toss; to put in or into
editorial *(f.)* publishing house
efigie *(f.)* effigy, image
egregia eminent
ejército *(m.)* army
embarazada pregnant
embarazo *(m.)* pregnancy
embestir *(i)* to assail, to attack, to rush against
embrujado bewitched
emisor *(m.)* transmitter
empacado packed
empalizada *(f.)* fence
empapado soaked, drenched
empeñado insistent
empeñar to pawn
empinar to tip
en tanto que while; until
(mal) entendido *(m.)* misunderstanding
en pelota naked
enagua *(f.)* skirt; petticoat
enajenar to alienate; to carry away
encaje *(m.)* lace; act of fitting
encallado stuck
encallecido hardened
encantamiento *(m.)* enchantment
encanto *(m.)* enchantment, charm
encañonado put into tubes or pipes; plaited, folded
encararse con to confront
encargado in charge
encariñarse con to become fond of
encender (ie) to kindle, to light; to inflame
encerrar (ie) to lock up; to confine
encía *(f.)* gum (in the mouth)
encierro *(m.)* act of enclosing; confinement
encogido shrunken, bent
encubridor hiding, concealing
encuesta *(f.)* inquiry; poll
endecha *(f.)* dirge, doleful, ditty
endurecido hardened
enfrentarse con to face; to oppose
enganche *(m.)* hook; hooking
engañar to deceive, to fool, to trick
engendrar to beget
enjaulado caged
enloquecer to become mad; to be annoyed
enmarañado entangled, perplexed, involved in difficulties
enmudecer to impose silence; to be silent; to become dumb
enojar to anger, to vex; to tease
enredadera *(f.)* climbing plant; vine
enredarse to become entangled
enrollar to roll, to roll up
enroscado coiled up, curled up
ensabanar to wrap up in sheets
ensangrentado bloody
ensayo *(m.)* test; experiment; rehearsal
enseñanza *(f.)* teaching; education
ensopado soaked
enterarse de to know; to find out
entero entire, whole; right
enterrar (ie) to bury
entrañar to bury deep; to carry within
entreabierto ajar; half open
entregar to deliver; to hand over
entretenerse to amuse oneself; to delay oneself
entristecerse to become sad
envejecer to make old; to grow old
envenenar to poison
enviciar to corrupt
envidiar to envy
envolver (ue) to involve; to entangle; to wrap
equipo *(m.)* equipment; sport team
equivocación *(f.)* error, mistake
erguido straight
erizo *(m.)* porcupine
errabundo wandering
escabullir to slip
escaleras *(f.)* stairs
escama *(f.)* scale (fish); flake
escampar to clear, to stop raining
escarceo *(m.)* prance; excitement

escarcha *(f.)* frost; frosting
escarmiento *(m.)* punishment
escarnio *(m.)* taunt; ridicule
escenario *(m.)* stage
escoger to choose; to select
esconderse to hide, to go into hiding
escondite *(m.)* hiding place
escopeta *(f.)* shotgun
escotado low cut in the neck (of a dress)
escrito *(m.)* writing; manuscript
esculpir to carve; to sculpture
escupir to spit
escurrirse to slip; to drop; to slide; to slip out, to escape
esfera *(f.)* sphere
esforzado strong
esforzar (ue) to invigorate; to exert; to enforce
espacioso slow, deliberate
espalda *(f.)* back, shoulder
espantáa (espantada) *(f.)* sudden fright; cold feet; stampede
espantar to frighten
espanto *(m.)* fear
espantoso dreadful, frightful
espejo *(m.)* mirror
espesarse to become thick, to thicken
espiga *(f.)* grain
espina *(f.)* thorn, spine; doubt, suspicion
espinar to prick with thorns; to provoke
espinazo *(m.)* spine
espuela *(f.)* spur; incitement, stimulus
espumadera *(f.)* ladle
esquema *(m.)* scheme; outline, sketch
esquina *(f.)* corner, nook; edge
estación *(f.)* season
estacionarse to remain stationary; to park (a car)
estadística *(f.)* statistics
estallar to explode
estallido *(m.)* crack, snap; report (of a firearm)
estallido *(m.)* explosion
estancarse stagnate
estante *(m.)* bookcase
estar en estado to be pregnant
estar en trance de to be on the point of; to be in process of
estéril futile, sterile
estiércol *(m.)* manure
estirpe *(f.)* race, stock
estocada *(f.)* stab, thrust
estorbar to be a nuisance, to block
estorbo *(m.)* nuisance
estrellado starry
estremecer to shake; to make tremble
estremecerse to shudder
estrenar to use or do anything for the first time
estrujado squeezed, crushed, mashed; wrinkled
etapa *(f.)* epoch, period; stage; station
evitar to avoid
extranjero *(m.)* foreigner
extraño strange, odd

F

facha *(f.)* appearance, aspect, looks
(estar hecho una) facha to look terrible
faena *(f.)* task, job
falla *(f.)* fault, defect
fallar to fail, to be deficient; to break down
fango *(m.)* mud; mire
fantasma *(m.)* ghost
fastidiar to annoy, to bother
felicidad *(f.)* happiness
feria *(f.)* fair; market
festejar to entertain; to celebrate
fianza *(f.)* bond, security, guarantee
fiar to entrust; to confide; to vouch for
fichado marked
fichero *(m.)* file
fidelidad *(f.)* loyalty, faithfulness
fideo *(m.)* thin noodle, vermicelli
fiebre *(f.)* fever
fiel loyal, faithful
fiera *(f.)* wild beast
fijamente fixedly
fijarse en to notice, to pay attention to
fila *(f.)* row, line; rank
filo *(m.)* cutting edge
fingir to feign, to pretend
(al) fin y al cabo at last
flaqueza *(f.)* weakness
flecha *(f.)* arrow
fleco *(m.*) fringe
foco *(m.)* focus, focal point
follaje *(m.)* foliage
fondo *(m.)* bottom; depth; background; back
forastero *(m.)* stranger
fornido stout, strong
fortaleza *(f.)* fortress; strength, vigor
fosa *(f.)* grave
fraile *(m.)* friar
freno *(m.)* brake; restraint
frente *(f.)* forehead; countenance; *(m.)* front
frotar to rub, to scour
fuera de quicio unhinged; furious
fugaz elusive, fleeting
fulgurar to glow
furibundo furious
fusil *(m.)* gun
fustigar to lash with the tongue

G

galeote *(m.)* galley slave
gallinero *(m.)* chicken coop
galvanizado galvanized
gama *(f.)* range, scale

ganador *(m.)* winner, gainer
garfio *(m.)* hook; gaff
garganta *(f.)* throat, neck
gárgara *(f.)* gargling
garraleta *(f.)* jalopy
garrote *(m.)* stick
gasa *(f.)* gauze
gastado spent; worn out, old
gasto *(m.)* expense
gaveta *(f.)* drawer
gavilán *(m.)* sparrow-hawk
gemido *(m.)* groan, moan
género *(m.)* genre; kind; way
genial brilliant
gestarse to be born, created
gesto *(m.)* gesture
girar to spin
girasol *(m.)* sunflower
gitana *(f.)* gypsy
golondrina *(f.)* swallow
golpe *(m.)* blow, hit
golpear to hit, to give blows
goma de borrar *(f.)* eraser
(la) gorda tremendously
gorra *(f.)* cap, bonnet
gota *(f.)* drop
grabado engraved; recorded
gracia *(f.)* joke
graduado graduated; *(m.)* graduate
grasa *(f.)* grease
gratis free of charge
gremio *(m.)* guild, society, brotherhood: trade union
grieta *(f.)* crack
gringo *(m.)* derogatory term for North American
gritería *(f.)* shouting
grito *(m.)* shout, cry
grueso dense, thick
gruta *(f.)* cavern, cavity
guagua *(f.)* baby (Chile)
guanábana *(f.)* tropical fruit
guardar to keep
guaro *(m.)* rum
guata *(f.)* pulp
guerrero *(m.)* fighter
guiñar to wink
guirnalda *(f.)* garland, wreath
guiso *(m.)* stew
gusto *(m.)* pleasure; whim; taste, flavor

H

haber de to be supposed to
haber que to have to, to be necessary
hacinado stacked up
(cuento de) hadas *(m.)* fairy tale
hado *(m.)* fate, destiny
halagar to please, to flatter
hallar to find
hambriento hungry
harina *(f.)* flour
harto fed up
hasta until; even
hecho *(m.)* fact, event
helado *(m.)* ice cream, water-ice; frozen
heredar to inherit
herida *(f.)* wound
hermético mysterious, hermetic
herrador *(m.)* farrier, horse-shoer
herradura *(f.)* horse-shoe
hervir (ie,i) to boil; to seethe; to bubble
hielo *(m.)* ice
hieratismo *(m.)* traditonal liturgical or religious character
hilacha *(f.)* ravelled thread
higuera *(f.)* fig tree
hincharse to swell; to grow arrogant
hoguera *(f.)* bonfire
hoia de lata *(f.)* tin-plate
hoja *(f.)* leaf
holanda *(f.)* fine Dutch linen, cambric
holganza *(f.)* idleness
hombría *(f.)* manliness
hombro *(m.)* shoulder
hondo profound, deep; *(m.)* bottom
hondonada *(f.)* dale, ravine
honradez *(f.)* honesty, integrity, faithfulness
horcón *(m.)* beam
hormiga *(f.)* ant
hortaliza *(f.)* vegetable garden
hosco sullen
hoz *(f.)* sickle, reaping-hook
huaso *(m.)* peasant
hueco *(m.)* ditch, hole; hollow; empty; vain
huelga *(f.)* strike
huella *(f.)* trace, footprint
huérfano *(m.)* orphan
huerta *(f.)* vegetable garden
huerto *(m.)* vegetable garden
huesa *(f.)* grave, sepulchre
hueso *(m.)* bone
huésped *(m.)* guest; host
huevón *(m.)* profane term for lazy bum
huidizo elusive
huir to flee, to escape; to elope; to run away
humedecido moistened, wet
humillarse to humble oneself
hundir to sink
hurgar to stir up; to search

I

idioma *(m.)* language
igualmente equally
imagen *(f.)* image
impasible impassive, unmoved
impávido dauntless, intrepid
imperar to rule, to be in command
impertérrito undaunted; unafraid

impío impious; wicked; pitiless
imprevisto unforeseen, unexpected
impúdicamente shamelessly
impuestos *(m.)* taxes
inaudito unheard of, extraordinary
incapaz incapable
incorporarse to stand up
incurrir to incur, to become liable
indagar to inquire, to find out
indecencia *(f.)* obscenity
indescifrable undecipherable; impenetrable
infierno *(m.)* hell
infranqueable impassable; insurmountable
ínfulas *(f.)* airs
ingenuidad *(f.)* naiveté
inmigrante immigrant
inservible useless
insoportable unbearable
intemperie *(f.)* outdoors; rough weather
intercalado inserted, interrupting
interlocutor *(m.)* speaker
interruptor *(m.)* switch
intruso *(m.)* intruder
ira *(f.)* rage
iracundo angry, irritable
irreductible unyielding

J

jaca *(f.)* nag, pony
jamón *(m.)* ham
jardín *(m.)* flower garden
jarra *(f.)* earthen jar
jengibre *(m.)* ginger
juego *(m.)* game
juez *(m.)* judge
juguete *(m.)* toy, plaything
junco *(m.)* rush, reed
jurar to swear
juventud *(f.)* youth

L

labio *(m.)* lip
ladrido *(m.)* bark, barking
ladrillo *(m.)* brick
lamer to lick
lana *(f.)* wool
lastimar to cause pain
lastimarse to hurt oneself
lata *(f.)* tin, can
latido *(m.)* beat
latir to beat; to throb
lazo *(m.)* bow, knot; tie, bond
lechuga *(f.)* lettuce
lectura *(f.)* reading
legua *(f.)* league (about three miles)
lejanía *(f.)* distance, remoteness
lema *(m.)* motto; theme; slogan
lengua *(f.)* tongue
lento slow
leñador *(m.)* woodcutter
leontina *(f.)* chain
levadura *(f.)* yeast
levantar to raise, lift up
levantarse to get oneself up
ley *(f.)* law
liado bound, tied
licenciado *(m.)* graduate; lawyer
lidiar to fight
lila *(f.)* lilac
limoso slimy
lisiado injured, lame, maimed
llaga *(f.)* wound, sore; prick, thorn
llamado *(m.)* call
llegada *(f.)* arrival
llenar to fill
lleno full, complete
llevadero easy-going
llorar to weep, to cry
loco crazy
locura *(f.)* madness, lunacy
lodazal *(m.)* mudhole
lograr to gain, to obtain, to succeed
lucha *(f.)* battle
lucido splendid
luciente shining
(desde) luego of course
lugar *(m.)* place, spot, site
lúgubre mournful, gloomy, lugubrious
lujo *(m.)* luxury
lujurioso lustful; lewd
lumbre *(f.)* fire; spark; splendour
luna de miel *(f.)* honeymoon
luto *(m.)* mourning

M

machacar to pound or to break into small pieces
macizo solid
mácula *(f.)* stain, spot, blemish
madrugada *(f.)* dawn, early morning
madrugador *(m.)* early-riser
magistral masterly
magullado bruised, worn out
maldecir to curse; to badmouth
maligno malicious, evil
manada *(f.)* pack
manar to spring from; to proceed; to issue; to flow
manchado stained, blemished
mancillado spotted, stained
mancuerna *(f.)* pair tied together; thong for tying two steers
mandado sent
mandato *(m.)* mandate, order
manga *(f.)* sleeve
manguera *(f.)* hose

manoletín *(m.)* a kind of bullfight pass
mansedumbre *(f.)* meekness
manta *(f.)* blanket
mantel *(m.)* tablecloth; covering
mantener to maintain, to sustain
maquillaje *(m.)* make-up
marchito faded, withered
marco *(m.)* frame
mareado sea-sick; unwell
marfil *(m.)* ivory
marfileño ivory-like
marido *(m.)* husband
mariposa *(f.)* butterfly
marisco *(m.)* shell-fish
masticar to chew
matanza *(f.)* slaughter
matar to kill
matiz *(m.)* shade, hue
matricular to enroll, to register
mayúscula *(f.)* capital letter
mecanógrafa *(f.)* typist
mecer to rock
(a) medida que in keeping with the rate at which
media *(f.)* stocking
medir (i) to measure
mejorar to improve
mella *(f.)* hollow crack; dent
mendigar to beg
mendigo *(m.)* beggar
menear to move from place to place; to wag, to waggle
menester *(m.)* need, want
menesteres *(m.)* implements, tools
menestra *(f.)* pottage
(por lo) menos at least
mensaje *(m.)* message
menta *(f.)* mint
mentir (ie,i) to lie; to deceive
mentira *(f.)* lie
mentiroso lying; deceitful
mercadería *(f.)* marketplace
mercancía *(f.)* goods
merced *(f.)* wages; gift; mercy
merecer to deserve, to merit
merluza *(f.)* hake
meseta *(f.)* plateau; landing
mestizo *(m.)* person of mixed Spanish and Indian blood
metáfora *(f.)* metaphor
meterse to plunge into; to meddle
metiche meddling, meddlesome
metido placed into, put into
(a) menudo frequently
mezclarse to mix, to mingle; to meddle in anything
mezquino poor, indigent; avaricious
miedoso fearful, timorous
miel *(f.)* honey
milagro *(m.)* miracle
mimar to coax; to spoil a child
mirada *(f.)* look, glance
mirra *(f.)* myrrh
mirto *(m.)* myrtle
mito *(m.)* myth
moda *(f.)* fashion, custom, style
modal fashionable
modales *(m.)* manners
modoso temperate; well-behaved
mojado wet, drenched
molestar to bother
molestia *(f.)* annoyance
molinillo *(m.)* small mill
moneda *(f.)* money, coinage
morado violet
morder *(ue)* to bite
mordida *(f.)* bite
mordisco *(m.)* bite, biting
moro *(m.)* Moor
mortaja *(f.)* shroud
mosca *(f.)* fly
mostaza *(f.)* mustard
mozo *(m.)* youth, young man
muchedumbre *(f.)* multitude, crowd
mudanza *(f.)* alteration; change; move
muerte *(f.)* death
mujeriego womanizer
muladar *(m.)* dungheap
mullido fluffy
muñeca *(f.)* doll
muralla *(f.)* wall
murciélago *(m.)* bat
musgo *(m.)* moss
muslo *(m.)* thigh

N

nana *(f.)* grandma; lullaby; nanny
natal native
náufrago *(m.)* shipwrecked person
navaja *(f.)* razor; folding-knife
neblina *(f.)* mist, drizzle; fog
ni siquiera not even
nido *(m.)* nest
nieto *(m.)* grandson
nieve *(f.)* snow
nimio insignificant
novia *(f.)* bride, sweetheart
novillo *(m.)* steer
nubarrón *(m.)* storm cloud
nube *(f.)* cloud
nublo cloudy, nebulous
nudo *(m.)* knot; bond
nueva *(f.)* news
nuez *(f.)* walnut; nut
nutrir to nourish; to strengthen; to foment

O

obertura *(f.)* overture
obispo *(m.)* bishop
obrero *(m.)* workman, laborer
ocultar to hide
oculto hidden
odiar to hate
odioso hateful
oficio *(m.)* position, office; trade
ofrenda *(f.)* offering

oído *(m.)* hearing; ear
ojera *(f.)* dark circle under one's eyes
(costarle un) ojo de la cara to cost one an arm and a leg
ola *(f.)* wave
oler (ue) to smell; to scent
olla *(f.)* pot, kettle
olvido *(m.)* oblivion, forgetting
ombligo *(m.)* navel
onda *(f.)* wave
opíparamente sumptuously
ordinariez *(f.)* lack of manners
oreja *(f.)* ear; hearing, handle
orgullo *(m.)* pride
orilla *(f.)* shore
oscuridad *(f.)* darkness
oscuro dark, obscure
otorgar to grant
ovillado curled up

P

padecer to suffer
¡(Qué) padre! How great!
país *(m.)* country
pajarraco *(m.)* big bird
paladar *(m.)* palate; taste
palidecer to turn pale
palmo a palmo inch by inch
palo *(m.)* stick; log
paloma *(f.)* pigeon, dove
palomar *(m.)* pigeon coop
(a) palos by beating
palpar to touch
pámpano *(m.)* vine-branch, tendril
panadería *(f.)* bakers' shop
pantorrilla *(f.)* calf of the leg
pañuelo *(m.)* handkerchief
papa *(m.)* pope; *(f.)* potato
papel *(m.)* paper; role, part in a play
papeleo *(m.)* paperwork
para con towards
parado standing up; careless; slow
pararse to stop
parchado patched
pared *(f.)* wall
parentesco *(m.)* relationship
parienta *(f.)* relative
pariente *(m.)* relative
parihuelas *(f.)* strecher
parpadear to blink; to wink
párpado *(m.)* eyelid
parra *(f.)* vine; honey jar
parrilla *(f.)* grill
párroco *(m.)* parish priest
partida *(f.)* departure
partidario *(m.)* partisan; follower
partir to crack; to split; to set out, to depart
pasador *(m.)* bolt
pasaje *(m.)* passage way; passage money, ticket
pasarlo bien to have a good time
paso *(m.)* pace, footstep
pasodoble *(m.)* a type of marching music; a type of dance
pasto *(m.)* pasture
pastor *(m.)* shepherd
pata *(f.)* foot and leg of animals
patotero street thugs
patrón *(m.)* boss
pavoroso terrifying
pecador *(m.)* sinner
pecho *(m.)* breast; chest
pecoso freckled
pedido *(m.)* order; demand
pedrada *(f.)* blow, throw
peinado *(m.)* hairdo
peinadora hairdresser
peinar to comb, to dress the hair
pelado bare
peligro *(m.)* danger
pellejo *(m.)* hide, skin
pelo *(m.)* hair; down (of bird); thread
pendiente *(m.)* earring
percance *(m.)* mishap
perdidoso losing; easily mislaid
peregrino *(m.)* pilgrim
perico *(m.)* parakeet, small parrot
periodismo *(m.)* journalism
persiana *(f.)* venetian blind
personaje *(m.)* character (in a play, etc.)
pertenecer to belong
pesadilla *(f.)* nightmare
pesadumbre *(f.)* grief, sorrow
pesar to weigh; to grieve, to afflict
peso *(m.)* weight
pestillo *(m.)* bolt, latch
pétreo stony
pez *(m.)* fish, catch
pezón *(m.)* nipple
piadoso pious; merciful
picapedrero *(m.)* stonecutter
picar to prick, to pierce; to sting
picotear to peck
piedad *(f.)* piety, devotion; pity, mercy
piel *(f.)* skin; leather, fur
pifiar to boo
pinchazo *(m.)* puncture; prick, wound
pinta *(f.)* aspect, looks
pisar to step on; to step; to trample; to tread
piso *(m.)* floor; story; apartment
pista *(f.)* track
pitar to honk
pitón *(m.)* python; lump; shoot; sprout
pizcar to pick; to pinch
pizcador *(m.)* picker
placentero joyful, pleasant
plancha *(f.)* steam iron
planta *(f.)* sole of the foot; plant, floor
plantear to plan; to trace; to try
plastrón *(m.)* floppy tie, cravate
plata *(f.)* money; silver

plazo *(m.)* term, duration; credit; installment
pleamar *(f.)* highwater; high tide
pleno complete, full
pliegue *(m.)* fold, pleat, creasa; gather (sewing)
plomo *(m.)* lead
pluma *(f.)* feather; quill pen
plumacho *(m.)* large feather
poder *(m.)* power
podrido rotten, bad, putrid
polvo *(m.)* dust
pólvora *(f.)* gunpowder
ponerse *(el sol)* to set
ponerse a to begin; to become
por lo menos at least
pordiosero *(m.)* beggar
porfiado stubborn
pormenor *(m.)* detail, particular
portada *(f.)* front cover
portal *(m.)* porch, entry
portarse to behave
portón *(m.)* inner door of a house
porvenir *(m.)* future, time to come
posadero *(m.)* innkeeper, host
posición *(f.)* physical or social position
postigo *(m.)* shutter
postre *(m.)* dessert
postrero final
pozo *(m.)* well
prado *(m.)* meadow, field
prejuicio *(m.)* prejudice, bias
premiar to reward
preocuparse por to worry about
presa *(f.)* capture; prize; loot; hold
presidio *(m.)* garrison; penitentiary
preso *(m.)* prisoner
préstamo *(m.)* loan
pretendiente *(m.)* suitor
primo *(m.)* cousin
promedio *(m.)* middle; average
propiedad *(f.)* property
proseguir (i) to proceed
pudiente wealthy
pudor *(m.)* bashfulness, modesty
pudrir to rot; to corrupt
pueblo *(m.)* town; people
puente *(m.)* bridge
puesto *(m.)* job, position
pulga *(f.)* flea
punto de media *(m.)* stocking stitch
punto de vista *(m.)* point of view
puñal *(m.)* dagger
puño *(m.)* fist; handful; grasp
pupitre *(m.)* school desk; writing desk
puta *(f.)* prostitute

Q

quebrada *(f.)* brook; ravine
quebrarse (ie) to be broken; to break
quebrarse to get broken; to break
quedo soft
quejarse to complain
quejumbroso plaintive, complaining
(fuera de) quicio unhinged, furious
quijada *(f.)* jaw
quisquillosamente carefully
quizá (quizás) perhaps

R

rabia *(f.)* anger
rabo *(m.)* tail of animals; hind part
racimo *(m.)* bunch, cluster
radicar to take root; to be
(a) ráfagas in sudden bursts
raíz *(f.)* root; base
rajarse to crack
rama *(f.)* branch, shoot, sprig
ramo *(m.)* bouquet, bunch
rango *(m.)* rank, status
rasgos *(m.)* features
raspar to scrape
(a) rastras by dragging
raza *(f.)* race
realista realistic
realizar to perform; to fulfil
rebanada *(f.)* slice
rebanar to slice
rebuscado affected; researched
recato *(m.)* modesty; reserve
recaudado collected
recelo *(m.)* suspicion; distrust
rechazar to reject
rechazo *(m.)* rejection
recinto *(m.)* walled enclosure
recoger to gather; to cull; to pick up
recóndito hidden
recorrer to run over: to travel
recto straight; fair; honest
recuerdo *(m.)* memory of an event
recurrente recurrent
red *(f.)* net; web
redoble *(m.)* rumble
reforzar (ue) to reinforce; to strengthen
refrán *(m.)* proverb, saying
refresco *(m.)* refreshment; cooling drink
regatear to bargain
regocijo *(m.)* happiness
reja *(f.)* grate
rejego meek; slow; mild, untamed
relamerse to lick one's lips, to relish
relámpago *(m.)* flash of lightning
relampaguear to flash
relevo *(m.)* trip; relief
relinchar to whinny, to neigh
rellenos *(f.)* fillings
relumbrante resplendent

rematar to close, to end, to finish
remilgo *(m.)* affected niceness; prudery
remolino *(m.)* whirlwind
rendir (i) to surrender
renegar (ie) to nag; to deny
renglón *(m.)* line
reparar to repair, to restore; to consider, to heed
repartir to distribute
repisa *(f.)* mantel piece; shelf
repliegue *(m.)* fold, crease; withdrawal
reprimir to repress, to suppress
reptar to crawl
requiebro *(m.)* endearing expression; compliment
resaltar to jut out; to be evident
resbalar to slide
rescatar to redeem, to ransom
resorte *(m.)* spring; means
respeto *(m.)* respect
(con) respecto a with respect to
respirar to breathe
resplandor *(m.)* radiance, gleam
respuesta *(f.)* answer, response
restos *(m.)* remains
restregar (ie) to rub hard
retablo *(m.)* altarpiece
(a) retazos in bits and pieces
retozar (ue) to frolick
retrasar to delay
retrato *(m.)* portrait; resemblance
reventar (ie) to burst; to blow up; to splash
reverdecer to sprout again, to grow green
reverencia *(f.)* reverence, homage; movement in a bullfight
revisar to review
revolera *(f.)* movement in a bullfight
revolotear to flutter, to fly about
riesgo *(m.)* risk
riesgoso risky
rifar to raffle
rima *(f.)* rhyme
riñón *(m.)* kidney
risa *(f.)* laugh; laughter
rocío *(m.)* dew
rodear to surround
(de) rodillas on one's knees
rogar (ue) to beg
roído nibbled at; corroded
romance *(m.)* ballad; romance
rosal *(m.)* rose bush; red-rose
rosco *(m.)* loaf of bread
rostro *(m.)* countenance, human face
roto broken
roturación *(f.)* breaking new ground
rozar (ue) to rub against; to graze; to touch on
rudo rough, rude, churlish
ruedo *(m.)* rotation; bull-ring
ruido *(m.)* noise
ruiseñor *(m.)* nightingale
rumbo a in the direction of; heading for

S

sábana *(f.)* sheet
saber to know; to taste
saborear to flavor; to give a zest
sacudir to shake
sal *(f.)* salt; wit; wisdom
sala *(f.)* hall, drawing room
salitre *(m.)* saltpeter
salitrera *(f.)* nitrate works, fields
salmo *(m.)* psalm
salsa *(f.)* sauce
salvaje wild
salvo except
sangrar to bleed
sangre *(f.)* blood
sardinel *(m.)* brick wall
secador *(m.)* hair-dryer
secano *(m.)* unirrigated land
seco dry
secundario secondary (high school)
seda *(f.)* silk
semáforo *(m.)* traffic light
sembrado sowed with
semejante similar
semejanza *(f.)* resemblance, similarity
semental *(m.)* stud-horse
semilla *(f.)* seed; cause; origin
sendero *(m.)* path, footpath
seno *(m.)* breast, bosom
sentido *(m.)* sense, meaning
sentirse (ie,i) to be affected; to feel
señal *(f.)* sign, mark
sepulturero *(m.)* gravedigger
ser *(m.)* life; being; essence
serie *(f.)* series, order
sideral space, starry
siemprevivas *(f.)* forget-me-nots
sien *(f.)* temple (of the head)
significado *(m.)* meaning
silbar to whistle
símil *(m.)* simile
simpatía *(f.)* liking, affection
sin embargo nevertheless
sinapismo *(m.)* mustard plaster
sino *(m.)* fate, destiny
(ni) siquiera not even
sobra *(f.)* leftover
(de) sobra extra; in surplus
sobrecogedor surprising
sobrenatural supernatural
sobresaltar to assail, to attack
sobresalto *(m.)* sudden shock
solapa *(f.)* lapel
soledad *(f.)* solitude, loneliness
solicitar to apply for
solicitud *(f.)* application
sollozo *(m.)* cry, sob
solo alone
sólo only

soltar (ue) to let go of
soltero unmarried
sombra *(f.)* shade; shadow
sombrío somber, gloomy
someterse to submit
sonajera *(f.)* rattle
sonámbulo *(m.)* sleep-walker
sonido *(m.)* sound
sonrisa *(f.)* smile
soñar (ue) con to dream of
soñoliento sleepy, drowsy
soplo *(m.)* puff
soponcio *(m.)* grief; swoon
soportar to tolerate
sorbo *(m.)* sip
sordo deaf
sorpresa *(f.)* surprise
sortija *(f.)* ring
sosiego *(m.)* calm, peacefulness
sospechar to suspect
suavizar to soften
subir to raise, to lift up; to take up; to go up
súbito sudden
subrayar to underline; to emphasize
suceder to happen, to occur
sucio dirty
sudar to sweat
sudor *(m.)* sweat
suegra *(f.)* mother-in-law
sueldo *(m.)* wages, salary
suelo *(m.)* earth, soil; ground, floor
suelto loose, free
sueño *(m.)* dream
sufrimiento *(m.)* suffering
sujetar to subdue; to hold fast; to catch; to fasten
sumido sunk; overwhelmed
suntuario sumptuary
superar to surpass, to excel
supliciado tortured
surco *(m.)* furrow
surgir to surge; to spout
susurrar to whisper
sutil subtle

T

tablero *(m.)* board; counter
tablón *(m.)* plank, beam
tacón *(m.)* heel
taconeo *(m.)* heel-clicking, tapping
taíno Indian, from Puerto Rico
tallar to carve
tallo *(m.)* stem, stalk, shoot
tamaño *(m.)* size
tantear to grope, feel one's way
(en) tanto que while; until
tapa *(f.)* cover, cap, lid
tapar to cover; to hide
tapia *(f.)* mud wall; adobe wall
tapiar to wall in
tardar to take a long time
tarjeta postal *(f.)* postcard
tarro *(m.)* can
taza *(f.)* cup, cupful
techo *(m.)* roof, ceiling; cover
techo y sustento room and board
tela *(f.)* cloth, material
telaraña *(f.)* spiderweb
telón *(m.)* curtain
tema *(m.)* theme
temblar (ie) to tremble, to shake
tempestad *(f.)* tempest, storm
temple *(m.)* temper; valor
temporada *(f.)* period of time, season
tenaza *(f.)* tong
tender (ie) to stretch
tener que ver con to have to do with
tener en cuenta to keep in mind
tener ganas de to have a desire to; to feel like
teñido dyed, tinted
terciopelo *(m.)* velvet
ternura *(f.)* tenderness
tibio warm
tierno fresh; tender
timbrado stamped
timbre *(m.)* call bell; postage stamp
tinieblas *(f.)* shadows, darkness; confusion
tira *(f.)* strip
tirado thrown
tirar to throw; to throw away; to shoot
tirarse to throw oneself; to lie down
tiritar to shiver
tobillo *(m.)* ankle
toca *(f.)* hood, bonnet
tocar to touch
todavía still
tontería *(f.)* foolishness, foolery
toque *(m.)* touch; ringing of bells
torcido twisted; bent
tornasol *(m.)* iridescence
(en) torno around
torta *(f.)* round cake, tart
toser to cough
trabajador *(m.)* worker, hand laborer
trabalenguas *(m.)* tongue-twister
traducir to translate
tragar to swallow
trago *(m.)* drink
traicionar to betray
traje *(m.)* clothes, suit, costume
trama *(f.)* plot; argument of a play
trampa *(f.)* trap; trick
(estar en) trance de to be on the point of; to be in process of
transeúnte *(m.)* sojourner; passer-by
transigir to compromise, yield
trapero *(m.)* ragdealer
trapío *(m.)* fine appearance and spirit (of the fighting bull)

trapo *(m.)* rag, cloth; bullfighter's cloak
trascordado forgotten
trasladar to transport, to move; to transfer
traste *(m.)* rubbish; utensils
trastornado upset; crazy
tratar de to deal with; to try to
tratarse de to be a question or matter of
(a) través de through, across
trayecto *(m.)* run; stretch, distance
trazar to sketch, to trace
trazo *(m.)* sketch; plan
tregua *(f.)* respite
trenza *(f.)* braid; plait
trepar to climb, to creep up
treta *(f.)* thrust; trick, wile
trigo *(m.)* wheat
trigos *(m.)* crops; cornfields
triunfar to succeed, to triumph
troca *(f.)* truck
tronar (ue) to thunder
tronco *(m.)* log
trozo *(m.)* piece
trucos *(m.)* tricks
trueno *(m.)* thunderclap
trufa *(f.)* truffle; lie
trusa *(f.)* bathing trunks
tubo *(m.)* tube, pipe
tuétano *(m.)* marrow
tufo *(m.)* smell, odor
tullido paralyzed
tumbar to knock down; to knock over
tupido stuffed, blocked up; dense

U

uncir to yoke
uña *(f.)* fingernail
útil useful
uva *(f.)* grape

V

vacío void, empty, vacuous
vagar to wander
vaporoso vaporous; ethereal
varicela *(f.)* chicken pox
varón *(m.)* male
vecindad *(f.)* neighborhood
vejiga *(f.)* blister; bladder
vela *(f.)* watch, vigil; candle; sail
velar to keep watch over
vencer to conquer
venda *(f.)* eye cover
venganza *(f.)* vengeance
vengarse to avenge
ventaja *(f.)* advantage
verdadero true, truthful
verdugo *(m.)* executioner
vergonzoso shameful, disgraceful
vergüenza *(f.)* shame
verónica *(f.)* pass in bullfighting
vertiente *(f.)* slope; (adj.) overflowing
vestuario *(m.)* cloak-room; wardrobe
víbora *(f.)* viper; treacherous person
vidrio *(m.)* glass
vientre *(m.)* belly
vigilar to keep an eye on
viña *(f.)* vineyard
(a) vista in the presence of; on sight
(punto de) vista *(m.)* point of view
vistoso showy; fine; glaring
vitrina *(f.)* show window
viuda *(f.)* widow
volador flying
volante *(m.)* steering wheel; ruffle
volar (ue) to fly
voltear to whirl, to revolve; to turn upside down
voluntad *(f.)* will; willpower; wish
vuelo *(m.)* flight
vuelta *(f.)* turn; twirl; change; reverse

Y

ya already

Z

zaguán *(m.)* entrance; porch; hall
zarpa *(f.)* claw
zorro *(m.)* fox
zumbar to buzz
zumbido *(m.)* humming, buzzing
zurrón *(m.)* pouch

Text Credits

Unidad I

Rosaura Sánchez: "Respuestas de Rosaura Sánchez". Reprinted by permission of the author; "Entró y se sentó", edited by Julián Olivares, is reprinted with permission from the publisher of *Cuentos hispanos de los Estados Unidos* (Houston: Arte Público Press - University of Houston, 1993); **Francisco Jiménez:** "La génesis de 'Cajas de cartón'" and "Cajas de cartón". Reprinted by permission of the author.

Unidad II

Rosario Castellanos: Selections from an interview, "En recuerdo de Rosario Castellanos", by María Luisa Cresta de Leguizamón in *La palabra y el hombre,* vol. 19, 1976, pp 3–18. Reprinted by permission of *La palabra y el hombre;* "Kinsey Report Nº 2", "Kinsey Report Nº 6", "Se habla de Gabriel", "Memorial de Tlatelolco". Reprinted by permission of Fondo de Cultura Económica, Mexico City; **Pablo Neruda:** Selection from *Memorias—Confieso que he vivido* and "Poema XX", "Explico algunas cosas", "Margarita Naranjo", "Oda a la vida". © Pablo Neruda. Reprinted by permission of Carmen Balcells, Agencia Literaria, Barcelona, and Albaceazgo de Matilde Neruda.

Unidad III

Isabel Allende: "Isabel Allende" by Armando Alvárez Bravo, of *El Nuevo Herald.* Reprinted by permission of *El Nuevo Herald;* "Lo más olvidado del olvido", © Isabel Allende. Reprinted by permission of Carmen Balcells, Agencia Literaria, Barcelona, and Isabel Allende; **Mario Bencastro:** "Comentario de Mario Bencastro para, *Vistas: Voces del mundo hispánico*", and "El fotógrafo de la muerte". Reprinted by permission of the author.

Unidad IV

Silvina Ocampo: Selection from "Correspondencia con Silvina Ocampo—Una entrevista que no osa decir su nombre", by Danubio Torres Fierro, in *Plural,* Nov. 1975, pp 57–60. Permission requested from Plural; "La casa de azúcar". Reprinted by permission of Adolfo Bioy Casares; **Gabriel García Márquez:** "Conversaciones con García Márquez" by Armando Durán, in *Sobre García Márquez.* Permission requested from Biblioteca de Marcha; "Un señor muy viejo con unas alas enormes", © Gabriel García Márquez, 1968. Reprinted by permission of Carmen Balcells, Agencia Literaria, Barcelona, and Gabriel García Márquez.

Unidad V

Rosario Ferré: "Conversando con Rosario Ferré" by Teresa Méndz-Faith in *Con-textos.* Reprinted by permission of Holt, Rinehart and Winston, Inc.; "La muñeca menor" in *Papeles de Pandora.* Reprinted by permission of the author; **Sergio Vodanovic:** "Conversando con Sergio Vodanovic" by Teresa Méndez-Faith in *Con-textos.* Reprinted by permission of Holt, Rinehart and Winston, Inc.; "La gente como nosotros". Reprinted by permission of the author.

Photo Credits

Unidad I

p. 01: "The Epic of American Civilization — Anglo America" (Panel 15), 1932–1934, José Clemente Orozco. (Commissioned by the Trustees of Dartmouth College, Hanover, New Hampshire); **p. 2:** "Rosaura Sánchez" (Courtesy Rosaura Sánchez); **p. 17:** "Francisco Jiménez", Paul Hennessy. (Courtesy Glenn Matsumura).

Unidad II

p. 33: "Open Air School", Diego Rivera. (Lithograph, 1932: 12 1/2x 16 3/8". Collection, The Museun of Modern Art, New York. Gift of Abby Aldrich Rockefeller); **p. 34:** "Rosario Castellanos" from *Remembering Rosario.* (Courtesy New York Public Library); **p. 52:** "Pablo Neruda" (Courtesy A.P. Wide World Photos).

Unidad III

p. 73: "El tres de mayo", Franciso de Goya y Lucientes. (Courtesy Museo del Prado); **p. 74:** "Isabel Allende" (Courtesy UPI/BETTMANN, New York); **p. 90:** "Mario Benecastro" (Courtesy Mario Bencastro).

Unidad IV

p. 109: "¿Lo mira o sueña?", 1968, Ramón Llovet. (Courtesy Sala Gaspar, Galeria D'Art, Barcelona); **p. 110:** "Silvina Ocampo" (Courtesy UPI/BETTMANN, New York); **p. 131:** "Gabriel García Márquez" (Courtesy A.P. Wide World Photos).

Unidad V

p. 151: "El quitasol", Francisco de Goya y Lucientes. (Courtesy Museo del Prado); **p. 152:** "Rosario Ferré" (Courtesy Rosario Ferré); **p. 172:** "Sergio Vodanovic" (Courtesy Sergio Vodanovic).